O NOVO LÍDER

Lindsey Pollak

O NOVO LÍDER

Novas Regras para uma Nova Geração

Tradução
Denise de Carvalho Rocha

Editora
Cultrix
SÃO PAULO

Título original: *Becoming the Boss*

Copyright © 2014 Lindsey Pollak
Copyright das ilustrações © 2014 The Hartford
Copyright da edição brasileira © 2017 Editora Pensamento-Cultrix Ltda.

Publicado pela primeira vez pela Harper Collins Publishers, 195 Broadway, Nova York, NY 10007.

Publicado mediante acordo com Taryn Fagerness Agency e Sandra Bruna Agência Literária, SL.

Texto de acordo com as novas regras ortográficas da língua portuguesa.

1ª edição 2017.

Todos os direitos reservados. Nenhuma parte desta obra pode ser reproduzida ou usada de qualquer forma ou por qualquer meio, eletrônico ou mecânico, inclusive fotocópias, gravações ou sistema de armazenamento em banco de dados, sem permissão por escrito, exceto nos casos de trechos curtos citados em resenhas críticas ou artigos de revistas.

A Editora Cultrix não se responsabiliza por eventuais mudanças ocorridas nos endereços convencionais ou eletrônicos citados neste livro.

Editor: Adilson Silva Ramachandra
Editora de texto: Denise de Carvalho Rocha
Gerente editorial: Roseli de S. Ferraz
Produção editorial: Indiara Faria Kayo
Editoração eletrônica: Mauricio Pareja da Silva
Revisão: Bárbara Parente

Dados Internacionais de Catalogação na Publicação (CIP)
(Câmara Brasileira do Livro, SP, Brasil)

Pollak, Lindsey
    O novo líder : novas regras para uma nova geração / Lindsey Pollak; tradução Denise de Carvalho Rocha. — São Paulo : Cultrix, 2017.

    Título original: Becoming the boss
    ISBN: 978-85-316-1426-2

    1. Administração 2. Desenvolvimento profissional 3. Gestão empresarial 4. Liderança 5. Sucesso em negócios I. Rocha, Denise de Carvalho. II. Título.

17-07227   CDD-658.4092

Índices para catálogo sistemático:
1. Liderança : Administração 658.4092

Direitos de tradução somente para o Brasil adquiridos com exclusividade pela EDITORA PENSAMENTO-CULTRIX LTDA., que se reserva a propriedade literária desta tradução.
Rua Dr. Mário Vicente, 368 — 04270-000 — São Paulo, SP
Fone: (11) 2066-9000 — Fax: (11) 2066-9008
http://www.editoracultrix.com.br
E-mail: atendimento@editoracultrix.com.br
Foi feito o depósito legal.

Para Chloe e novos líderes de todos os lugares

Agradecimentos

Em primeiríssimo lugar, obrigada pela equipe supermotivada da HarperCollins, que tornou este livro possível: Colleen Lawrie, Hollis Heimbouch, Leigh Raynor e Renata Marchione. Obrigada à minha agente literária, Michelle Wolfson, pelos muitos anos de estímulo e conselhos. (Sabíamos que íamos trabalhar juntas um dia!)

Muito obrigada a cada um dos novos líderes, líderes já estabelecidos e especialistas em liderança que contribuíram para este livro com suas ideias e experiências pessoais: sou muito grata pela sua franqueza e generosidade. Pela ajuda com a pesquisa, redação e edição, obrigada aos talentosos Paige Arnof-Fenn, Kevin Grubb, Michelle Hainer Calcaterra e Amy Orlov.

Obrigada a toda equipe do meu parceiro corporativo The Hartford, pelo maravilhoso e produtivo relacionamento, especialmente a Liam McGee, Lori High, Laura Marzi, Wendy Wojdyl, Michelle Loxton e Kelly Carter. E obrigada às mulheres esforçadas e bondosas da Emanate: Kiersten Zweibaum, Alexis Odesser, Ginny Webb, Jenna Hoops e Kristen Massaro.

Não é fácil construir um negócio e trabalhar a maior parte do tempo sozinha, por isso sou sempre grata às redes de contatos profissionais que oferecem comunidade, recursos, apoio, amizade e coquetéis em tantos momentos importantes ao longo dos últimos quinze anos da minha carreira. Obrigada a vocês, líderes e membros do Rotary International, TARA, The Li.st, The YEC e da Freelancers Union.

Um milhão de agradecimentos a vocês, meu incrível círculo de amigos, mentores, clientes e colegas, que me apoiaram pessoal e profissionalmente ao longo de tantos anos. Obrigada a Amy Abrams, Laura Baird, Susan Phillips Bari, Gillian Baudo, Derek Billings, Lynn Carnegie, Jason Criss, Diane Danielson, Cher Duffield, Carol Frohlinger, Jodi Glickman, Joanne Gordon, Christine Hassler, John Hill, Natasha Hoehn, Cassandra Krause, Donna Kalajian Lagani, Mignon Lawless, Alexandra Levit, Danielle Martin, Nicole Mills, Solana Nolfo, Shreya Oswal, Mary Ellen Slayter, Cari Sommer, Trudy Steinfeld, Manisha Thakor e Tammy Tibbetts.

Obrigada a minha mãe, meu pai, Rob, Anne e Laura, por uma vida de amor e incentivo para que eu fosse fiel a mim mesma. Obrigada a Meredith Bernstein, aos Rahos, aos Goodman/Ramsays e a Vivian, Georges e Valerie Gotlib, por seu apoio e amor. E obrigada a Etel Lima, por ser a caseira mais maravilhosa que alguém poderia ter e um verdadeiro membro da nossa família.

Por fim, obrigada ao meu marido maravilhoso, Evan, e à nossa filha, Chloe. Não há nada pelo que eu seja mais grata do que por vocês.

Sumário

Introdução 11

Parte I: Aprenda

0,5 Atualize-se: Faça amigos, mexa no queijo e quebre todas
as regras 37

1. Prepare-se: Sinta medo, abasteça seu cérebro e aperfeiçoe-se 55

2. Seja: Construa a sua marca, melhore a sua imagem e
enfrente os seus erros 73

3. Seja.com: Pesquise o seu nome no Google, cace os seus
alces e encontre tempo para tuitar 103

Parte II: Lidere

4. Ouça: Escolha o seu método, conheça o seu público e se
torne um mestre de reuniões 133

5. Gerencie: Dirija o caminhão, distribua prêmios e deixe
a porta "quase" fechada 173

6. Priorize: Corra a maratona, delegue sem ser um ditador e
lide com o estresse como uma monja budista 230

Parte III: Persevere

7. Conecte-se: Encontre seus campeões, turbine seu
networking e sempre compareça às reuniões 261

8. Cresça: Seja cada vez melhor, caia com estilo e mude o mundo de fato... 287

Recursos 305

Introdução

No início da minha carreira, trabalhei numa *startup* chamada WorkingWoman.com. (Nunca ouviu falar? Você vai saber a razão num instante.) Depois de cerca de um ano, recebi minha primeira promoção e mandaram que eu contratasse um novato para dividir comigo a carga de trabalho. Escolhi um recém-formado chamado Alex, simpático e cheio de entusiasmo. Era a minha primeira experiência de chefia e eu não via a hora de me tornar uma mentora para o meu novo pupilo. Consegui ler *O Gerente Minuto* por cerca de dez segundos, antes que o dono da *startup* fosse à bancarrota, como muitas empresas ponto-com no primeiro semestre de 2001. Fui gerente por três semanas inteiras.

Pensei que minha carreira de líder acabaria ali, mas eu não poderia estar mais enganada. Durante a minha "reunião de despedida", junto com o envelope pardo contendo os papeis da minha demissão, o meu chefe me devolveu o laptop da empresa, ao qual eu tinha acabado de renunciar, dizendo:

— Fique com ele. Use-o para começar o seu próprio negócio.

Sem nenhuma outra perspectiva no horizonte, segui o conselho dele.

Mas vamos retroceder um pouco. Como fui parar na WorkingWoman.com, para começo de conversa, e como eu sabia que tipo de negócio começar quando perdi esse emprego? Onde é que minha carreira *realmente* começou? Apesar das semelhanças praticamente terminarem aqui, a minha história de origem na liderança começou no mesmo lugar em que começou a do fundador do Facebook, Mark Zuckerberg: no dormitório de uma faculdade.

Minha história

Descobri minha paixão quando era aluna do último ano e conselheira residente dos calouros da minha universidade. Eu adorava tudo que dizia respeito a esse trabalho: orientar os universitários em seus trabalhos acadêmicos, nas atividades extracurriculares, nos planos de carreira e nas escolhas pessoais, e servir de apoio para administradores, pais e outros "adultos" que queriam compreender os estudantes que eu estava orientando. Foi realmente um dos melhores anos da minha vida.

Depois da faculdade, recebi uma bolsa de estudos do Rotary, que me enviou para uma escola em Melbourne, na Austrália (e me salvou do grande engano que eu poderia ter cometido de me matricular numa faculdade de Direito). Optei por estudar empreendedorismo entre as mulheres com base em algumas aulas de que tinha gostado na faculdade, sem perceber na época que eu estava estudando meu próprio futuro. Depois de dois anos e meio, fiz um mestrado em Estudos sobre as Mulheres e voltei para os Estados Unidos, pronta para começar uma carreira impressionante, embora ainda não tivesse certeza absoluta de que carreira seria essa.

Durante a minha primeira entrevista de trabalho nos Estados Unidos, para um cargo ligado ao departamento de RH numa das empresas Fortune 500, o entrevistador analisou o meu currículo e disse:

— Um mestrado em Estudos sobre as Mulheres? Isso não vai ajudá-la em nada.

Essa experiência me levou a ficar três meses debaixo das cobertas, no quarto da minha infância, devorando *frozen yogurt* diretamente do pote (como descrevi na íntegra, com detalhes vívidos, no meu livro anterior, *Getting from College to Career*) e me perguntando se meus dias de glória já teriam chegado ao fim. Afinal, comecei a encontrar pessoas e a enviar currículos. Um dia consultei uma *coach* de carreira que me pediu para descrever o melhor trabalho que já tive. Já comecei dizendo o quanto adorava ser conselheira residente na faculdade e que eu poderia fazer isso para sempre.

— Então faça isso para sempre! — disse ela.

— Mas não existem empregos de conselheira residente no mundo real — respondi.

— Então comece o seu próprio negócio — ela aconselhou.

Tal como acontece com muitos bons conselhos, eu o ignorei completamente e, por fim, consegui o emprego na WorkingWoman.com.

(Você já sabe como isso acabou.)

Portanto, foi só na segunda vez que alguém me disse para começar o meu próprio negócio que eu realmente ouvi. Depois de deixar a WorkingWoman.com, comecei a escrever artigos em regime *freelancer* sobre questões ligadas à carreira profissional e a dar palestras sobre o único tópico sobre o qual eu sabia alguma coisa: como ser um jovem descobrindo o que fazer da vida.

Desde então, devagar, mas sem nunca esmorecer, construí uma empresa de consultoria e palestras de desenvolvimento profissional para universitários e jovens profissionais, e de consultoria para organizações sobre gerenciamento e marketing para jovens. Assim como eu fazia como conselheira residente, passo meus dias orientando jovens a direcionar suas carreiras e ajudando os "adultos" a compreender a próxima geração. Eu já fiz mais de mil palestras e sessões de consultoria nos mais diversos países; escrevo num blog sobre questões de trabalho para empresas como *Huffington Post*, *ABC News* e *FastCompany.com*; e fui porta-voz de empresas como LinkedIn, Levi's e The Hartford — uma seguradora líder de mercado, cujas pesquisas e líderes serão citados ao longo de todo este livro.

Trabalhei com muito afinco e me orgulho da minha lista de realizações e filiações profissionais. Mas gerir o meu próprio negócio não tem sido fácil. Algumas qualidades de liderança como visão, confiança e autodisciplina vieram de maneira relativamente natural para mim (devo mencionar que sou uma perfeccionista, tipo A, virginiana, filha primogênita). Mas sou a primeira a admitir que saber gerir pessoas não é uma qualidade que adquiri naturalmente (talvez porque eu seja uma perfeccionista, tipo A, virginiana, filha primogênita).

Ao longo dos anos, gerenciei dezenas de funcionários de meio período, estagiários, consultores e assistentes virtuais, e descobri que muitas vezes a gestão de pessoas é a parte mais difícil do meu trabalho. Tenho me esforçado para dar instruções claras, delegar autoridade e fornecer *feedback*, entre inúmeros erros de liderança e gestão que tenho certeza de que cometi. E é por isso que eu queria escrever este livro: assim você pode aprender com a minha experiência sem ter de passar pelos mesmos desafios em sua jornada de liderança. Assim como eu fiz no meu livro *Getting from College to Career*, sobre o processo de busca de emprego, neste livro vou compartilhar tudo que aprendi sobre como se tornar um líder. Isso inclui tudo que ainda estou aprendendo e tudo que jovens profissionais, como você — por meio de conversas, e-mails, mensagens da mídia social e respostas a uma enquete sobre liderança on-line que fiz enquanto escrevia este livro —, disseram que queriam saber sobre liderança, fossem empresários como eu ou trabalhassem para outras pessoas.

Claro que você vai encontrar muito mais do que minha experiência pessoal e meus conselhos nestas páginas. No meu dia a dia como consultora e palestrante, trabalho com líderes numa ampla variedade de funções, setores e regiões, e eles generosamente compartilharam seus conselhos e opiniões ao longo dos capítulos a seguir. Também entrevistei centenas de outros líderes de várias gerações e setores diferentes — desde estudantes até CEOs, de finanças a serviços de alimentação —, para poder oferecer o maior número possível de perspectivas sobre liderança. Meu objetivo é fornecer as informações mais abrangentes possíveis sobre como ser o melhor líder que você pode ser, com um foco em seus primeiros meses e anos de liderança.

> QUAL É A DEFINIÇÃO DE LÍDER QUE VAMOS USAR?
>
> Vamos analisar essa questão em maiores detalhes ao longo do livro (Alerta de *spoiler*: essa é na verdade uma pergunta que cada pessoa tem de responder individualmente.), mas por ora eu gostaria de definir a palavra "líder" de maneira bem ampla, como alguém que tem influência sobre outras pessoas, com ou sem autoridade formal. Mesmo que ainda não tenha ninguém que se reporte a você, ou que trabalhe sozinho, ou ainda seja estudante, ou uma mãe ou pai que fica em casa cuidando dos filhos, você tem todo o direito de se autointitular "líder", e este livro é sem dúvida para você. Mais do que qualquer outra coisa, eu acredito que a liderança comece dentro da pessoa, com o modo como ela encara o mundo e seu desejo de fazer algo de bom por ele.

A liderança é diferente hoje em dia?

Este livro tem como objetivo apresentar novas regras para a nova geração de líderes, porque acredito que os líderes de hoje requeiram uma formação diferente da que tiveram os líderes do passado. No entanto, antes de seguir adiante, vamos reconhecer que:

Algumas regras clássicas de liderança e sucesso nunca vão mudar.

Qualidades como confiança, inteligência, ética e dinamismo sempre foram e sempre serão importantes para quem quer ser um líder. Carisma e presença de espírito nunca sairão de moda. Tratar as pessoas como você gostaria de ser tratado é muito bom. Gritar com as pessoas é muito ruim. E por mais "planas" que as organizações estejam se tornando, com menos níveis de gerenciamento entre o cargo mais baixo e o do CEO, sempre precisaremos de pessoas para assumir responsabilidades. Assim, de maneira nenhuma vamos sugerir neste livro que precisamos deixar de lado todas as teorias de gestão e liderança do passado. Na verdade, a seção a seguir é totalmente dedicada à tarefa de garantir que você conheça a sua história.

O problema, porém, é que muitos livros de liderança e gestão são escritos, sim, por pessoas incrivelmente bem-sucedidas, mas que muitas vezes estão no final da carreira. Embora essa perspectiva seja importante e valiosa, acredito que você precise de conselhos mais recentes, também. Como verá a seguir, enormes mudanças demográficas, econômicas e tecnológicas estão ocorrendo agora nos negócios, nos governos, nas leis, na comunicação social, nos cuidados com a saúde, no terceiro setor e em quase qualquer outro domínio em que você queira trabalhar. Essas mudanças são emocionantes e assustadoras, e estão mudando radicalmente o mundo que você vai liderar hoje e no futuro. Os conselhos de liderança do passado simplesmente não são suficientes para prepará-lo para as realidades complexas de hoje.

Você vai liderar em meio a uma revolução demográfica

Em primeiro lugar, estamos nos primeiros anos de uma mudança demográfica fundamental em todo o mundo. Nos Estados Unidos, uma onda de *baby boomers* — aqueles nascidos entre 1946 e 1964, portanto a maioria dos seus pais — estará deixando o mercado de trabalho nas próximas duas décadas. De acordo com a PwC, 63,3 por cento dos executivos americanos estarão em idade de se aposentar nos próximos cinco anos. Uma onda ainda maior da sua geração, a Geração do Milênio — definida como aqueles que nasceram entre 1982 e 2000, e também conhecida como Geração Y —, vai inundar o mercado de trabalho. Em 2020, estima-se que a Geração do Milênio (nos Estados Unidos, composta por mais de 80 milhões de cidadãos, em comparação com cerca de 76 milhões de *baby boomers*) representará 50 por cento de toda a força de trabalho dos Estados Unidos. Isso significa que as atitudes, os estilos de gerenciamento e as práticas de gestão dos *baby boomers*, que dominaram os negócios e a cultura americanos nas últimas décadas, vão dar lugar às preferências da Geração Y. Essa revolução demográfica é ainda mais pronunciada em lugares como a China, onde a Geração do Milênio já compõe 50 por cento da força de trabalho desse país, e a Índia, que está a caminho de se tornar o país mais jovem do mundo até 2020.

Tornar-se líder em tempos de mudança demográfica significa que você vai precisar desenvolver suas habilidades de comunicação e gestão de pessoas para lidar com profissionais de várias gerações, que têm diferentes expectativas e estilos de trabalho.

Você vai liderar em meio a uma revolução econômica

E já que falamos da China e da Índia, você provavelmente também vai testemunhar a perda do domínio econômico global dos Estados Unidos, que tem sido a maior economia nacional do mundo pelo menos desde a década de 1920 (e as nações ocidentais em geral têm dominado há dois séculos). A China, no entanto, está no processo de se tornar a maior economia do mundo, por volta de 2030, com a Índia em terceiro lugar, atrás dos Estados Unidos. Somente cinco países europeus estarão entre as vinte maiores economias, em comparação com os oito que vigoram hoje nessa lista.

Como essa mudança econômica está acontecendo em âmbito global, líderes da Geração do Milênio vão contar com novas realidades econômicas, como o fato de que a vida da classe média estará mais cara do que jamais foi para qualquer geração anterior. As mensalidades das faculdades nos Estados Unidos subiram 1.120 por cento (mais que o triplo da taxa de inflação), desde que os registros começaram em 1978; as despesas médicas subiram 601 por cento e o preço dos alimentos aumentou 244 por cento no mesmo período. E devido aos elevados custos do ensino e do maior custo de vida em geral, os jovens de hoje vão enfrentar uma dívida maior do que nunca: dois terços dos universitários graduados de 2011, nos Estados Unidos, contraíram uma dívida média de 27.500 dólares em empréstimo estudantil. Compare isso com 1993, quando menos de metade dos estudantes formou-se com dívida, e aqueles que o fizeram deviam em média 9.350 dólares. (Na moeda de hoje, cerca de 15.000 dólares.) No geral, hoje há um total de 1 trilhão de dólares em circulação em débitos de empréstimos estudantis nos Estados Unidos.

Talvez a maior mudança econômica seja no mercado de trabalho. Você vai se tornar um líder naquilo que alguns economistas chamam de economia "pós-emprego", em que as empresas podem funcionar e prosperar sem precisar contratar mais mão de obra ou lhe pagar tão bem quanto no passado. De acordo com dados do United States Census Bureau, de 1950 a 2000, a renda familiar média das famílias americanas aumentou progressivamente. A partir de 2000 até 2010, quando muitos da Geração Y passaram a fazer parte da força de trabalho, a renda familiar média caiu pela primeira vez desde a Segunda Guerra Mundial. Nos próximos anos, pelo menos, você provavelmente precisará aprender a liderar com um orçamento limitado e um número também limitado de funcionários, e essas duas coisas podem se tornar a nova norma.

Você vai liderar em meio a uma revolução tecnológica

A última grande mudança que os líderes da Geração do Milênio terão de enfrentar é o ritmo extraordinário do avanço tecnológico. Não é nenhum segredo que hoje os jovens crescem com mudanças tecnológicas sem precedentes, mas os fatos são realmente surpreendentes. O uso de smartphones ultrapassou praticamente qualquer tecnologia comparável na história; os telefones fixos levaram cerca de 45 anos para saltarem de 5 por cento para 50 por cento entre as famílias norte--americanas. Os telefones móveis levaram apenas sete anos para atingir níveis semelhantes. De 2000 a 2012, houve um crescimento de 566 por cento no uso da internet em todo o mundo, e se o Facebook fosse um país, seria o terceiro maior do mundo. Novos avanços tecnológicos, tais como impressão 3-D, realidade virtual e nanotecnologia, com certeza vão nos catapultar para transformações ainda mais rápidas e dramáticas. Talvez a mais chocante estatística relacionada com a tecnologia seja a de que os especialistas preveem que 45 por cento dos empregos americanos correm um alto risco de serem substituídos por computadores dentro das próximas duas décadas.

Como um líder nos tempos da alta tecnologia, você vai precisar se tornar um especialista em gestão por meio da tecnologia, o que inclui a supervisão de funcionários virtuais, a etiqueta de novas ferramentas de comunicação e conhecimento atualizado de novos aplicativos, redes e dispositivos importantes.

Todas essas mudanças demográficas, econômicas e tecnológicas somam-se ao fato de que estamos vivendo num momento da história moderna bem no estilo "ou vai ou racha". É um momento que vai exigir uma nova geração de líderes tão dinâmicos e revolucionários quanto os tempos que estamos vivendo. Acredito firmemente que os jovens de hoje — como você — estão à altura do desafio. E eu prometo que até o final deste livro você estará mais do que preparado para aproveitar as oportunidades profissionais que a vida pode lhe oferecer.

DE OLHO NOS NÚMEROS: O FUTURO ESTÁ EM SUAS MÃOS

Sessenta e um por cento dos milênios estão preocupados com o estado em que o mundo se encontra e se sentem pessoalmente responsáveis por fazer uma diferença.

(Cone Millenial Cause Study, 2012)

Geração o quê?

Se você está confuso com os termos "milênios" ou *baby boomers*, saiba que não é o único. Você provavelmente só pensa em si mesmo como um indivíduo, não como parte de um monolítico grupo demográfico. Mas pensar em si mesmo como membro de uma geração é muito bom, porque pode ajudá-lo a entender por que as suas motivações e preferências parecem diferentes daquelas dos seus colegas (ou parentes) mais jovens ou mais velhos, e por que certas questões ou metas são mais importantes para você. É como se sentir diferente de alguém criado em outro país ou de um gênero ou origem étnica diferente. Na verdade, os líderes de recursos humanos agora consideram as diferenças entre gerações uma questão relacionada à diversidade no local de trabalho que exige acompanhamento e treinamento. Eu, pessoalmente, recebo hoje dez vezes mais solicitações dos meus clientes corporativos para fazer palestras e workshops sobre o tema das diferenças geracionais.

A principal razão por que, hoje em dia, todo mundo está falando sobre as diferenças entre gerações é o fato de que, pela primeira vez na história, quatro gerações diferentes estão compartilhando o local de trabalho ao mesmo tempo. (É verdade; não são apenas os *baby boomers* e os milênios que estão brincando na mesma caixa de areia.) A seguir apresento um breve comentário sobre cada uma dessas quatro gerações, cujos membros você com certeza vai encontrar ao exercer seu novo papel de liderança, não importa em que setor, região ou organização em que trabalhe. Note que essas são categorias principalmente norte-americanas, com exceção da Geração do Milênio, que é amplamente considerada a primeira geração de fato global.

Tradicionalistas
(nascidos entre 1922 e 1945, aproximadamente)

Tradicionalistas na população dos Estados Unidos: 50 milhões
Características: fiéis, cautelosos, formais, orgulhosos

Tom Brokaw escreveu um livro *best-seller* em que considera os tradicionalistas "a maior das gerações". Eles também são conhecidos como GI ou Geração da Segunda Guerra Mundial, porque metade dos homens nessa faixa etária serviu nas forças armadas dos Estados Unidos. A maioria dos tradicionalistas (mas não todos) está aposentada atualmente, mas sua influência ainda é fortemente sentida na estrutura militarista de muitas organizações. Pense: hierarquia *top-down*, estruturas com hierarquia bem-definida e o "uniforme" terno e gravata. As mulheres dessa geração trabalhavam principalmente em casa, como mães e donas de casa.

Por serem sobreviventes da Grande Depressão, os homens e mulheres tradicionalistas também são caracterizados pela sua frugalidade, aversão ao risco e lealdade a grandes instituições. Quando você pensa em alguém que subiu na carreira trabalhando com afinco numa organização e se aposentou quarenta anos depois com um relógio de ouro, saiba que está pensando num tradicionalista. Se você quer saber de onde vieram tantas práticas organizacionais aparentemente arcanas, formais, conservadoras, lembre-se da mentalidade cautelosa e afeita a regras dos tradicionalistas.

Baby Boomers
(nascidos entre 1946 e 1964, aproximadamente)

Baby boomers na população dos Estados Unidos: 76 milhões
Características: otimistas, autocentrados, competitivos, de estilo *"forever young"*

Filhos de pais tradicionalistas, os *baby boomers* pareciam correr a toda no sentido contrário. Nascidos nos tempos prósperos de pós-guerra dos anos 1950 e 1960, os *boomers* foram, na maior parte da vida, o maior grupo da história americana. Para estereotipar: eles cresceram em bairros elegantes, com carros conversíveis, *rock 'n'roll*, domínio americano no cenário global e muita televisão. Os *boomers* foram o primeiro grupo a experimentar a cultura de massa e o marketing de massa e, portanto, tornaram-se consumidores em massa: usavam calças jeans, bebiam Coca-Cola e compravam bambolês. Eles inventaram o conceito de adolescente despreocupado, que gosta de se divertir. Com um espírito sociável e de rebeldia contra os valores tradicionalistas e a autoridade, promoveram os direitos civis e os movimentos em favor dos direitos das mulheres, que expandiram oportunidades, mas também criaram mais concorrência no local de trabalho, pois as mulheres e as minorias começaram a se candidatar para trabalhos que antes, na era tradicionalista, eram realizados apenas por homens brancos.

Por estar em grande número, durante a maior parte da vida os *boomers* dominaram a sociedade americana: pense nos presidentes (Bill Clinton, George W. Bush e Barack Obama), na cultura pop (dos Rolling Stones a Steven Spielberg e Oprah Winfrey) e nos líderes corporativos (Bill Gates, Carly Fiorina e o falecido Steve Jobs, para citar apenas alguns). Por volta de 2014, todos os *baby boomers* já tinham em torno de 50 anos, mas ainda estavam presentes em massa no mercado de trabalho norte-americano, graças à sua natureza *"forever young"* e da recessão global que começou em 2008 e forçou muitos *boomers* a adiar seus planos de aposentadoria. Quando você pensar em reuniões corporativas com a participação de todos os colaboradores ("como Woodstock!"), sextas-feiras com roupas mais descontraídas (*boomers* adoram *jeans*) e adiamento da aposentadoria, pense em *boomers*. Se você quer saber por que é tão difícil para as organizações adaptar suas estratégias de RH ou de marketing ao estilo diferente dos milênios, lembre-se de que eles se concentraram na geração massiva dos *baby boomers* nos últimos trinta ou quarenta anos.

Geração X
(nascida entre 1965 e 1981, aproximadamente)

Geração X na população dos Estados Unidos: 46 milhões
Características: céticos, independentes, pioneiros da tecnologia

Filhos dos *baby boomers* mais velhos, nascidos aproximadamente entre 1965 e 1981, a Geração X representa a menor geração no local de trabalho atualmente. Eu sou um membro desse clã e éramos conhecidos no nosso tempo como *"baby bust"*, em decorrência do declínio na taxa de nascimentos. (Nada muito motivador, hein?) Os rebeldes e inventivos *boomers* haviam causado, na década de 1960 e 1970, um grande aumento na taxa de divórcios norte-americana e muitos da Geração X eram filhos desses divórcios. Combinado com uma economia difícil e com o aumento das oportunidades profissionais para as mulheres, essas mudanças sociais e familiares levaram ao fenômeno das crianças *latchkey* — crianças com pais divorciados ou trabalhando fora, que iam da escola para casa no período da tarde, destrancavam a porta da frente com a chave amarrada no pescoço e ficavam sozinhas até que um dos pais chegasse em casa horas depois. Graças às novas tecnologias da época, as crianças X também tinham novas "babás" para cuidar delas: fornos de micro-ondas, computadores pessoais e jogos de *video game*.

Ao mesmo tempo, o mundo fora do lar típico da Geração X tornou-se muito mais assustador. Quando a economia dos Estados Unidos azedou na década de 1970, "sexo, drogas e *rock'n'roll*", a diversão da era *baby boomer*, deram lugar para perigos como a AIDS, o *crack* e a deterioração urbana. Para alguém como eu, da Geração X, os anos 70 e o início dos anos 80 foram ao mesmo tempo entediantes e assustadores. Ninguém prestou muita atenção nos efeitos que crescer nessa época teria sobre nós, as crianças, uma pequena geração totalmente ofuscada pelos nossos antecessores *boomers*, então crescemos independentes, autossuficientes e entusiasmados com a tecnologia que nos ajudou a tomar conta de nós mesmos. Agora imagine o que aconteceu quando entramos num local de trabalho dominado por todos aqueles — *há-há-há!* — *baby boomers*: nós nos sentimos alienados e sem importância, sabendo que nunca seríamos um grupo grande o suficiente para exercer um grande impacto sobre o ambiente de trabalho.

Então, na década de 1990, quando a economia norte-americana melhorou e entramos no mercado de trabalho com os maiores contingentes que a nossa pequena geração poderia reunir, aspirando ser líderes da Geração X, seguimos nossos instintos independentes e nos mudamos para o Vale do Silício. Os caras do Google, Larry Page e Sergey Brin, juntamente com muitos outros fundadores de *startups* de alta tecnologia, são a Geração X por excelência. Claro que existem muitos da Geração X em papéis e setores mais tradicionais, mas, se você tiver dificuldade para entender um X em sua equipe, vai ficar mais fácil se pensar nele como um *Googler*, querendo ser independente, autossuficiente e diferente do *mainstream*. Além disso, nós da Geração X somos muitas vezes um pouco amargos por estarmos presos entre duas megagerações — os *boomers* e os milênios — e nunca termos tido chance de deixar a nossa marca na sociedade. Na verdade, a meu ver pouquíssimos membros da Geração X vão assumir os maiores papéis de liderança na sociedade americana. Embora muitos da Geração X sejam felizes e bem-sucedidos do ponto de vista financeiro, não acredito que um dia vamos ver um presidente da Geração X nos Estados Unidos.

Geração do Milênio
(nascidos entre 1982 e 2000, aproximadamente)

Membros da Geração do Milênio na população dos Estados Unidos: 80 milhões
Características: autoexpressivos, orientados para o grupo, globais, dependentes da tecnologia

A Geração do Milênio, também conhecida como milênios ou Geração Y, são os filhos dos *baby boomers* mais jovens. Graças ao aumento das taxas de natalidade, devido à melhora na economia e o aumento da imigração, particularmente entre a população hispânica, a Geração do Milênio consiste num grupo ainda maior do que os maciços *boomers*. A Geração do Milênio americana também é conhecida pelo modo como foi criada: muitos dos competitivos *boomers*, focados na juventude, criavam seus filhos como se fossem seus melhores amigos, envolvendo-se profundamente na vida dos filhos desde o nascimento até a vida adulta. Esses pais-helicópteros pairavam sobre a vida dos filhos e davam rasantes quando os pimpolhos precisavam de apoio. Mesmo se você fosse alguém da Geração do Milênio com pais rigorosos, que não davam voos rasantes quando os filhos precisavam de ajuda, o sistema de ensino dos Estados Unidos afastava-se, nessa época, do pilar da autoestima e da criatividade, e passava a seguir a rota do aprendizado dos fatos.

Outras gerações muitas vezes criticam os milênios por ter nariz empinado, querer *feedback* constante e pensar que merece um troféu apenas por dar o ar da sua graça. Eu acredito que essas críticas — que eu chamo de "vergonha do milênio" — devem-se ao modo como muitos da Geração Y foram criados e ensinados. (Não é culpa sua que você tenha sido tão elogiado quando criança! E, para a maior parte das pessoas, ter uma autoestima saudável é ótimo, especialmente para um líder.) Mas você precisa estar ciente das percepções negativas da sua geração, porque provavelmente vai enfrentar algum preconceito no local de trabalho. Infelizmente, com base em meu trabalho com dezenas de empresas que enfrentam problemas com as diferenças entre as gerações, lamento dizer que as maiores queixas com relação à Geração do Milênio tendem a vir do meu próprio grupo, a Geração X. Lembra-se da amargura que mencionei? Pense em nós como irmãos mais velhos ressentidos com o fato de que nossos irmãos mais novos parecem conseguir as coisas com muito mais facilidade e receber muito mais atenção do que nós.

Outra característica significativa dos milênios é que vocês nasceram imersos na tecnologia. Às vezes chamados de "nativos digitais", muitos jovens profissionais de hoje clicam um mouse antes de ler um livro, e isso tem um grande impacto sobre a forma como veem o mundo e interagem com os outros. Para muitos da Geração Y, as interações cara a cara não parecem tão naturais quanto as mensagens de texto e mensagens instantâneas. Muitas vezes você não se incomoda em falar (ou, na verdade, prefere falar) com um serviço eletrônico de atendimento ao cliente ou em usar um navegador GPS em vez de pedir ajuda a um ser humano. E, graças à internet, você espera que cada fragmento de informação do universo esteja disponível na ponta dos seus dedos (porque realmente está). Sentir-se à vontade com a tecnologia desde o berço e ter uma expectativa de total acesso à informação lhe dão uma confiança que pode deixar outras gerações se sentindo um pouco desconfortáveis (e com um pouco de inveja).

> ### DE OLHO NOS NÚMEROS: CRUZES!
>
> Embora você seja um indivíduo único, prepare-se para enfrentar algum preconceito por causa das características comumente associadas à sua geração. Um estudo feito em 2013 pela Beyond.com descobriu algumas discrepâncias dolorosas entre a forma como a Geração do Milênio vê a si mesma e o jeito como os profissionais mais velhos a veem:
>
> - 82 por cento dos milênios consideram-se leais aos seus empregadores, contra apenas 1 por cento dos profissionais de RH que acha que seus funcionários mais jovens vão de fato permanecer em seus empregos.
> - 86 por cento dos milênios classificaram-se como profissionais esforçados, mas apenas 11 por cento dos profissionais de RH concordaram com essa afirmação.
> - 40 por cento dos milênios acham que têm as qualidades necessárias para liderar. Apenas 9 por cento dos profissionais de RH também acham.

Graças à internet e todo o acesso que ela proporciona à informação e às pessoas, juntamente com um transporte internacional mais acessível e disponível, a Geração do Milênio também é a nossa primeira geração verdadeiramente global na História. Termos como *baby boomer* e Geração X de fato só se aplicam à população dos Estados Unidos, mas a Geração do Milênio, não. Eu li artigos de todos os cantos do mundo falando sobre a Geração do Milênio e suas características comuns. E como você pode ter lido a respeito disso e tido contato com outros membros da sua geração ao longo da vida, você e seus colegas tendem a ser mais tolerantes com relação aos estilos de vida e perspectivas diferentes uns dos outros. Quase todos os milênios na verdade se sentem pouco à vontade quando trabalham em ambientes ou equipes em que não haja essa diversidade.

Portanto, para recapitular: os tradicionalistas e a Geração X são gerações pequenas e cautelosas; os *boomers* e os milênios fazem parte de gerações grandes e ousadas. Os *boomers* têm se mantido no comando há décadas, mas mesmo essa geração *"forever young"* acabará por ficar muito idosa para trabalhar e terá de dar lugar a outra. A Geração X é muito pequena para ocupar todos os papéis de liderança que os *boomers* vão desocupar (nem está muito interessada nisso). Isso se soma ao fato de que, se você é um membro da Geração do Milênio e não é líder ainda, existe uma boa chance de que vá ter essa oportunidade muito em breve. Os números confirmam isso: um estudo internacional de 2013, realizado pela empresa de auditoria e consultoria Deloitte, revelou que 50 por cento dos milênios inseridos no mercado de trabalho já conquistaram posições de liderança. E num estudo que realizei em parceria com a empresa de seguros The Hartford, descobri que 78 por cento dos milênios se consideram líderes em alguma área da vida, profissional ou pessoal.

DE OLHO NOS NÚMEROS:

VOCÊ SE CONSIDERA UM LÍDER?

Pesquisa sobre Liderança entre os membros da Geração do Milênio, realizada pela empresa The Hartford em 2013, para identificar as áreas da vida em que se consideram líderes.

Base: membros da Geração do Milênio que se consideram líderes em algum aspecto	Total (680)
Família/amigos	64%
Interesses pessoais/hobbies	50%
Escola/educação	36%
Negócios/ambiente de trabalho	35%
Esportes/atletas	24%
Voluntariado/comunidade/atividades sem fins lucrativos	22%
Artes/ entretenimento	19%
Mídia social/presença na web	19%
Organizações religiosas	10%
Política/governo	8%

Sim, a Geração do Milênio é grande e está muito propensa a ter uma posição de comando. Mas — e isso é extremamente importante — lembre-se de que hoje, e pelo menos por mais algumas décadas, outras gerações (a Geração X, em particular) ainda estão na ativa. Você deve sempre ter em mente que uma grande parte do seu sucesso dependerá não só da sua capacidade de criar o mundo liderado pela Geração Y, mas também na sua capacidade de compreender outras gerações e conviver com elas, enquanto o processo de transição está em curso.

Teste: Eu ajo como alguém da Geração do Milênio?

Se você ainda não tem certeza do que caracteriza essa geração, eis aqui alguns atributos. Sim, há alguns estereótipos aqui, mas, se você marcar mais de cinco dos pontos, seus colegas definitivamente vão classificar você como alguém da Geração do Milênio e você terá de dar conta das expectativas deles:

- ❑ Eu não tenho telefone fixo, uso apenas o celular.
- ❑ Eu envio ou recebo mais de trinta mensagens de texto por dia (a média para alguém da Geração do Milênio é sessenta).
- ❑ Eu tenho vários perfis nas redes sociais e os verifico diariamente.
- ❑ Usei e-mails pela primeira vez quando era estudante, não depois que iniciei minha vida profissional.
- ❑ Eu tenho o meu próprio website ou blog.
- ❑ Muitas vezes mantenho várias conversas ao mesmo tempo, na forma de mensagens instantâneas.
- ❑ Considero um dos meus dois pais (ou os dois) como meu melhor amigo.
- ❑ Chamo a maioria dos amigos dos meus pais e dos pais dos meus amigos pelo primeiro nome.
- ❑ Eu não conheço pessoalmente todos os meus amigos do Facebook.
- ❑ Eu fiz duas ou três especializações na faculdade.
- ❑ Recebi um prêmio ou certificado de participação em algum momento da minha vida.

Quer saber mais sobre as características associadas à sua geração? Confira esse teste rápido e objetivo do Pew Research Center: How Millennial Are You?: pewresearch.org/quiz/how-millennial-are-you. (Só para constar, o resultado do meu teste foi 85 por cento).

Se, como eu, você acha que ainda não sabe o suficiente sobre as diferenças entre as gerações, então eu o incentivo a ler mais sobre o assunto. Neil Howe e o falecido William Strauss são autoridades no estudo das gerações e foram, inclusive, quem inventaram o termo "milênios", para denominar os membros da Geração do Milênio. Devo muito a essa dupla, pois suas pesquisas e conhecimentos proporcionaram uma grande base de dados ao trabalho que faço e às informações sobre as gerações que compartilho. Você pode obter mais informações sobre os livros, artigos e pesquisas de Strauss e Howe no site LifeCourse.com.

As principais tendências que afetam sua carreira

Vamos, por fim, dar uma olhada em mais algumas condições sob as quais você vai dar o pontapé inicial na sua carreira de liderança. Você vai encontrar discussões mais detalhadas sobre cada um desses tópicos no quadro "De Olho nas Tendências", ao longo dos capítulos a seguir, baseado na minha série em curso "Tomorrow@Work", em que faço previsões sobre as atuais tendências, na posição de porta-voz da campanha My Tomorrow, da seguradora The Hartford.

O CEO S.A.

Em primeiro lugar, saiba que sua carreira está em suas mãos. Anos de iniciativas em reestruturação de empresas e a recente recessão global praticamente acabaram com as suposições de que alguém ainda vai trabalhar numa só empresa a vida toda e se aposentar com um relógio de ouro e uma festa com bolo de sorvete. Isso significa que, em vez de ver a sua carreira como uma escalada, agora você precisa pensar nela como um negócio e uma marca a gerir e um ativo a proteger: você é o seu próprio CEO S.A.

Isso pode incluir a intenção de abrir de fato o seu próprio negócio — de acordo com a Ewing Marion Kauffman Foundation, 54 por cento dos milênios querem abrir seu próprio negócio ou já abriram — ou de apenas pensar como um empreendedor mesmo sendo empregado de alguém. Noventa por cento dos milênios dizem que o empreendedorismo é uma mentalidade, não um papel específico desempenhado pelo dono de uma empresa (algo com que, a propósito, estou plenamente de acordo). Se você já não fez isso, agora é hora de começar a pensar em si mesmo como o "CEO S.A" e construir e manter a sua própria marca pessoal, tanto *on-line* quanto *off-line*. Vamos mergulhar nesse tema no Capítulo 2, "Seja", e no Capítulo 3, "Seja.com".

UMA VISÃO DE CIMA

Eu acho que os membros da Geração do Milênio vão ser grandes líderes. O poder de adaptação dessa geração, a sua capacidade de ser multitarefa, de ver as coisas de muitos ângulos diferentes e de pensar nas possibilidades — essa é que vai ser a marca registrada dessa geração.

— Lori High, diretor de vendas e de marketing,
Benefícios em Grupo, The Hartford

Tecnopapo

Uma das maiores mudanças no local de trabalho que observei no curso da minha carreira é que os escritórios estão muito mais silenciosos hoje em dia. Quando fiz o meu primeiro estágio em meados da década de 1990, a maioria das pessoas usava no trabalho apenas um telefone fixo e um computador sem acesso a nenhuma rede. Quando você percorria um escritório, ouvia um burburinho constante de telefones tocando e conversas se sobrepondo. Hoje você ouve principalmente o *tec-tec-tec* discreto da digitação nos teclados e telas de dispositivos móveis. No entanto, isso não significa que a interação olho no olho ou voz a voz esteja fora de moda. Na verdade, ela pode ser mais importante do que nunca se você quer ser versado em *high-touch** num mundo *high-tech*. Vamos falar no Capítulo 4, "Ouça", sobre a combinação certa de tecnologia e os antigos métodos de comunicação, e como ser bom nas duas coisas.

Múltiplos Mash-ups

A força de trabalho de hoje é mais diversificada do que nunca, abrangendo pessoas de diferentes gerações, sexos, etnias, competências, países, tipos de personalidade e estilos de trabalho. Você nunca sabe qual combinação de traços terão seus colegas ou clientes, por isso tem que estar preparado para se relacionar com todos eles. Algumas pessoas esperam que você seja formal, outras preferem que seja mais amigável e descontraído. Algumas esperam que você tome decisões a portas fechadas, outras que seja transparente em tudo, chegando até a divulgar o seu próprio salário. Como você lida com personalidades difíceis, resolve situações embaraçosas e procura ser um bom chefe? Esse é o tópico do Capítulo 5, "Gerencie".

Vida profissional 3.0

As questões relacionadas ao equilíbrio entre vida profissional e pessoal e a "ter tudo que quer" sempre estiveram em voga, mas nunca tanto quanto agora. Graças ao Wi-Fi, à tecnologia móvel, às redes virtuais e às teleconferências, o trabalho pode acontecer literalmente em qualquer lugar e os empregados querem tirar proveito disso. Para a Geração do Milênio, em particular, equilíbrio e flexibilidade não são mais considerados artigos de luxo a ser conquistados, mas necessidades que se espera satisfazer. Como isso afetará a sua carreira e vida pessoal e sua capacidade de liderar subordinados que procuram suas próprias visões de integração da vida profissional? E como você conse-

---

* Termo relacionado à geração que prefere a conversa presencial, *tête-a-tête*, e não têm uma noção tecnológica tão aflorada quanto a geração *high-tech*. (N.T.)

gue preservar sua sanidade num mundo constantemente conectado? Veja o Capítulo 6, "Priorize".

Diga com quem andas...

No mundo profissional, nunca o QI foi tão importante. No entanto, a sigla a que me refiro não é a do "Quociente de Inteligência", mas sim de "Quem Indica" (no bom sentido). Quanto mais ocupado e tecnológico o mundo se torna, mais importantes passam a ser os relacionamentos autênticos e confiáveis. Acredito piamente que seus relacionamentos são a base do seu sucesso, não importa o que, em última análise, você aspire fazer. E seus colegas de trabalho em início de carreira provavelmente vão se transformar em alguns dos seus parceiros mais importantes no futuro — tenham essas relações se formado e se mantido no mundo real ou apenas no virtual. Saiba mais no Capítulo 7, "Conecte-se".

Nação customizada

Esta última tendência pode nem parecer uma tendência, pois se tornou muito comum. É a ideia de que praticamente tudo pode e deve ser customizado de acordo com as suas preferências pessoais. E isso engloba desde brinquedos (Build-A-Bear Workshop) até o vestuário (customize o seu jeans), cartões de crédito (escolha sua data de vencimento e programa de recompensas). Na minha opinião, o desejo de personalizar tudo é um dos traços mais marcantes da Geração do Milênio e acabou contaminando o resto de nós, também. Então, vou terminar este livro com esse tema — como você pode customizar continuamente a sua carreira à medida que a sua vida profissional, e pessoal, se expande e se altera —, no Capítulo 8, "Cresça".

Ao longo de todo o livro, você encontrará nos quadros outras categorias de conselhos também.

- *Como Posso Dizer...*: guias para comunicações difíceis.
- *Existe um Aplicativo para Isso*: recomendações sobre aplicativos, sites e tecnologias baseadas em gestão, produtividade e ferramentas de profissionalização.
- *Uma Visão de Cima*: sabedoria dos líderes de sucesso.
- *De Olho nos Números*: factoides, estatísticas e gráficos relacionados com o tópico em questão.
- *Mais, por Favor*: conselhos mais profundos sobre vários tópicos, mas que podem não se aplicar a todos os leitores.

Se em algum momento durante a leitura deste livro você tiver uma pergunta, um comentário ou uma sacada genial, por favor, compartilhe comigo e com a comunidade de leitores deste livro, em inglês, no Facebook, em Facebook.com/lindseypollak, ou no Twitter, @lindseypollak.

Este livro é para você

Como eu espero que você já tenha percebido, este livro não é para executivos experientes, empresários tarimbados ou outros veteranos da liderança. Este livro é para você que dá seus primeiros passos como líder. Minha missão é fornecer absolutamente todas as informações e orientações a meu alcance, combinando o melhor dos conselhos do passado com as dicas recém-saídas do forno a respeito das últimas tendências, e um punhado de previsões sobre o que você precisará fazer para continuar prosperando no futuro. Além da extensa lista de conselhos sobre liderança, eu também vou oferecer minhas melhores estratégias de gestão para turbinar a sua carreira.

Quando escrevi *Getting from College to Career*, incluí todos os conselhos, dicas, truques e sugestões que pude — noventa tópicos ao todo — sobre como encontrar o seu primeiro emprego depois da faculdade. Meu palpite era que os jovens profissionais não estavam encontrando esse tipo de informação em outro lugar, e depois constatei que estava certa: a reação ao livro foi incrível, e os muitos leitores que usaram o livro para encontrar o emprego dos seus sonhos começaram a postar, tuitar e me escrever e-mails quase imediatamente para perguntar: "Ok, consegui o trabalho que queria e estou indo muito bem. E agora?"

Agora é hora de conseguir seu primeiro cargo de liderança. Então, se você estiver numa posição de liderança agora ou planejando estar em breve, vamos começar.

Parte I

Aprenda

Capítulo 0,5

Atualize-se

Faça amigos, mexa no queijo e quebre todas as regras

Você se lembra daquele sentimento de entrar numa sala de aula para fazer uma prova sabendo que estudou com afinco e está muito bem preparado? Em seu novo papel como líder, uma das maneiras de conseguir essa tranquila confiança é conhecer a sua história. Sim, você está construindo sua carreira num mundo completamente diferente daquele dos líderes de quinhentos, cinquenta e até cinco anos atrás, mas algumas coisas nunca vão mudar. Não importa o quanto o mundo seja moderno ou *high-tech*, você ainda vai ouvir frequentes referências a várias teorias, práticas, pessoas e chavões do passado sobre liderança e sucesso.

Mesmo que o seu objetivo seja causar uma revolução no seu ramo de negócios ou ser o oposto polar de cada líder que já teve, no ambiente de trabalho multigeracional dos dias de hoje você ainda tem que falar a mesma língua e ainda tem muitas referências das pessoas que vai encontrar. (É por isso que muitas empresas submetem seus executivos a um intenso treinamento cultural antes de assumir um cargo internacional.) Nem queira saber como os *baby boomers* e a Geração X ficam impressionados quando um colega mais jovem faz menção a um livro clássico como *Os 7 Hábitos das Pessoas Altamente Eficazes* ou *Empresas Feitas para Vencer*! Isso causa uma credibilidade instantânea. Como

Harry Truman disse uma vez, "Nem todos os leitores são líderes, mas todos os líderes são leitores".

Embora eu incentive você a se tornar um especialista muito bem informado sobre a história corporativa, gestão, sucesso profissional e liderança, sei que talvez não tenha tempo para isso agora. Na verdade, você pode ter pego este livro para ler à meia-noite, porque está começando num novo emprego amanhã de manhã. Então vou tentar resumir cerca de dois mil anos de teoria em quinze minutos, meio no estilo "resumos de livros para o vestibular".

Eis o meu panorama, ridiculamente simplista, mas factual (vetada por vários MBAs respeitados — e ligeiramente horrorizados — da minha rede de contatos), dos melhores livros de liderança, sucesso e gestão que você precisa conhecer. O que você mais vai encontrar nesta lista são livros publicados nos últimos vinte anos (com algumas exceções), porque esses são os títulos que é mais provável você encontrar hoje em dia e que mais vai querer conhecer.

Por favor, note que a menção de um livro ou autor aqui não significa necessariamente que eu concorde com seus conselhos ou opiniões; só significa que acho importante conhecê-los.

A Arte da Guerra, de Sun Tzu (século II a.C.)

A Arte da Guerra, escrito há mais de dois mil anos, é geralmente definido como o mais antigo livro conhecido sobre estratégia militar e política. Líderes militares modernos ainda o leem. Muitos vendedores, políticos e CEOs o mantém num lugar de destaque na estante do escritório. Aqui estão alguns dos conselhos mais radicais de Sun Tzu:

- A arte da guerra (e dos negócios) se baseia no engano.
- Ataque quando (seus concorrentes) não estiverem preparados.
- Não faça um movimento a menos que ele traga vantagem.

O Príncipe, de Maquiavel (1532*)

As ideias de Maquiavel e seu livro *O Príncipe* influenciaram, durante séculos, monarcas, presidentes e líderes modernos. Você já ouviu alguém descrever pessoas ou suas ações como "maquiavélicas"? Adivinhou! Essa referência remonta a Niccolò (e refere-se a situações em que um truque inteligente é usado para obter alguma coisa.) Aqui estão mais alguns trechos da filosofia desse livro:

- Um príncipe (ou líder) pode ser uma boa pessoa, mas só um príncipe precisa *parecer* bom aos olhos dos outros.
- Não seja generoso demais, pois isso só causará mais ganância.
- É melhor ser temido do que amado.

How to Win Friends and Influence People**, de Dale Carnegie (1936)

Pode-se dizer que essa obra de Dale Carnegie é o oposto polar de *O Príncipe*. Foi um dos primeiros livros de autoajuda já publicados e ainda é incrivelmente relevante. Eis aqui algumas dicas desse livro para fazer as pessoas gostarem de você. (Para sua informação, a edição original também incluía dicas para esposas do tipo "Não fique se lamuriando para o seu marido", mas elas, felizmente, foram retiradas depois.)

- Demonstre um interesse genuíno pelas outras pessoas.
- Sorria. (Eu sei que parece ridiculamente óbvio, mas juro que, nas entrevistas de emprego, a particularidade de que os entrevistadores mais se lembram, segundo me disseram, é se o candidato sorriu ou não.)

---

* A data entre parênteses sempre se refere à publicação na língua original. (N.T.)

** Publicado no Brasil com o título *Como Fazer Amigos e Influenciar Pessoas*. (N.T)

- Seja um bom ouvinte. Incentive as outras pessoas a falarem delas. A palavra favorita de uma pessoa é seu próprio nome.

Atlas Shrugged*, de Ayn Rand (1957)

Esse romance de Ayn Rand (o único livro de ficção desta lista) fala de uma América distópica, onde alguns dos cidadãos mais bem-sucedidos da sociedade protestam contra a tributação do governo, decidindo se rebelar e desaparecer sem deixar pistas, demonstrando assim que a destruição do lucro destrói a sociedade. Rand é também a criadora do objetivismo, uma crença profunda nos direitos individuais e na busca da própria felicidade acima tudo (conhecido pelos economistas como interesse próprio racional). Antes de *Atlas Shrugged*, muitos líderes corporativos sentiam-se um pouco apologéticos com o sucesso e a riqueza. Este livro fez com que eles (e muitos de suas contrapartes contemporâneas) se sintam heróis. Aqui estão duas citações representativas:

- "Não deixe que o herói na sua alma pereça, em solitária frustração pela vida que merecia, mas nunca conseguiu conquistar... O mundo que você deseja pode ser vencido, ele existe, é real, é possível, é seu."
- "Ele não era culpado de nada, exceto de ter ganhado sua própria fortuna e nunca ter se esquecido de que ela era dele."

Confessions of an Advertising Man**, de David Ogilvy (1963)

Ogilvy tem sido muitas vezes chamado de "o pai da propaganda", por isso seu nome é mencionado com frequência. Se você, como eu, é fã

---

* Publicado no Brasil em 1987 com o título *Quem É John Galt?*, e em 2010 com o título *A Revolta de Atlas*. (N.T)

** Publicado no Brasil com o título *Confissões de um Publicitário*. (N.T.)

da série *Mad Men*, então já ouviu algumas das pérolas de sabedoria de Ogilvy pela boca de vários personagens da série. Provavelmente sua citação mais famosa é "O consumidor não é um idiota, ele é sua esposa", mas eu não vejo muita aplicação para essa no mundo moderno. Aqui está uma melhor: "É inútil ser um pensador criativo e original se você também não puder vender o que cria".

*The Effective Executive** (1967) e *The Essential Drucker*** (2008), de Peter F. Drucker

Se Ogilvy é o pai da propaganda, Peter Drucker é o pai da administração. Resolvi incluir *The Effective Executive* nesta lista porque a influência de Drucker foi particularmente forte na década de 1960 (e há rumores de que o CEO da Amazon, Jeff Bezos, solicita que todos os seus altos executivos o leiam). Mas Drucker escreveu dezenas de livros importantes sobre gestão, liderança, sucesso e negócios, e é por isso que eu também recomendo *The Essential Drucker*, uma coletânea dos maiores sucessos dos seus mais de sessenta anos (!) como escritor. Eu garanto que em breve você vai ouvir alguém citando Peter Drucker numa reunião ou apresentação (saiba essa pessoa que está citando Drucker ou não), então você precisa conhecer o nome dele. Aqui estão duas das suas mais conhecidas pérolas de sabedoria:

- "O que pode ser medido pode ser melhorado."
- "Gerenciar é fazer as coisas do jeito certo; liderar é fazer as coisas certas."

---

* Publicado no Brasil com o título *O Gestor Eficaz.* (N.T.)
** Publicado no Brasil com o título *O Essencial de Drucker* (N.T.)

Servant Leadership*, de Robert K. Greenleaf (1977)

Embora seja um conceito atemporal, que talvez remonte até o *Tao Te Ching*, Robert K. Greenleaf cunhou o termo "liderança servidora" num ensaio de 1970 chamado "O Servo como Líder", publicado em formato de livro em 1977. De acordo com Greenleaf, a liderança tradicional geralmente envolve a acumulação e o emprego de poder pela pessoa no "topo da pirâmide". Em contraste, o líder servidor compartilha o poder, coloca as necessidades das outras pessoas em primeiro lugar e as ajuda a desenvolver e pôr em prática o melhor de suas habilidades. Os líderes servidores julgam-se pela satisfação dos seus colaboradores e pelo serviço que prestam pelo bem maior da sociedade. Eis aqui a teoria nas palavras de Greenleaf:

- "O líder servidor é, em primeiro lugar, um servidor (...) O melhor teste, e o mais difícil de administrar, é: Será que aqueles que são servidos crescem como pessoas? Será que eles, *ao serem servidos*, se tornam mais saudáveis, mais sábios, mais livres, mais autônomos, mais propensos a se tornarem servos?"
- "Esta é a minha tese: cuidar de pessoas, os mais capazes e os menos capazes servindo uns aos outros, é a rocha sobre a qual uma boa sociedade é construída."

The One Minute Manager**, de Kenneth Blanchard e Spencer Johnson (1982)

Quando interpelei dezenas de colegas para saber qual era o seu livro de negócios favorito, *O Gerente Minuto* foi o que recebeu mais menções. Considere esse superlivrinho um "manual de gestão para leigos" realmente muito inteligente. Ele basicamente se resume a isto:

---

* Publicado no Brasil com o título *Liderança Servidora*. (N.T.)
** Publicado no Brasil com o título *O Gerente Minuto*. (N.T.)

- Defina metas-minuto que você possa descrever em até 250 palavras ou menos. (Se o Twitter existisse em torno em 1982, Blanchard e Johnson provavelmente teriam recomendado metas de 140 caracteres.)
- Faça elogios-minuto e repreensões-minuto por mau desempenho, para evitar que as pessoas se desviem das suas metas-minuto.

Nós vamos voltar a mencionar *O Gerente Minuto* no Capítulo 5, porque os conselhos de Blanchard e Johnson ainda são relevantes e fáceis de aplicar nos dias de hoje.

In Search of Excellence, de Thomas J. Peters e Robert H. Waterman Jr. (1982)

Este é um dos *best-sellers* mais lidos de todos os tempos sobre negócios, e Tom Peters ainda é considerado um dos principais gurus globais da administração (mais informações sobre Peters no Capítulo 2). Quando você pensa no ritmo *"Go Go Go"*, dos anos 1980, pensa nesse livro. Os autores estudaram 43 das principais empresas norte-americanas desse período e mostram os oito princípios de gestão que todas essas empresas seguiam. Aqui estão algumas delas:

- Tome decisões e resolva problemas o mais rapidamente possível. Em outras palavras, arregace as mangas e coloque a mão na massa.
- Como dizem os americanos, *"Stick to the knitting"* [algo como "Não tire os olhos do tricô"], ou seja, atenha-se ao que você já sabe fazer, sem querer se aventurar pelo que conhece pouco. (Eu sinceramente não sabia por que as pessoas diziam "Não tire os olhos do tricô" em reuniões de negócios até que li esse livro.)
- Mantenha uma equipe enxuta e tenha o mínimo de funcionários em seu quartel-general. (Nota: A década de 1980 testemunhou as

---

* Publicado no Brasil com o título *Vencendo a Crise*. (N.T.)

primeiras demissões em massa de gerentes de nível intermediário. A América corporativa não voltou atrás desde então.)

The E-Myth (1986) e *The E-Myth Revisited** (1995), de Michael E. Gerber

Como sou empreendedora, muitas vezes me recomendaram *The E--Myth* ao longo dos anos. Mais importante, e mais aplicável à sua carreira queira você ser um empreendedor ou não, é a insistência de Gerber com respeito à importância de "trabalhar *o* seu negócio" e não apenas "trabalhar nele", o que significa que você, como líder, precisa prestar mais atenção na estrutura, nos processos e nas operações da sua organização ou equipe do que no seu produto ou serviço. Eis o conceito-chave desse livro, sublinhado *e* destacado com caneta marca--texto na minha própria cópia:

- "O trabalho técnico de um negócio e o negócio que faz esse trabalho técnico *são duas coisas totalmente diferentes!*"

Em outras palavras, como Gerber explica, um ótimo barbeiro não é necessariamente um ótimo proprietário de barbearia e um ótimo músico não é necessariamente um ótimo proprietário de uma loja de instrumentos musicais. De modo semelhante, como você vai ler no Capítulo 5, saber muito bem fazer o seu trabalho não faz de você alguém que sabe muito bem como gerir outras pessoas fazendo esse trabalho.

*The 7 Habits of Highly Effective People***, de Stephen R. Covey (1989)

Eu era caloura no ensino médio, em 1989, e me lembro do sucesso estrondoso que *Os 7 Hábitos das Pessoas Altamente Eficazes* fez quando foi lançado, embora a minha atenção no momento estivesse mais voltada

---

* Publicado no Brasil com o título *O Mito do Empreendedor*. (N.T.)

** Publicado no Brasil com o título *Os 7 Hábitos das Pessoas Altamente Eficazes*. (N.T.)

para os garotos. Esse provavelmente é o livro que eu mais vi na estante dos empresários de sucesso e o livro que mais recomendo.

Aqui estão os meus três hábitos favoritos entre os sete:

- Hábito 2: "Comece com o objetivo em mente". Covey aconselha você a estabelecer uma missão pessoal para a sua vida e fazer escolhas diárias com base nisso. Em outras palavras, sempre que você quiser fazer alguma coisa, pese essa decisão tomando por base seus objetivos de longo prazo.
- Hábito 3: "Primeiro o mais importante". Priorize, planeje e execute sua lista de coisas a fazer com base nas suas prioridades pessoais (e quando estiver no trabalho, também nas prioridades da sua organização), não apenas no que parece urgente no momento.
- Hábito 7: "Afine o instrumento". O hábito final de Covey é reservar tempo diariamente para "preservar e melhorar" as suas dimensões física, espiritual, mental e social/emocional. Fazer exercícios físicos, ler livros, passar tempo com as pessoas de que gosta — cuidar de si mesmo. Como Covey escreve, este é "o hábito que torna todos os outros possíveis".

Emotional Intelligence*, de Daniel Goleman (1995)

Quando você ouve as pessoas comentando sobre QE, é de inteligência emocional que estão falando. Esse termo se refere às nossas habilidades de lidar com as emoções e interpretá-las. Goleman argumenta que o QE pode ser ainda mais importante do que as habilidades cognitivas (o seu QI), normalmente citadas como a razão do sucesso ou do progresso na carreira de alguém. Veja como ele descreveu o conceito principal do livro: "Se as suas aptidões emocionais são falhas, se você não tem autoconsciência, se não é capaz de administrar suas emoções mais perturbadoras, se não tem empatia nem bons relacionamentos, então não importa o quanto seja inteligente, você não vai conseguir ir

---

* Publicado no Brasil com o título *Inteligência Emocional*. (N.T.)

muito longe". Muitos aspectos do QE também são chamados de *soft skills**, que é um termo que você vai ouvir muito no local de trabalho dos dias de hoje. Muitos recrutadores e executivos de RH concordam que *soft skills*, como o poder de comunicação e a habilidade para travar relacionamentos, costumam ser mais importantes para o sucesso de um líder do que suas competências técnicas.

*Who Moved my Cheese?***, de Spender Johnson (1998)

Esse livro, escrito pelo coautor de *O Gerente Minuto*, é o livro de negócios mais vendido de todos os tempos. Foi um fenômeno estrondoso. É também um livrinho muito curtinho. Escrito em forma de fábula, é, realmente, sobre camundongos à procura de queijo. Num nível mais elevado, é sobre a necessidade de se adaptar às mudanças. Aqui estão duas das lições mais simples e profundas desse livro:

- Quanto mais rápido você deixar de lado o queijo velho (tradução: uma ideia, um produto, um emprego ou uma carreira que não está dando certo), mais cedo vai encontrar queijo novo.
- Nos negócios ou em qualquer aspecto da vida, aquilo de que você tem medo nunca é tão ruim quanto você imagina. O medo que se alimenta na mente é pior do que a situação em si. Johnson foi o primeiro a perguntar: "O que você faria se não tivesse medo?"

*First, Break All the Rules***, de Marcus Buckingham e Curt Coffman (1999)

Esse foi o primeiro grande *best-seller* de Buckingham, mas esse autor é igualmente conhecido pelo seu livro seguinte, escrito em coauto-

---

* *Soft skills* são atributos e competências pessoais intangíveis, relacionadas a aspectos da personalidade que facilitam os relacionamentos, em contraposição às *hard skills*, competências mais técnicas e específicas para a realização de um trabalho. (N.T.)

** Publicado no Brasil com o título *Quem Mexeu no meu Queijo?* (N.T.)

*** Publicado no Brasil com o título *Quebre Todas as Regras*. (N.T.)

ria com Donald O. Clifton: *Now, Discover your Strenghts**. Os livros de Buckingham são baseados em seu trabalho no Instituto Gallup, que realizou grandes estudos com profissionais em cargos de chefia (mais de oitenta mil participantes), para determinar o que fez deles homens e mulheres bem-sucedidos. Alguns dos tópicos mais importantes do livro são:

- "Concentre-se nos pontos fortes" em vez de tentar melhorar os seus pontos fracos, o que os autores acreditam que seja um desperdício de tempo.
- "Encontre o ajuste certo" para si e para as pessoas que você lidera, combinando as pessoas com cuidado de acordo com as posições em que elas terão a maior chance de sucesso. Em outras palavras, use os pontos fortes das pessoas e não tente enfiar um pino quadrado num buraco redondo.

The Tipping Point**, de Malcolm Gladwell (2000)

The Tipping Point foi outro fenômeno absoluto. Se você ainda não ouviu alguém fazer referência a um "ponto de virada" — ao se referir a uma moda passageira, uma canção popular, uma ideia, qualquer coisa —, em breve vai ouvir. Em resumo, este livro descreve o ponto em que uma moda torna-se uma moda e as pessoas, conhecidas como "conectores", que podem acelerar esse processo. Aqui estão duas citações do livro:

- "O ponto de virada é aquele momento mágico em que uma ideia, uma tendência ou um comportamento social cruza um limiar e se alastra como fogo selvagem."
- "Existem pessoas excepcionais neste mundo que são capazes de deflagrar epidemias. Tudo que você tem que fazer é encontrá-las."

---

*   Publicado no Brasil com o título *Descubra seus Pontos Fortes*. (N.T.)
**   Publicado no Brasil com o título *O Ponto da Virada*. (N.T.)

Além de *The Tipping Point*, Gladwell criou uma indústria que explora fenômenos sociais interessantes. Em *Blink* (2005), ele aborda como e por que as pessoas tomam decisões instantâneas; em *Outliers* (2008), ele analisou fatores, tais como estudar ou praticar por mais de dez mil horas, que levam alguém a se tornar extraordinariamente bem-sucedido; e em *Davi and Golias* (2013), ele analisou a relação entre os azarões e os favoritos.

Good to Great*, de Jim Collins (2001)

Pense nesse livro como uma espécie de *reboot* de *In Search of Excellence*. Escrito vinte anos depois, o livro de Collins descreve as características de outro conjunto de empresas de sucesso, identificando o que fez delas não apenas boas empresas, mas grandes empresas. Foi um mega *best-seller* e uma leitura obrigatória por muitos anos. Aqui estão algumas das teorias citadas com mais frequência no livro, notável também pelo peculiar estilo de linguagem do autor:

- O bom é inimigo do ótimo. Muitas organizações sentem que é aceitável ser bom, por isso não se esforçam mais para alcançar a verdadeira grandeza. O mesmo vale para as pessoas que se contentam em ser boas quando poderiam ser ótimas.
- Os melhores líderes são chamados de líderes nível 5, que não se concentram apenas no sucesso atual de suas organizações, mas em sua "excelência em longo prazo".
- Defina metas grandiosas, audaciosas e desafiadoras. Esse conceito, na verdade, se originou no livro anterior de Collins, *Built to Last*. Ele significa estabelecer objetivos realmente grandes, visionários, para dez a trinta anos, como reduzir em 50 por cento a taxa de câncer de pulmão do seu país ou colocar um compostor em cada casa. (Você pode definir essas metas em sua carreira, também.)

---

* Publicado no Brasil com o título *Empresas Feitas para Vencer*. (N.T.)

- O efeito volante (um ciclo que ganha ímpeto graças à persistência) irá prevalecer sobre o circuito da destruição (uma reação sem entendimento e com pouca ou nenhuma acumulação de ímpeto). Em outras palavras, ter constância e acumular força e energia, em vez de tentar criar um impulso súbito, fazendo uma escolha radical. (Collins aconselha o leitor a usar essa estratégia em sua carreira também.)

Getting Things Done*, de David Allen (2002)

Allen é um guru de produtividade com dicas lendárias sobre organização e administração do tempo. Seu livro *Getting Things Done* é tão popular, especialmente entre os empresários, que há pessoas que se referem a ele simplesmente como GTD (e há muitos blogs dedicados às filosofias de Allen). Aqui estão três estratégias GTD populares que eu tento colocar em prática:

- Se um pensamento lhe ocorrer quando você estiver envolvido com outra coisa, anote-o numa grande lista (física ou virtual). Se um papel cruzar a sua mesa enquanto você está ocupado, coloque-o na caixa de entrada. Reveja todas essas anotações e documentos uma vez por dia. Dessa maneira, você poderá manter o foco na tarefa à mão, sem nunca se esquecer de nada.
- Siga a regra dos dois minutos: se você determinar que uma tarefa pode ser feita em dois minutos, faça-a imediatamente, porque vai perder mais tempo colocando-a de lado, pensando nela mais tarde e depois executando-a, do que concluindo a tarefa na primeira vez que a notar.
- Divida bolhas amorfas de coisas não passíveis de ação (por exemplo, escrever um livro) em passos mensuráveis e gerenciáveis (por exemplo, escrever a primeira frase). Essa é provavelmente a minha

---

* Publicado no Brasil com o título *A Arte de Fazer Acontecer*. (N.T.)

dica de produtividade favorita na vida, e foi assim que este livro foi escrito!

Never Eat Alone*, de Keith Ferrazzi com Tahl Raz (2005)

Essa é uma versão dos dias de hoje de *Como Fazer Amigos e Influenciar Pessoas*. Como você pode imaginar pelo título, esse livro mostra por que você precisa se dedicar mais ao seu *networking*. Se o seu cérebro imediatamente associou *networking* com manobras e manipulações, Ferrazzi quer que você pare com isso agora. O livro dele é sobre construir relacionamentos genuínos e o benefício mútuo que você e a outra pessoa podem propiciar um ao outro. Como ele diz:

- "O sucesso em qualquer campo, mas especialmente nos negócios, consiste em trabalhar *com* as pessoas, não contra elas".
- "Não fique competindo com elas."

A conclusão geral de *Never Eat Alone* é que, na verdade, as pessoas poderosas e bem-sucedidas apoiam-se mutuamente de modo que todos saiam beneficiados.

A Whole New Mind, de Daniel H. Pink (2005)

Além de ser um dos meus livros favoritos, *A Whole New Mind* ajudou a marcar um ponto de virada fundamental que ainda estamos experimentando no mundo dos negócios de hoje: a ideia de que o pensamento inovador e criativo é o ativo mais valioso de uma organização. Numa época em que a tecnologia pode fazer deixar tudo mais rápido, a terceirização pode deixar tudo mais barato e temos mais opções do que nunca, Pink defende a ideia de que a criatividade é necessária para se sobreviver nos negócios. Seus seis "sentidos" (você pode considerá-los "princípios básicos") para os negócios de hoje incluem:

---

* Publicado no Brasil com o título *Nunca Almoce Sozinho!* (N.T.)

- História: qual é a narrativa do seu produto?
- Sinfonia: enfoque o quadro maior e seja capaz de ligar elementos aparentemente desconexos.
- Significado: entenda que a definição do seu propósito de vida é fundamental para as pessoas e, portanto, fundamental para o negócio.

Pink escreveu outros livros sobre liderança que são meus favoritos, incluindo *Free Agent Nation* (2001), no qual ele postula que um número cada vez maior de pessoas vai trabalhar por conta própria no futuro, e *Drive: The Surprising Truth about What Motivates Us* (2009), segundo o qual o propósito e o desejo de comandar a própria vida são os verdadeiros dínamos das pessoas, não recompensas externas como dinheiro ou promoções.

The 4-Hour Workweek,* de Timothy Ferriss (2009)

Embora esse título seja uma promessa exagerada até para o título de um livro, Ferriss afirma viver essa realidade — principalmente por causa da terceirização. De acordo com a sua filosofia-chave, a felicidade é definida pelo controle que você tem do seu tempo. *The 4-Hour Workweek* provocou (e ainda provoca) grande alvoroço e levou muitas pessoas a defender o conceito de usar a tecnologia e assistentes virtuais para cumprir tarefas demoradas como responder a pedidos comuns por e-mail, reservas de viagens ou falar com a empresa de telefonia. Aqui está a citação do livro com relação a dinheiro, por assim dizer: "Um milhão no banco não é uma fantasia. Fantasia é acreditar no estilo de vida de total liberdade que o dinheiro supostamente viabiliza".

---

* Publicado no Brasil com o título *Trabalhe Quatro Horas por Semana*. (N.T.)

The Innovator's Dilemma*, de Clayton M. Christensen (2011)

Clayton Christensen, professor da Universidade de Harvard, aborda a ideia da inovação com base numa pesquisa que explica por que até empresas eficientes, centradas nos clientes, não estão imunes ao fracasso. O ponto crucial dos seus conselhos é que as empresas que se concentram apenas no que seus clientes precisam no momento podem não estar enxergando o que eles vão buscar no futuro. Segundo disse a revista *Forbes*, "Este livro vai desanimar qualquer executivo que se sinta à prova de balas e inspirar empreendedores que apontam suas armas". E se você é alguém que fez uma boa faculdade e agora está no mercado de trabalho (ou pretenda estar), saiba que um ex-aluno da Harvard Business School me disse uma vez: "Se você quer impressionar um chefe que estudou em Harvard, mencione Clay Christensen".

Quiet**, de Susan Cain (2012)

Embora não seja ainda um clássico absoluto, Susan Cain recebeu tanta atenção da mídia por causa de *Quiet: The Power of Introverts in a World that Cant't Stop Talking* que, em muitas faculdades de administração, está se falando de introversão nas aulas de liderança e comunicação. De acordo com Cain, que se diz uma "porta-voz introvertida", existem muito mais introvertidos no mundo do que se imagina. Você mesmo pode ser um e, não importa o seu campo de atuação, certamente tem introvertidos em seu círculo de amizades e no local de trabalho. *Quiet* mostra o que faz com que os introvertidos progridam e por que se comunicam melhor com todos os tipos de personalidade. Aqui estão duas das minhas citações favoritas:

- "Não há nenhuma correlação entre o dom da palavra e boas ideias."

---

* Publicado no Brasil com o título *O Dilema da Inovação* (N.T.)
** Publicado no Brasil com o título *O Poder dos Quietos* (N.T.)

- "Não pense na introversão como algo de que você precisa ser curado."

Lean In*, de Sheryl Sandberg (2013)

É provavelmente muito cedo para saber se *Lean In*, de Sheryl Sandberg, terá um impacto duradouro, mas não há dúvida de que este livro, escrito enquanto Sheryl era diretora operacional do Facebook, foi o tema de discussão mais quente dentro de corporações, governos, pequenas empresas e cozinhas, quando entrou pela primeira vez em cena. Talvez por causa da falta de gurus do sexo feminino no mundo dos negócios ao longo da história, Sandberg tornou-se *a* voz contemporânea para mulheres ambiciosas que querem tanto uma grande carreira quanto uma vida familiar feliz. Embora algumas pessoas critiquem o livro (por sua falta de atenção à diversidade das situações econômicas entre as mulheres, por exemplo), vários dos temas-chave de Sandberg realmente fazem muito sentido:

- Para os homens: Para as mulheres alcançarem 50 por cento de igualdade no trabalho, os homens precisam alcançar 50 por cento de igualdade em casa. Se os homens assumissem mais responsabilidade pelo cuidado dos filhos, pelo trabalho doméstico e outras tarefas domésticas, as mulheres seriam capazes de conquistar mais sucesso na carreira profissional.
- Para as mulheres: "Não desista antes de começar." Eu estava na plateia quando Sandberg deu este conselho publicamente pela primeira vez na conferência TEDWomen em Washington, DC, em dezembro de 2010. Na época eu estava grávida de sete semanas da minha filha, e o conselho de Sandberg para não "tirar o pé do acelerador" no que diz respeito à carreira profissional, mesmo antes de ter um filho, foi incrivelmente relevante para mim. Eu acredito que

---

* Publicado no Brasil com o título *Faça Acontecer*. (N.T.)

esse conselho também possa ser ampliado — não descarte uma oportunidade por achar que pode não dar conta.

MAIS, POR FAVOR: OS MELHORES,
A LISTA CONTINUA...

Não existe, é claro, nenhuma possibilidade de fazer aqui uma lista 100 por cento completa ou que satisfaça a todos, por isso aqui estão algumas outras listas dos melhores ou mais importantes livros de negócios e liderança:

- *The 100 Best Business Books of All Time**: um livro inteiro sobre livros de negócios! (100bestbiz.com)
- "27 Books Every Entrepreneur Should Read", artigo do site de notícias *Business Insider*: boas ideias tanto para empreendedores como para executivos (Businessinsider.com/best-business-books-for-entrepreneurs-2013-5)
- "99 Recommended Business Books", artigo do livro *The Personal MBA*: uma lista de livros dividida por categorias, sobre todos os tópicos imagináveis sobre negócios (Personalmba.com/best-business-books)

E aqui estão outros autores que escrevem sobre alguns tópicos em particular:

- Empreendedorismo: Guy Kawasaki.
- Vendas: Jeffrey Gitomer; Zig Ziglar.
- Marketing: Seth Godin; Jay Conrad Levinson; David Meerman Scott.
- Negociações: Roger Fisher; Carol Frohlinger; Deborah Kolb; William Ury.
- Mulheres e Negócios: Gail Evans; Lois Frankel.

Partindo de Sun Tzu até Sandberg, você deve ter agora uma boa noção dos principais conceitos, autores e temas de livros de negócios dos quais pode ouvir falar à medida que avança em sua carreira. Daqui em diante, espero que você se torne um leitor dedicado de livros de sucesso. Não é preciso que leia cada novo lançamento ou todos os blogs de autoajuda da área de negócios, mas fique sempre atento à lista dos livros de não ficção mais vendidos e preste atenção aos títulos, autores ou especialistas que estão sendo mencionados pelos líderes do mundo dos negócios.

---

* Publicado no Brasil com o título *Os 100 Melhores Livros de Negócios de Todos os Tempos*. (N.T.)

Capítulo 1

Prepare-se

Sinta medo, abasteça seu cérebro e aperfeiçoe-se

Se você está lançando um novo produto, restaurante ou campanha, ou está iniciando uma carreira de liderança, precisa se preparar primeiro. Como dizem, "Prepare-se para o seu close". Neste capítulo, vamos dar algumas informações que vão ajudá-lo a ser um bom líder e lhe proporcionar uma base na qual poderá confiar quando as coisas ficarem mais difíceis (ou quando ficarem tumultuadas ou forem reorganizadas, reduzidas, interrompidas, cortadas ou qualquer outra coisa que atrapalhe o seu caminho).

A sua capacidade para liderar outras pessoas começa, antes de tudo com a sua capacidade de liderar a si mesmo. Você pode se surpreender ao constatar quantas páginas vai ter de ler aqui antes que eu comece a falar sobre gerenciar outras pessoas. Isso é porque você será um líder muito, mas muito melhor para outras pessoas se primeiro passar algum tempo aprimorando o seu conhecimento, a sua mentalidade e a sua atitude. Se esses elementos não forem negligenciados, o resto acontece naturalmente. Eis aqui as cinco principais maneiras de se tornar um bom líder para si mesmo e se preparar para ser um bom líder para as outras pessoas.

Não tema o medo

O medo, na vida profissional, é perfeitamente natural. Eu sofro disso o tempo todo. Assim como todos os jovens profissionais que conheço. Aqui estão apenas alguns dos medos que eu mesma senti na minha carreira e que me foram confessados por outras pessoas ao longo dos anos: o medo do fracasso, o medo do sucesso, o medo de ser ambicioso demais, o medo de ser pouco ambicioso, o medo de não gostarem de você, o medo de ser inexperiente, o medo de ser qualificado demais, o medo de tuitar, o medo de não tuitar, o medo de ter um chefe desagradável, o medo que um colega de trabalho puxe o seu tapete, o medo de um cliente exigente, o medo de pedir uma promoção, o medo de pedir demissão de um emprego sem ter outro em vista, o medo de abrir um negócio paralelo, o medo de ser demitido.

Eu não vou dizer para você deixar de lado todos os medos que possa ter. De acordo com a minha experiência, isso é quase impossível. O que eu vou dizer é que é completamente normal ter receios com relação ao seu trabalho e à sua carreira. Afinal de contas, estamos falando do seu sustento, do seu futuro, da sua capacidade de pôr comida na mesa e fazer compras no iTunes. O truque é seguir em frente apesar do medo.

O que você pode fazer quando sentir medo com relação à sua carreira ou à qualquer iniciativa de liderança que pretende tomar? Sempre que sinto medo no meu trabalho, procuro me lembrar de uma das minhas citações favoritas. Bill Cosby disse uma vez:

"Decida que a sua vontade de ter uma coisa é maior do que o medo que você tem dela".

E depois penso em todas as vezes em que tomei a decisão de superar o medo. A vontade que eu tinha de ir para Yale era maior do que o medo de não ser aceita? Era! Depois que eu cheguei lá, a minha vontade de cantar num dos famosos corais a *cappella* de Yale era, ao contrário do que acontecia com todos os meus amigos, mais forte do que o meu medo de não conseguir? Sim! Mais tarde, a vontade que eu tinha de abrir meu próprio negócio era maior do que o meu medo de ficar sem dinheiro e voltar a morar com meus pais? Sim! (Meus planos de cantar a *cappella* foram por água abaixo, aliás. Duas vezes fiz o teste e fui rejeitada. Foi doloroso e constrangedor, e ainda me entristeço um pouco ao mencionar isso, mas não me arrependo de ter tentado. E a rejeição talvez tenha colaborado para o meu medo de cantar e falar em público.)

Decidir que a sua vontade de conquistar — uma posição de liderança, uma promoção, uma coluna assinada, uma *startup* financiada pelo Kickstarter, um cargo público, é maior do que o seu medo não envolve apenas superar o medo; envolve se comprometer 100 por cento com o que você quer. No mundo dos negócios e em muitos outros reinos "adultos", poucas coisas serão entregues a você de mão beijada (não importa que alguns críticos digam que os jovens da Geração Y só queiram regalias). Você vai ter que conquistar o que quer na raça. Quando se trata de liderança, em particular, o medo é natural, mas uma atitude pouco assertiva não é.

Abasteça seu cérebro

Depois de escrever todos esses resumos de livros no capítulo anterior, eu estava precisando urgentemente de uma pausa. Abri meu aplicativo Pocket (ver quadro das páginas 59/60) e comecei a ler um artigo sobre como o escritor, diretor, produtor e herói *cult* Joss Whedon consegue ser tão incrivelmente produtivo. Entre muitas ótimas dicas que ele compartilhou no artigo, esta saltou aos meus olhos, principalmente porque, por acaso, eu o estava seguindo naquele exato momento:

Abasteça seu cérebro, abasteça seu cérebro, abasteça seu cérebro! Fique sempre de olho nas coisas, e estou me referindo a coisas que não estão no seu radar normalmente. Afaste-se um pouco da sua zona de visão, da sua zona de leitura. Tudo é alimento para o seu cérebro.

O conselho de Whedon é: seja como uma esponja, e não absorva apenas material do seu próprio ramo de atividade. Você pode ser realmente um bom engenheiro se ler e aprender muito sobre engenharia. Mas você pode ser um engenheiro incrível se conhecer muito sobre engenharia e também ouvir ópera, visitar uma plantação de alfazema nas férias e assistir a programas políticos domingo de manhã. Porque o que acontece quando você abastece o seu cérebro com ideias de outras áreas é que começa a fazer conexões aleatórias e a ter ideias realmente criativas. Você começa a conectar os pontos que outras pessoas não estão conectando e a se destacar na multidão com a sua visão e espírito inovador.

Por exemplo, uma vez entrei por engano no intervalo de uma conferência e percebi que tinha chegado bem no meio de uma apresentação sobre as tendências da moradia pós-recessão. (A sala estava tão vazia que eu não tive coragem de me levantar e sair depois que percebi o meu erro.) Não só aprendi muito, como também tive um grande momento de Eureca! quando percebi que a forma como os milênios querem aconselhamento profissional é parecido com o modo como os jovens profissionais de hoje querem corretores de imóveis para lhes dar orientação. Seis meses depois, eu também pude usar essa informação quando recebi um pedido inesperado para falar para uma agremiação do setor de materiais de construção. Isso pode ter sido uma completa coincidência, mas eu fiquei feliz por ter um pequeno conhecimento do setor de imóveis quando essa oportunidade apareceu.

O que você pode fazer para abastecer seu cérebro? Experimente algumas destas sugestões:

- Leia blogs, revistas ou boletins de setores que não tenham absolutamente nada a ver com o seu campo profissional, seus interesses pessoais ou mesmo a sua região do mundo. Você não precisa ler todos os artigos; apenas examine as manchetes e o sumário das notícias para se inteirar das ideias principais.

- Converse com os amigos sobre o trabalho deles. E eu não me refiro apenas a frases como: "Ei, como foi o trabalho?" Peça que descrevam o que eles fizeram durante todo o dia, quais as questões mais importantes para suas empresas, que notícias estão acompanhando de perto no momento. Se você se sente à vontade com um amigo de outra área e as informações não forem confidenciais, vocês podem até mesmo conversar sobre alguns dos seus desafios atuais e pedir conselhos um ao outro, para que conheçam o ponto de vista de alguém de fora. É por isso que os conselhos diretores das empresas e as instituições sem fins lucrativos são compostos por pessoas de uma grande variedade de setores e áreas de especialização.
- Seja qual for o seu aplicativo ou site de notícias favorito, consulte as "escolhas do editor", que abrangem uma vasta gama de categorias. (Foi assim que adquiri recentemente algum conhecimento sobre avalanches, cientologia e a lagosta cozida do Maine.) Se você quer ler sobre temas que não são o seu principal interesse, que seja o melhor conteúdo disponível.
- Vá ao cinema ou dê uma olhada nos canais de filmes e assista ao próximo filme que for passar, não importa qual seja.

Siga alguma ou todas as sugestões anteriores sem nenhuma pretensão que não seja abastecer seu cérebro. Eu não sei quando ou como ou onde os seus conhecimentos recém-descobertos e aleatórios vão ajudá-lo a crescer como líder, mas tenho certeza de que vão. Abasteça seu cérebro, abasteça seu cérebro, abasteça seu cérebro!...

EXISTE UM APLICATIVO PARA ISSO: POCKET

Eu sei que essa é uma afirmação ousada, mas o Pocket (Getpocket.com) talvez seja o meu aplicativo favorito. Eis o que ele faz: digamos que você se depare com um artigo ou vídeo enquanto está sentado em sua mesa, trabalhando, mas não tem tempo para ler ou assistir naquele momento. Guarde-o no Pocket e o artigo ou vídeo ficará esperando pelo momento em que você tiver tempo

> para lê-lo. Eu assino toneladas de e-newsletters, por isso desenvolvi o hábito de examiná-las rapidamente pela manhã e adicionar alguma coisa interessante no Pocket. Então, depois de um tempo, leio o conteúdo guardado enquanto estou no táxi, esperando numa longa fila ou antes de dormir. Você não precisa nem ter conexão com a internet para visualizar os itens guardados.

Três passos para preencher suas lacunas

Uma razão pela qual Joss Whedon pode se concentrar em abastecer seu cérebro com conteúdos de outros campos é que ele passa a maior parte do tempo buscando a excelência em seu principal campo de trabalho, que é fazer filmes, quadrinhos e programas de televisão. Ele é extremamente capacitado e experiente em seu ofício.

E você?

Essa é uma pergunta um pouco brusca, mas crucial. Antes de começarmos a tratar dos vários elementos que compõem a liderança e o sucesso profissional em longo prazo, você tem que se "qualificar" primeiro. Em outras palavras, eu não posso ajudá-lo a se tornar o mais jovem chefe da equipe de cirurgia do hospital em que trabalha se você não se formou na faculdade de medicina ainda.

É claro que qualquer um pode se autointitular CEO e abrir um negócio sem ter nenhuma credibilidade ou competência em gestão, e muitas pessoas sem nada de excepcional conseguiram se destacar e ter sucesso em suas organizações ou área de atividade. Mas será que essas são pessoas que você admira e quer ter como exemplo de liderança? Acho que não. Todos nós temos o que melhorar; os verdadeiros líderes avaliam regularmente suas próprias lacunas e tomam providências para melhorar os seus conhecimentos e habilidades.

O deputado Aaron Schock, de Illinois, é o primeiro congressista dos Estados Unidos nascido nos anos 1980 e, durante os seus primeiros anos de mandato, foi o membro mais jovem do Congresso na época. Perguntei-lhe como ele tinha conseguido conquistar a credibilidade de seus colegas (muito) mais velhos do Congresso e a resposta dele foi simples e profunda: "Conheça muito bem o seu ofício. Faça a sua lição de casa, aprenda sobre o trabalho que você faz e seja capaz de demonstrar esse conhecimento. Pode não ser glamoroso nem chamar tanto a atenção, mas o trabalho duro e o conhecimento fazem toda diferença em qualquer campo. Vença a concorrência e as pessoas vão saber disso e lhe dar oportunidades para avançar na sua profissão".

Eis aqui um planejamento de três etapas para você fazer o mesmo em seu mundo:

Primeiro passo: Avalie suas habilidades no momento

O primeiro passo é fazer uma avaliação sincera da sua própria capacidade. Aqui estão algumas perguntas que podem ajudar:

- Você possui o mesmo nível de escolaridade ou de experiência/instrução que a maioria das pessoas com cargos de liderança no seu campo?
- Você recebe *feedbacks* em sua maior parte positivos sobre seu desempenho atual ou sobre o trabalho que está fazendo agora?
- Em que áreas as outras pessoas tem incentivado você a melhorar e até que ponto você já fez isso?
- Existem habilidades técnicas que você precise adquirir agora ou nos próximos anos, a fim de se tornar um líder em seu campo (por exemplo, compreender uma demonstração de resultados, saber mais sobre a área de vendas)?
- Que competências pessoais você sente que precisa desenvolver para ser tão bem-sucedido quanto possível (por exemplo, negociação, falar em público, manter conversas sobre amenidades)?

Se você quiser testar suas suposições, experimente estas estratégias:

- Confira os perfis do LinkedIn de pessoas cuja carreira você admira em seu campo e compare-os com as suas próprias qualificações. Analise especificamente as seguintes seções:

— Educação: Qual o nível de instrução dessas pessoas bem-sucedidas?

— Habilidades e Declarações: Que palavras ou frases elas citam em seus perfis, e quais delas receberam mais comentários das pessoas do seu *network*? Veja se nota um padrão na descrição das habilidades da maioria dos seus modelos pelas quais eles são elogiados. Você tem essas habilidades? Pode adquiri-las?

— Experiência: Que papéis essas pessoas desempenham em sua vida profissional e pessoal e quais realizações elas conseguiram nesses papéis? Você detecta alguma semelhança com a sua experiência? Qual a experiência que elas têm que talvez você precise desenvolver para progredir na sua carreira?

- Consulte sites com oferta dos cargos de liderança que você aspira. (Se quiser ser um empreendedor bem-sucedido, procure ofertas de trabalho para posições de liderança em empresas similares a que você quer abrir.) Você talvez não tenha todas as qualificações ou habilidades que se está buscando na vaga, mas possui a maioria delas? O que está faltando?

- Volte para o centro de aconselhamento profissional da sua universidade e marque uma sessão com um *coach*. (Nas universidades norte-americanas, esse tipo de aconselhamento costuma ser gratuito ou de baixo custo para ex-alunos.) Os conselheiros geralmente conhecem uma grande variedade de setores e organizações, de modo que podem comparar suas habilidades e experiências com as de milhares de pessoas com quem já trabalharam.

Como já mencionei, existem muitos exemplos de pessoas que conseguiram sucesso como líderes sem uma formação, habilidades ou experiência tradicionais (Steve Jobs, Mark Zuckerberg e Rachael Ray, para citar algumas), mas essas pessoas não são a norma. Quando possível, é melhor ter a base mais forte possível. O que leva você ao passo número 2...

Segundo passo: Tome providências imediatas para preencher as lacunas que você identificar

Na última seção, você identificou as habilidades que precisa adquirir ou aperfeiçoar. Ótimo! Agora não espere nem mais um minuto para começar a adquirir o que você precisa. Não se preocupe em se tornar um mestre, basta que deixe de ser novato. Coloque de lado este livro (mas não se esqueça de voltar a ele!), de modo que possa tomar uma ou todas as seguintes atitudes:

- Selecione as habilidades que você deseja adquirir (liderar reuniões, aprender árabe, criar um plano de marketing) e procure o melhor livro sobre o assunto. Comprometa-se a terminar o livro em uma ou duas semanas, incluindo o tempo de leitura à sua agenda. (Se eu for até a sua casa e pegar o livro fechado na sua cabeceira, você está em apuros!)
- Inscreva-se nos vários blogs e/ou e-newsletters sobre o(s) tema(s) que você quer aprender ou aperfeiçoar. Procure no Google "os melhores blogs sobre..." ou "as melhores e-newsletters sobre..." e se inscreva imediatamente. Depois, leia os *posts* ou artigos durante o tempo que reservou na sua agenda para a leitura.
- Faça o download do aplicativo iTunes U (Apple.com/apps/itunes--u) e se inscreva para uma aula gratuita sobre o tema que você quer estudar. Se estiver mesmo empenhado em assistir às palestras e fazer a lição de casa, você pode aprender com alguns dos melhores professores do mundo. Mesmo que assista a apenas uma palestra, já vai saber mais do que sabia antes.
- Se você não quiser assistir a uma aula inteira sobre um determinado assunto, pode assistir a vídeos educativos gratuitos sobre milhares de temas em KhanAcademy.org ou palestras de nível universitário em AcademicEarth.org.
- Faça um curso de baixo custo. E daí se você não puder estudar nas universidades mais conceituadas? As faculdades do governo, as bibliotecas públicas, a central de cursos The Learning Annex,

a Associação Cristã de Moços e outras instituições locais oferecem programações completas de ótimos cursos a preços razoáveis e com uma carga horária razoável para profissionais. Como bônus, algumas dessas aulas são ministradas por profissionais e líderes da sua comunidade, que podem se tornar bons contatos profissionais para sua carreira deslanchar.

MAIS, POR FAVOR: DEVO VOLTAR PARA A FACULDADE?

Quando é que vale a pena dedicar um ano ou mais à pós-graduação para realmente dominar uma habilidade ou área? Essa é uma das perguntas mais comuns que os aspirantes a líderes costumam me fazer. Essa decisão é pessoal e depende da sua carreira e de fatores acadêmicos, econômicos e específicos do seu setor, então não posso lhe dizer nem sim nem não. (Desculpe!) O que posso fazer é lhe mostrar quais são as perguntas certas para ajudá-lo a tomar a melhor decisão no seu caso:

Pergunta 1: Por que você quer ir para a faculdade?
A educação é um recurso fantástico e valioso e um objetivo digno por si só, mas, quando se trata de pós-graduação, você deve sempre ter um resultado final em mente. A pós-graduação é muito cara para ser usada como uma desculpa para viajar, para adiar a busca por um emprego ou para ser "uma maneira de descobrir o que eu quero fazer da vida".

Perguntar isso a si mesmo também pode ajudá-lo a decidir onde estudar. Pode até guiá-lo para uma opção menos cara, possivelmente *on-line*. Por exemplo, se você quer se inscrever num curso de administração para ajudá-lo a fazer uma mudança na sua carreira ou trocar de área, a sua prioridade deve ser encontrar uma instituição que seja conhecida por orientar pessoas que queiram iniciar uma carreira no novo campo em que desejam entrar. Ou você pode buscar outras maneiras, além de uma pós-graduação, para fazer uma mudança na carreira, tais como fazer trabalho voluntário relacionado ao seu novo setor.

Se o seu motivo para querer voltar à faculdade é aumentar o seu conhecimento técnico, digamos, de contabilidade e gestão financeira (para conseguir, por exemplo, um cargo ou uma faixa salarial mais altos na empresa em que trabalha), o nome da escola pode não ser tão importante quanto simplesmente adquirir o conhecimento de que você precisa. Por outro lado, se o seu objetivo número um é conseguir um *networking* de alto nível num setor como consultoria em gestão, na qual um MBA é crucial, então uma "marca", uma faculdade de administração que esteja entre as melhores, pode ser a melhor opção para você.

Pergunta 2: O que seus futuros colegas aconselham que você faça?

Além de pensar nas suas próprias razões para querer uma pós-graduação, é importante que você consulte as pessoas do seu campo específico (ou o campo em que deseja ingressar) sobre a questão da pós-graduação. Obviamente, em alguns campos, tais como medicina, direito ou psicologia, um diploma é 100 por cento necessário. Mas o que dizer do jornalismo? Ciências da Computação? Uma empresa sem fins lucrativos? Procure pessoas que façam o trabalho que você quer fazer no futuro (a associação dos ex-alunos da sua faculdade são uma ótima opção) e pergunte o que elas recomendariam com base nas suas experiências pessoais. Em caso de dúvida, obtenha mais informações de pessoas que já passaram pelo que você está vivendo.

Pergunta 3: Como você vai pagar por isso?

Está lembrado de que a estatística mencionada na introdução mostra que a média dos membros da Geração do Milênio já tem uma dívida de milhares de dólares de empréstimo estudantil? Eu não quero que você contraia mais nenhuma dívida sem pensar seriamente nisso e pesquisar sobre os potenciais subsídios ou bolsas de estudo que podem diminuir essa despesa. A menos que você tenha total independência financeira ou alguém esteja financiando seus estudos, o dinheiro deve ser um fator muito importante na sua decisão. Faça um planejamento realista de como você vai viver durante a sua pós-graduação, incluindo se vai ou não poder trabalhar além de estudar, e qual será o pagamento mensal do empréstimo depois que terminar. E faça um prognóstico de um salário inicial realista após a graduação. Você vai conseguir pagar a dívida que estará assumindo?

Terceiro passo: Prática diária

A prática é um componente-chave do sucesso em qualquer campo. Assim como um músico ou atleta profissional continua a praticar todos os dias, você também deve praticar suas habilidades em negociação, falar em público, angariar fundos, escrever e-mails eficazes, oferecer *feedback* e muito mais. Procure melhorar a cada dia. Se você sente que já domina uma habilidade, isso é sinal de que está correndo o risco de se acomodar. Os melhores líderes (e músicos e atletas) avaliam continuamente suas habilidades e sempre procuram melhorar.

O fato é: você fica mais proficiente e melhor em qualquer coisa a que se propõe se dedicar. Deixe de lado a perfeição e se concentre na prática. Há uma parábola (que eu aprendi com um reblog do Tumblr) que mostra isso de uma forma muito bela:

> Um professor de cerâmica anunciou no primeiro dia de aula que iria dividir os alunos em dois grupos. Todos que estavam do lado esquerdo da sala, ele disse, seriam classificados de acordo apenas com a quantidade de trabalho que produzissem; todos aqueles que estavam do lado direito seriam classificados unicamente pela qualidade do seu trabalho. Seu procedimento era simples: no último dia de aula, ele traria uma balança de banheiro e pesaria o trabalho do grupo da quantidade: vinte quilos de vasos renderiam ao aluno um A, dezoito quilos renderiam um B e assim por diante. Aqueles que estavam sendo classificados pela qualidade, no entanto, precisariam produzir apenas um vaso, mas só o aluno que produzisse um vaso perfeito receberia um A. Bem, quando chegou o momento da avaliação, um fato curioso aconteceu: as obras de mais qualidade foram todas elas produzidas pelo grupo que estava sendo classificado pela quantidade. Aparentemente, embora o grupo da quantidade estivesse ocupado, produzindo pilhas de vasos — e aprendendo com os próprios erros —, o grupo da qualidade tinha ficado discutindo sobre como atingir a perfeição e no final não tinha muito mais do que teorias grandiosas e uma pilha de argila disforme para mostrar seus esforços.

COMO POSSO DIZER...: QUAL O SEU MAIOR PONTO FRACO?

Aqui está um bônus para todo esse trabalho, aprendizagem e prática: você sabe que pergunta capciosa os recrutadores gostam de fazer durante as entrevistas (mesmo para cargos de CEO)? "Qual é o seu maior ponto fraco?" Você tem agora a resposta ideal se está sendo entrevistado para uma nova posição de liderança. Segundo o que os recrutadores me dizem, este é o melhor tipo de resposta a essa pergunta:

> Bem, eu tento avaliar regularmente as minhas habilidades, e recentemente descobri que a redação de propostas para captação de recursos é uma área em que precisava melhorar. Li um ótimo livro sobre o assunto e fiz um excelente curso de seis semanas numa empresa sem fins lucrativos. Consegui melhorar minhas habilidades rapidamente, praticá-las muitas vezes e agora me sinto muito mais confiante nessa área.
>
> Com essa resposta, você estará mostrando que consegue identificar com honestidade suas falhas e que é o tipo de pessoa que toma providências para se aperfeiçoar quando necessário. Esse é o tipo de funcionário e, o mais importante, o tipo de líder que qualquer organização gostaria de ter.

O fator confiança

Preencher suas lacunas é importante por outro motivo: eu chamo isso de fator confiança. Pode haver momentos, no início ou ao longo da sua carreira como líder, em que você vai se sentir inseguro quanto à própria capacidade ou uma espécie de impostor que pode ser desmascarado a qualquer momento.

Muitos líderes proeminentes admitiram que já sofreram com a "síndrome do impostor", mas, na minha maneira de ver, quem geralmente passa por isso são os mais qualificados e experientes e, portanto, com mais probabilidade de serem muito severos consigo mesmos. Embora a síndrome do impostor normalmente seja um sentimento temporário, uma ótima maneira de combatê-la é se lembrar da sua formação. Por exemplo, se você está no palco, numa conferência, prestes a falar para um grupo de pessoas muito experiente e preparado, lembre-se de que você trabalhou arduamente para chegar lá; você sabe muito mais sobre o seu negócio, empresa ou produto do que a maioria das pessoas na plateia; e você foi convidado para dar essa palestra por uma razão. Caso tenha o hábito de preencher suas lacunas sempre que necessário e praticar suas habilidades diariamente, vai ser capaz de superar suas inseguranças e se concentrar na tarefa de encantar o público com todo o conhecimento e brilho que trabalhou duro para adquirir.

Faça novos amigos

Às vezes você procura e acaba encontrando conselhos excelentes em sua carreira; às vezes tropeça neles. Foi assim que eu aprendi essa dica. Era verão de 2001, pouco depois das minhas três gloriosas semanas como gerente novata. Fazia um mês que eu estava sobrevivendo com o que tinha recebido depois da minha rescisão e tentando conseguir clientes para o meu novo negócio (embora, admito, procurando ao mesmo tempo vagas de emprego caso o empreendedorismo não desse certo). A maioria dos meus amigos tinha um emprego de período integral, então ficava no trabalho durante todo o dia. Isso significa que eu comecei a sair com um punhado de empresários e *freelancers* que eu conhecia. Por meio dessas pessoas, conheci outras. E outras. E mais algumas. E foi uma das melhores coisas que já fiz para minha carreira como empresária.

Detesto dizer isso, e nem sempre é o caso, mas às vezes os seus amigos mais antigos e queridos (e até mesmo os membros da sua família) não vão conseguir lhe dar o que você quer. Eu certamente não estou sugerindo que você deixe de lado todos os seus amigos e saia apenas com líderes. O que estou sugerindo é que você crie uma rede de apoio composto de pessoas — não faz mal que sejam apenas algumas — que possam entender seus objetivos de liderança e o que você vai precisar fazer para atingi-los. Encontre uma comunidade em que não haja problema em falar sobre ser bem-sucedido, alcançar grandes coisas, mudar o mundo, fazer fortuna, sejam quais forem seus maiores sonhos. Se você não costuma encontrar outros jovens líderes, consulte o Capítulo 7 (que é inteiro sobre *networking*) e o guia de recursos no final deste livro para conhecer as organizações sugeridas. Você também pode se inteirar a respeito e participar de grupos locais em seu campo de atuação, tais como:

- Organizações sem fins lucrativos, principalmente comitês e conselhos consultivos.

- Ligas desportivas locais (juro que a minha amiga Diane conseguiu contatos profissionais melhores no campo de futebol do que eu conheci ao longo de vários anos de *networking* em associações profissionais).
- Grupos do LinkedIn.
- Grupos do Meetup.
- Sua associação ou clube de ex-alunos.
- Grupos YoPros (jovens profissionais), frequentemente associados à sua empresa ou à câmara de comércio local.
- Associações profissionais da sua área de atuação.
- Comitês políticos.
- Organizações religiosas.
- Escolas que ensinam a falar em público.
- Rotary Clubs e outras instituições sem fins lucrativos.

A propósito, eu sei que algumas dessas sugestões podem parecer um pouco antiquadas, como o Rotary Club. Mas confie em alguém que recebeu uma bolsa do Rotary que: (1) pagou pelo seu mestrado em Melbourne, na Austrália, (2) permitiu que passasse dois anos e meio vivendo naquela cidade incrível e (3) ajudou-a a desenvolver habilidades como palestrante profissional com a longa experiência que adquiriu dando palestras a rotarianos na Austrália e nos Estados Unidos. Às vezes, as organizações mais tradicionais são as que mais estão interessadas em investir em jovens líderes e as que mais vale a pena você procurar. Elas duraram tanto tempo por uma boa razão e pretendem continuar assim no futuro.

Desenvolva competência global

"Globalização" provavelmente pode ser eleita a palavra-chave usada com mais exagero no século XXI até o momento, mas isso não significa que o conceito seja menos importante para os líderes de hoje. Como Thomas Stewart, chefe de marketing da Booz & Company, disse, "Para os *boomers*, ser designado para um cargo em outro país era uma boa maneira de arruinar uma carreira promissora, pois a readaptação era muito difícil. Agora é impossível imaginar uma promoção a CEO que não inclua uma temporada no exterior".

Dan Schawbel, CEO da Millennial Branding e autor de *Promote Yourself*, concorda: "A experiência global é crucial para a Geração do Milênio porque trata-se de uma economia global, todos os países estão mais conectados agora do que nunca, e porque você pode estudar e se candidatar para empregos em qualquer lugar do mundo". É cada vez mais importante no século XXI estar consciente de que os negócios são feitos de outra forma em culturas diferentes da sua. Alexandra Levit, autora de seis livros e especialista em liderança típica da Geração do Milênio, denominou essa habilidade de "competência global".

Aqui estão algumas maneiras de garantir que seu kit de ferramentas de liderança inclua a competência global, mesmo que você ainda não tenha morado no exterior ou sequer saído do seu país:

- Fale com pessoas de outros países. A Geração do Milênio é a mais diversificada da história, por isso é provável que você conheça muitas pessoas que nasceram em outros países, têm família em outros países ou moraram fora por muitos anos. Procure conhecer os pontos de vista delas enquanto constrói sua carreira. A maioria vai ficar feliz em compartilhar sua perspectiva global com alguém interessado.
- Leia *The Economist*. Foi só quando morei na Austrália que percebi o quanto nós, norte-americanos, somos surpreendentemente focados em nós mesmos e como é pequena a quantidade de notícias globais disponível na maioria dos meios de comunicação norte--americanos. O antídoto é *The Economist*, uma publicação da Grã--Bretanha amplamente lida por CEOs internacionais, autoridades do governo, empresários e outros líderes. Se você quiser ampliar seu QI global, adicione-o ao seu e-reader ou celular.

- Viaje para o exterior. Essa é a maneira mais óbvia e eficaz de ganhar uma perspectiva global. Sei que viagens internacionais podem ser caras, demoradas e desconfortáveis, especialmente se você está começando sua carreira de líder agora. Mesmo assim, não deixe de viajar. Faça seu passaporte se não tiver um ainda, inscreva-se em sites de viagens para receber e-mails alertando sobre tarifas mais baratas, arrume as malas e vá. Quando você estiver no país que escolheu, aprenda o máximo que puder, particularmente sobre seu ramo de atividade. Se a sua carreira for no governo, converse com as pessoas sobre o seu sistema político e a visão que elas têm do nosso (motoristas de táxi são uma fonte especialmente generosa de opiniões políticas). Se você trabalha numa agência de marketing, tire fotos de anúncios publicitários e estude os anúncios das revistas locais. Se você trabalha em finanças, leia a seção de negócios do jornal local e pergunte sobre o mercado de ações. Visite supermercados, compre nas lojas, coma nos restaurantes, ouça música e assista aos programas de TV mais populares. (P.S.: Passar um semestre numa faculdade no exterior e sair apenas com pessoas da mesma nacionalidade que você e visitar as principais atrações turísticas do país não contam como experiência global!)
- Seja voluntário de uma organização internacional sem fins lucrativos. Aprendi mais sobre relações internacionais com o meu trabalho voluntário do que com qualquer outra coisa. Quando eu era presidente da diretoria da She's the First, uma organização sem fins lucrativos que financia a educação de meninas e promove o desenvolvimento de jovens líderes em todo o mundo, conversas no Facebook, postagens no blog, Hangouts no Google+ e palestrantes me instruíram sobre a educação de meninas em países como a Índia, a Tanzânia e a Guatemala. Encontre uma organização que se dedique a questões com que você se preocupa — acesso à água, educação, meio-ambiente, saúde das crianças, etc., e aprenda enquanto faz trabalho voluntário.

- Faça uma viagem no YouTube. De acordo com Tammy Tibbetts, fundadora e presidente da She's the First, o vídeo *on-line* é outra ótima maneira de aumentar sua competência global. "Ouça pessoas falando sobre suas vidas e seus países com as próprias palavras", recomenda ela. "Assista a filmes. Veja documentários incríveis. No mundo da educação de meninas há documentários incríveis como *Girl Rising* e *Half the Sky*, ou o documentário da própria She's the First, *Magho*. Graças a esses filmes, a pessoa média pode ficar em sintonia com o que significa ser uma menina que vive em Uganda ou no Oriente Médio ou no Peru. Tome a iniciativa de se educar".

"Tome a iniciativa de se educar" é um conselho ideal para quem quer se preparar e prosperar num cargo de liderança. Os líderes não esperam que alguém os guie até onde precisam estar; eles respiram fundo, arregaçam as mangas e tomam as providências necessárias.

Estamos agora no final do seu período preparatório oficial, mas os tópicos deste capítulo continuarão a ser tratados ao longo do livro e durante os muitos anos da sua jornada de liderança. Como líder, sua educação nunca está completa.

Capítulo 2

Seja

Construa a sua marca, melhore a sua imagem e enfrente os seus erros

O que significa para você ser um líder? Ou, em outras palavras, que tipo de líder você quer ser?

Seja você um jovem que conseguiu uma posição de liderança sem nem esperar por isso ou alguém que a vida toda sonhou ser empreendedor, CEO ou chefe de uma nação, é importante pensar não só no que você quer *fazer* como líder, mas também no que você quer *ser* como líder. É aí que entra em jogo o conceito de marca pessoal. Conheço gente que não gosta do termo "marca pessoal", então seja qual for o nome que você dê, estamos falando de definir e gerir sua imagem profissional.

Bem-vindo ao Você S.A.

Vamos começar com o próprio guru da marca pessoal, Tom Peters. Em 1997, Peters, que já era um guru de gestão muito conhecido, escreveu um artigo para a revista *Fast Company* chamado "Uma Marca Chamada Você". Nesse artigo, ele introduziu o que era uma ideia bastante radical na época: que todos nós precisamos ser os CEOs da nossa própria reputação e carreira, em vez de esperar que um empregador administre o nosso caminho para nós. As pessoas imediatamente adotaram esse conceito e ele não perdeu seu ímpeto desde então. Aqui está a visão de Peters:

> Somos CEOs das nossas próprias empresas: a Eu S.A. Para se manter no mundo dos negócios de hoje, nossa tarefa mais importante é ser um bom marqueteiro da marca chamada Você.

O que eu adoro nesse conceito de marca pessoal é que ele coloca sua reputação e a gestão da sua carreira quase inteiramente nas suas mãos. Isso é muito poderoso e diferente dos tempos em que você tinha de esperar e torcer que uma pessoa notasse você, percebesse que você tinha potencial e decidisse prepará-lo para um cargo de liderança. E eu descobri que o conceito de marca pessoal faz muito sentido particularmente para os jovens profissionais de hoje. Quando você tem algum tipo de identidade *on-line* desde os 6 anos de idade, é muito natural que saiba fazer marketing pessoal.

DE OLHO NAS TENDÊNCIAS: O CEO DA "VOCÊ S.A".

Embora ninguém mais trabalhe na mesma empresa a vida inteira, tenha em mente que as gerações futuras — aqueles que você vai liderar — nem sequer conhecem o conceito de ter um único empregador a vida toda. À medida que benefícios como convênios médicos e planos de previdência privada tornam-se coisas cada vez mais separadas do trabalho, podemos até avançar para uma economia de "permalance", em que todo mundo é basicamente autônomo e as empresas empregam todos os talentos em regime temporário. Isso pode parecer um conceito assustador para gerações mais velhas, que se comprometeram com um só empregador durante toda a vida e esse empregador se comprometeu com elas, mas pode parecer absolutamente natural para as gerações do futuro.

Como um líder da atualidade, é importante que você reconheça as diferentes maneiras pelas quais cada geração percebe suas trajetórias profissionais, de modo que possa manter suas expectativas em conformidade com isso. Os milênios tendem a pensar na carreira profissional como uma "rede" (nas palavras das autoras de *Mass Career Customization*, Cathleen Benko e Anne Weisberg) ou uma espécie de "trepa-trepa" (à la Sheryl Sandberg), enquanto os tradicionalistas e *baby boomers*, juntamente com muitos da Geração X, veem suas

> carreiras como uma escada que só vai para cima. Parte do seu trabalho como gerente no século XXI será ajudar todos os funcionários a se verem como CEOs das próprias carreiras e marcas pessoais, seja qual for o caminho profissional que escolherem seguir.

Os quatro elementos essenciais da sua marca pessoal

Se você já começou a pensar na sua marca pessoal e no modo como gostaria de ser visto como líder, aqui estão quatro áreas abrangentes em que se concentrar.

1. Visibilidade

As pessoas da sua empresa ou comunidade sabem quem você é? Sua presença é sentida pelas pessoas que você lidera ou quer liderar? É fácil encontrar você nos lugares em que os contatos profissionais que você deseja estão procurando? Você aparece na mídia, em eventos do seu setor, na cafeteria da empresa? Líderes precisam de visibilidade.

2. Diferenciação

Pelo que você é conhecido? O que você pode oferecer que as outras pessoas não podem? Se alguém entrar numa reunião em que você está com a sua equipe, essa pessoa conseguirá identificar que você é o che-fe? Embora os líderes de hoje precisem ter muitas habilidades, pode ser útil que em algumas áreas você realmente se destaque. Isso é que faz com que seja notado e continuamente promovido.

3. Coerência

As pessoas podem contar que você se comportará de maneira coerente em qualquer circunstância? Você trata a todos igualmente? A imagem que você passa em todas as mídias sociais é coerente com a pessoa que você realmente é? Essa qualidade é particularmente importante: a coerência é normalmente identificada como uma das qualidades mais desejadas num patrão ou líder forte. Ninguém gosta de surpresas, especialmente quando se trata dos seus líderes.

A coerência do seu estilo é importante por outro motivo: ela define o tom para que sua equipe também seja coerente. É como o princípio da física: numa sala cheia de pêndulos, todos vão começar a oscilar no mesmo ritmo. Se você é constantemente otimista e confiável, sua equipe (na maioria das circunstâncias) será constantemente otimista e confiável. Se você é temperamental e imprevisível, sua equipe se tornará temperamental e imprevisível também.

4. Autenticidade

Você é verdadeiro em sua imagem e no modo como trata as pessoas? Você se sente à vontade no seu papel de líder? De maneira nenhuma você deve interpretar sua marca pessoal como uma necessidade de criar uma persona ou fazer tipo de alguma maneira. Embora você certamente queira ter autoridade e poder, pode fazer isso de uma forma que seja e pareça natural e confortável para você. Mantenha sua integridade pessoal sempre.

UMA VISÃO DE CIMA

Um líder não pode ter um dia ruim. Sua equipe depende de você e se volta para você quando precisa de inspiração, motivação e pensamento racional. Não surte. Deixe a porta aberta. Seja sincero. Seja claro. Você quer que as pessoas possam dar más notícias sem ter medo que você queira arrancar a cabeça delas. — Erin Moran McCormick, CEO, Year of Action

---

Pelo que você é conhecido?

Tendo em mente a necessidade que um líder tem de visibilidade, diferenciação, coerência e autenticidade, vamos começar a estabelecer a sua marca pessoal única como líder. A verdade é que você já tem uma marca pessoal. Todos nós temos. Especialmente se você já está estabelecido na empresa e sobretudo se tem um cargo de liderança, as pessoas têm opiniões sobre você. Você quer saber qual é a sua reputação atual para poder continuar a reforçar o que está fazendo bem e construir sua reputação em novas áreas em que quer ser reconhecido.

Por exemplo, se você tem sido um ótimo vendedor de publicidade nos últimos anos, pode ter construído uma reputação por ter excelentes relações com clientes e grande habilidade para fechar negócios. Isso é fantástico e importante. Mas digamos que você tenha acabado de ser promovido a gerente de vendas e agora seja responsável por uma equipe de vendedores. Você quer manter a sua reputação de ser um grande vendedor, mas também adicionar novas habilidades à sua marca, como ser um motivador incrível e um chefe que dá excelente apoio à equipe. Além de adquirir essas habilidades, você precisará certificar-se de que as pessoas da sua organização sabem que você agora tem essas habilidades. É disso que se trata a marca pessoal.

Aqui estão algumas maneiras de descobrir qual é a sua reputação profissional no momento:

- Pergunte às pessoas em quem você confia. Eu sei que pode parecer um pouco estranho, mas peça aos amigos, mentores, colegas de trabalho ou membros da família que descrevam suas habilidades profissionais e sua reputação. Peça a essas pessoas que sejam o mais específicas possível e anote por escrito seus comentários para comparar as respostas depois.
- Revise cartas de referência recentes, análises de desempenho ou outros documentos oficiais em que alguém tenha descrito o profissional que você é. Que palavras e frases eles usaram? Que palavras e frases eles *não* usaram e que você gostaria que usassem?
- Consulte a seção Competências e Recomendações do seu perfil no LinkedIn e veja quais habilidades as pessoas em sua rede têm recomendado. Algumas pessoas não gostam muito dessa funcionalidade do LinkedIn porque sentem que é tendenciosa demais ou porque as pessoas são recomendadas por habilidades que não possuem ou pelas quais não querem ser conhecidas. (Alguém da

plateia, numa das minhas palestras, me disse que um amigo, só de brincadeira, o recomendou porque ele respirava.) Embora possa ser verdade que algumas das suas recomendações podem não ser muito úteis ou valiosas, descobri que o que é bom sempre acaba se destacando. No perfil da maioria das pessoas, algumas habilidades recebem muito mais recomendações do que outras. São nessas habilidades mais recomendadas que você deve prestar mais atenção. Você gosta das suas três a cinco melhores habilidades mais recomendadas do seu LinkedIn? É por causa delas que você quer ser reconhecido? Se a resposta é não, você tem trabalho a fazer. (Veja o Capítulo 3 para mais informações sobre como ter uma presença forte no LinkedIn.)

Pelo que você quer ser conhecido?

Agora vamos ver como reforçar os elementos da sua marca que você deseja manter e como incorporar os que espera adquirir. Aqui está um exercício simples para ajudar: se você ouvisse as pessoas que lidera falando de você, que palavras esperaria que elas usassem para descrevê-lo? Lembre-se, é claro, que a autenticidade é fundamental: para ser realmente reconhecido por algo, isso tem que ser verdadeiro.

- ❏ Assertivo
- ❏ Autêntico
- ❏ Bem-sucedido
- ❏ Calmo
- ❏ Carismático
- ❏ Cauteloso /cuidadoso
- ❏ Coerente
- ❏ Com discernimento
- ❏ Compassivo
- ❏ Comprometido
- ❏ Comunicativo
- ❏ Confiante

- ❏ Confiável
- ❏ Consciente
- ❏ Corajoso/ousado
- ❏ Criativo
- ❏ Decidido
- ❏ De mente aberta
- ❏ Digno de confiança
- ❏ Diplomático
- ❏ Direto
- ❏ Encorajador
- ❏ Engenhoso
- ❏ Engraçado/espirituoso

- ❑ Entusiasmado
- ❑ Ético
- ❑ Fácil convívio/flexível
- ❑ Fidedigno
- ❑ Focado no cliente
- ❑ Forte
- ❑ Generoso
- ❑ Gentil
- ❑ Habilidoso
- ❑ Honesto
- ❑ Humilde
- ❑ Inteligente
- ❑ Intuitivo
- ❑ Justo
- ❑ Leal
- ❑ Lógico
- ❑ Motivador
- ❑ Organizado
- ❑ Otimista
- ❑ Ousado
- ❑ Paciente
- ❑ Persuasivo
- ❑ Pontual
- ❑ Positivo
- ❑ Previdente
- ❑ Racional
- ❑ Realista
- ❑ Reconhecido
- ❑ Resistente
- ❑ Respeitado
- ❑ Responsável
- ❑ Sabe comandar
- ❑ Sério
- ❑ Talentoso
- ❑ Trabalhador
- ❑ Vulnerável

_____

_____

_____

DE OLHO NOS NÚMEROS: O QUE FAZ DE VOCÊ UM LÍDER?

Como os seus atributos de liderança se comparam com o que os seus colegas estão buscando em outros líderes? A Pesquisa sobre os Líderes da Geração do Milênio feita pela Hartford em 2013 perguntou aos membros dessa geração quais eram, na opinião deles, as características mais importantes de um líder. Aqui estão as principais respostas:

	Total (871)
Inteligência	69%
Ética/moralidade	61%
Paixão	49%
Carisma	28%
Empatia	24%
Astúcia/responsabilidade financeira	23%
Saúde (mental e física)	19%
Poder de persuasão	16%
Competitividade	10%

Quanto mais qualidades você puder assinalar na lista anterior melhor, mas o que você realmente faz com essas palavras, depois que as identifica como qualidades pelas quais quer ser conhecido? Aqui estão algumas sugestões para traduzir o que você espera que as pessoas digam sobre você no que elas realmente dizem sobre você:

- Comece a mencionar essas palavras em suas conversas com as pessoas que você lidera. Por exemplo, se ser *realista* é algo que faz parte da sua marca, quando um dos membros da sua equipe procurá-lo com um desafio, você pode dizer algo como: "Vamos pensar em algumas soluções realistas para esse problema". Contanto que você esteja sendo autêntico, a maneira como fala sobre si mesmo acabará tornando-se a maneira como as outras pessoas começarão a falar sobre você.
- Use essas palavras em representações escritas de si mesmo, incluindo seu currículo, sua biografia profissional, suas avaliações de desempenho e seu perfil do LinkedIn. Claro que você não vai escrever: "Owen é um gerente espirituoso, coerente, engenhoso e confiável de captação de recursos da Small Nonprofits, Inc". Isso seria visto com antipatia pela maioria dos leitores. O truque é usar as palavras para descrever seu trabalho, não você mesmo. Por exemplo, um ponto alto do seu currículo ou perfil do LinkedIn poderia ser: "Levantou mais de 5.000 dólares para a reforma do playground do seu bairro e implementou campanhas espirituosas no Twitter". Ou "Trabalhando com recursos limitados, desenvolveu relações de confiança com fundações locais e participou de eventos semanais na Câmara do Comércio".
- Por fim, use as características da sua marca pessoal como diretrizes ao tomar decisões grandes e pequenas. Por exemplo, se você escolheu as qualidades ético, *positivo* e *ousado*, então certifique-se de que está procurando de fato demonstrar essas características ao optar por um curso de ação. Em outras palavras, viva seus valores no dia a dia.

COMO POSSO DIZER...: PEÇA REFERÊNCIAS

Quando pedir às pessoas que lhe escrevam uma carta de referência, você pode educadamente sugerir que usem alguns de seus principais atributos ao recomendá-lo, se concordarem que você possui essas qualidades. Aqui está um exemplo de um e-mail pedindo uma carta de recomendação:

Oi, Anne,
Foi um prazer tê-la como cliente e eu realmente sou grato pelo seu apoio constante. Como você sabe, estou me candidatando a uma promoção a vice--presidente de atendimento ao cliente e queria saber se você estaria disposta a fazer uma breve carta de referência para mim. Em particular, eu gostaria muito que ela mencionasse os resultados que conseguimos na campanha da Jeep e da loja de brinquedos Big Brothers Big Sisters. Espero destacar que não me importo de arregaçar as mangas, além de ser confiável e organizado, se você concordar que possuo essas qualidades. Obrigado por considerar meu pedido. E, claro, por favor, me avise se eu puder fazer alguma coisa para ajudá-la em qualquer momento.

Atenciosamente,
Owen

MAS, POR FAVOR: "E SE A MINHA MARCA PESSOAL FOR PARECER UM BABACA IRRITANTE"?

Em alguns casos, você pode descobrir que é conhecido por poucas qualidades ou pelas qualidades negativas ou por características que as outras pessoas podem perceber de forma negativa. Mesmo que isso o surpreenda ou fira seus sentimentos, pode ser uma dádiva saber disso logo no início da sua carreira, porque pode tomar providências para mudar esse fato.

Digamos, por exemplo, que você descubra que tem fama de arrogante. O que você pode fazer?

- Não entre em pânico. Ter uma característica negativa (ou mesmo várias) não vai prejudicar a sua carreira e claramente não fez isso ainda. Tente ver esse *feedback* como uma informação construtiva e valiosa que irá ajudá-lo a se tornar um líder melhor.
- Decida se você pode conviver com isso. Para alguns líderes, particularmente em certos campos como a política, finanças, moda ou cinema, ser visto como alguém arrogante (ou agressivo ou mal-humorado ou egoísta) pode

não ser tão ruim assim. Todos nós conhecemos líderes de sucesso que possuem essas qualidades, e não há nada de errado em ter alguns aspectos delas. Eu mesma já ouvi dizer que sou às vezes conhecida pelo hábito de me autopromover. E algumas pessoas acham que esse é um comentário maldoso. Mas como uma empreendedora cujo negócio é, bem, eu mesma, decidi que posso conviver com essa crítica, mesmo sem gostar muito dela. E acredito que eu tenha mesmo que me autopromover um pouco se quiser ser bem-sucedida. Por outro lado, se eu descobrir que fiquei conhecida por ser rude ou antiética, gostaria de fazer algo a respeito.

- Baixe o volume. Se você decidir que sua reputação inclui características que deseja mudar, saiba que não precisa revisar toda a sua personalidade. Em vez disso basta, digamos, diminuir um pouco o volume. Por exemplo, se você é conhecido por ser cabeça quente, desafie a si mesmo e pare de enviar e-mails irritados ou explodir ao telefone e se comprometa a esperar pelo menos trinta minutos antes de reagir a más notícias. Se você conseguir se comprometer com pequenas áreas específicas, pode ir lentamente transformando a sua imagem.

O que um líder faria? Como ser um líder se você ainda não está numa posição de liderança

Estou ciente de que você pode estar lendo este livro antes de conquistar efetivamente uma posição de liderança. Talvez você esteja no seu primeiro emprego e ainda esteja aprendendo o bê-á-bá. Talvez tenha o sonho de ter seu próprio programa de entrevistas um dia. Talvez tenha uma ideia de negócio, mas ainda não a tenha colocado em prática. Seja em que estágio estiver, eis aqui três maneiras de construir sua marca de liderança antes de ter esse título ou responsabilidades para ostentá-lo.

Tenha iniciativa

Em *Getting from College to Career*, escrevi sobre a importância de se ganhar experiência de liderança na faculdade para se conseguir um bom trabalho depois. Entrevistei Alice Korngold, uma especialista em liderança em empresas sem fins lucrativos e adorei o que ela disse sobre por que os empregadores se preocupam tanto com a experiência de liderança. "Os líderes são os que fazem as coisas acontecerem. E ponto final", ela me disse. "Toda organização, seja uma loja, uma instituição sem fins lucrativos, uma repartição do governo ou uma lanchonete, todos precisam de pessoas que digam: 'É por aqui que precisamos ir' e ter certeza de que chegaremos lá". O que se destacou para mim nas palavras dela é que você na verdade não precisa de um cargo de liderança para fazer o que Alice está descrevendo. Tudo o que precisa é fazer com que as coisas sejam feitas.

Assim, não importa o que você esteja fazendo agora, em qualquer situação, você pode perguntar a si mesmo: o que um líder faria? De que maneira, em seu papel atual — seja um emprego de período integral até um trabalho de meio-período, voluntário ou outro qualquer — você pode fazer algo acontecer? Onde você pode dizer: "É para lá que precisamos ir", e tomar providências para chegar lá? Se você trabalha numa lanchonete, pode sugerir um sistema mais organizado para agilizar os pedidos para viagem? Se você é um analista num banco de investimentos e percebe que ninguém nunca consegue encontrar os relatórios, pode se oferecer para organizar tudo numa pasta compartilhada?

DE OLHO NOS NÚMEROS: UMA GERAÇÃO DE VOLUNTÁRIOS

Se você é da Geração do Milênio, é provável que já faça trabalho voluntário, o que, por si só, já é uma forma significativa de liderança. Em 2009, a Conferência Nacional sobre Cidadania informou que a Geração do Milênio foi "líder" no voluntariado, com uma taxa de voluntariado de 43 por cento em comparação aos apenas 35 por cento dos *baby boomers*. Entre os universitários, a taxa de voluntariado é de 53 por cento, dos quais 41 por cento dizem que fazem esse trabalho pelo menos algumas vezes por mês.

Mesmo se você ainda não estiver pronto para assumir um projeto próprio, pode optar por ir além de qualquer que sejam as atribuições que recebe dos seus superiores. Por exemplo, se o seu supervisor pedir para você fazer uma lista dos melhores restaurantes para um jantar com clientes, você pode incluir alguns comentários do TripAdvisor para cada restaurante e ajudá-lo a tomar uma decisão. Se está anotando recados para o seu chefe enquanto ele está numa reunião o dia todo, você pode perguntar a cada pessoa que ligar o melhor momento para ele retornar a ligação no dia seguinte, para poupar seu chefe de não encontrar a pessoa ao telefonar. Eu sei que essas podem parecer atitudes quase insignificantes, mas, nas palavras de Keith Ferrazzi, autor de *Never Eat Alone*, "Pequenas escolhas causam grandes impressões". Você nunca sabe quem o está observando quando vai além das suas funções, e nunca sabe como essa experiência pode lhe ensinar algo muito bom para seus futuros papéis de liderança. Se você realmente quer ser um líder, o primeiro passo é parar de ser um mero espectador.

Mostre Comprometimento

Se você agora faz parte de uma instituição na qual deseja subir na carreira (seja ela uma multinacional, um partido político, uma comunidade de ex-alunos de uma universidade ou qualquer outro grupo de pessoas), é importante demonstrar sua lealdade a ela. Dê início e continuidade a conversas sobre planos de longo prazo para a organização. Voluntarie-se para participar de comitês formais e informais e forças-tarefa. Participe de eventos como piqueniques, festas, sessões de perguntas e respostas e projetos para serviços comunitários. Participe e torne-se um participante ativo no grupo da organização no LinkedIn. Siga a organização no Twitter, Facebook e em outro lugar, e compartilhe algumas atualizações em suas redes. Ofereça-se para ajudar na organização colaborando com o recrutamento e sugerindo candidatos para vagas de emprego. Os milênios são muitas vezes criticados pela falta de lealdade, particularmente por mudarem constantemente de emprego, por isso o seu comprometimento vai se destacar ainda mais.

Aja como um líder

Eu nunca gostei muito da frase "minta até que seja verdade", porque acho que não existe nenhuma mentira em agir de uma forma que seja coerente com um papel que você queira desempenhar num futuro próximo. Mas concordo com o sentimento por trás da frase: uma ótima maneira de se tornar um líder (ou qualquer outra coisa que você aspire) é começar a agir como se já fosse um. O conselho clássico "vista-se para o trabalho que você quer, não para o trabalho que você tem" é um clichê, mas há uma razão que o levou a durar tanto tempo. Leve esse conselho a sério e aplique-o a outros aspectos do seu trabalho: escreva e-mails para o trabalho que você quer, fale em reuniões para o trabalho que você quer, use as mídias sociais para o trabalho que você quer (descubra muito mais sobre isso no próximo capítulo) e trabalhe para o trabalho que você quer. Em geral, ao tomar qualquer atitude profissional, pergunte a si mesmo: o que um líder faria?

Como encarar comentários do tipo "Você tem idade para ser meu filho/neto"

Não importa a desenvoltura com que você gerencie, *on-line* ou *off-line*, a sua marca pessoal de liderança, às vezes não será visto da maneira como você quer. Quando eu estava na casa dos 30 anos e já era empresária, fui convidada por um cliente para atuar como especialista no stand da empresa dele durante a feira de uma conferência sobre o setor financeiro. Eu estava usando um clássico terninho azul-marinho, joias de bom gosto, maquiagem e um penteado bem profissional. Durante um momento de calmaria, um homem que trabalhava num *stand* ali perto veio para se apresentar e conversar. Ele perguntou sobre a minha empresa, perguntei sobre a dele, trocamos cartões. Então, quando os participantes da conferência começaram a retornar à área da feira, eu disse que tinha que voltar para o trabalho.

— Claro! — disse ele. — Foi um prazer conhecê-la.

E depois, antes de se virar, ele estendeu a mão e tocou a ponta do meu nariz como se eu fosse uma garotinha.

Sim, isso realmente aconteceu comigo!

O que você faria se estivesse numa situação parecida, sendo tratada como uma criança quando está no trabalho? Depois de se recuperar do choque inicial, acredito que você tenha três opções:

Ignore

Essa foi a opção que eu escolhi e eis aqui por quê: o cara em questão era bem mais velho do que eu (tinha em torno de 60 ou 70 anos), a atitude foi impróprio, mas não agressiva, não havia mais ninguém por perto para testemunhar e eu nunca mais iria ver o tal sujeito.

Mude de assunto

Mudar de assunto normalmente é a melhor opção quando alguém trata você como uma criança na frente de outras pessoas. Desse modo você ainda vai parecer educado, embora firme, e não deixará que o comentário ou atitude diminua a sua autoridade. Por exemplo, vários anos atrás fui a um jantar exclusivo no finíssimo restaurante Four Seasons em Nova York com colaboradores de uma revista, todos eles escritores e empresários incríveis que eu queria muito encontrar. Um dos donos da revista moderava uma discussão entre os convidados. Ele se dirigiu a cada um deles e perguntou sobre o seu trabalho, os temas de seus últimos trabalhos, opiniões sobre atualidades etc. Quando se dirigiu a mim, ele disse:

— Bem, Lindsey, você parece tão novinha! Suponho que a minha única pergunta para você seja: quantos anos você tem?

Não tenho dúvida de que fiquei vermelha e que todo mundo na mesa sentiu um nó no estômago e se perguntou como eu iria responder àquele comentário. Graças a Deus, eu tinha alguma experiência na mídia que me ensinou como os políticos se desviavam de perguntas de entrevistadores que eles não queriam responder. Por isso eu simplesmente sorri educadamente (não muito educadamente) e disse:

— Essa pergunta eu não esperava! Na verdade eu adoraria falar sobre o meu novo projeto de um livro para o qual estou pesquisando atualmente... — Depois desatei a falar a respeito do tópico que eu queria discutir.

A atitude de mudar de assunto permite que você mantenha o profissionalismo e a autoridade ao mesmo tempo que não constrange a outra pessoa em público. Se você sabe que tem uma aparência juvenil e que esse tipo de comentário provavelmente ocorrerá, uma boa ideia é ter uma "saída" já preparada, de modo que possa introduzir o tópico de que prefere falar em vez da sua idade.

Confronte

Se os comentários sobre sua pouca idade estão acontecendo repetidamente, com o mesmo colega ou cliente — ou pior, com alguém que se reporte a você, então você pode decidir abordar a situação de uma forma mais direta. Observe que confrontar a situação não precisa significar um confronto. Mas às vezes a única maneira de deter um comportamento é chamar a atenção para ele. Em alguns casos, você pode até achar que, na verdade, a pessoa em questão não causa nenhum prejuízo a você e não se importaria de se comportar de outra maneira se solicitado. Eu escolheria um momento casual quando estivesse sozinho com a pessoa para dizer algo como: "Eu não tenho certeza se você ao menos percebeu que está fazendo isso, mas você anda fazendo alguns comentários negativos ultimamente na frente da nossa equipe sobre a minha idade. Eu realmente agradeceria se você pudesse parar de fazer isso".

Se os comentários persistirem, eis aqui outra tática para você tentar, também em particular: "Eu notei que você ainda anda mencionando a minha idade em reuniões e teleconferências. Gostaria de saber se você acha que estou fazendo alguma coisa que me faz parecer muito jovem ou inexperiente. Não quero que essa sua opinião a meu respeito afete toda a equipe".

Lembre-se de ser breve e educado e não falar com um tom acusatório. Senso de humor também ajuda. Se os comentários continuarem, então eu consideraria isso como uma indicação de que você está simplesmente trabalhando com um idiota, que provavelmente faz comentários negativos sobre um monte de coisas para irritar um monte de gente diferente. Se esse é o caso, a maioria das pessoas provavelmente não vai levar os comentários dessa pessoa muito a sério e sua melhor opção é voltar a ignorá-los. Se os comentários se tornarem agressivos ou ofensivos, ou começarem a afetar a sua competência no trabalho, então uma conversa com seu departamento de RH, com seu chefe ou com a diretoria também é uma opção.

Lista de verificação da sua marca de liderança pessoal

Agora que falamos sobre os aspectos mais gerais da sua marca de liderança, vamos nos voltar para os detalhes. Como Tom Peters escreveu num famoso artigo da *Fast Company*:

> Tudo o que você faz — e tudo o que deixa de fazer — mostra o valor e o caráter da [sua] marca. Tudo, desde a maneira como você fala ao telefone ou escreve e-mails até a maneira como você conduz uma reunião, faz parte da mensagem maior que você está enviando sobre a sua marca.

Tudo é um pouco amplo, então vamos por partes. No restante deste capítulo, vamos comentar sobre os elementos *off-line* da sua marca de liderança e, no próximo capítulo, abordaremos sua estratégia de imagem.

Lista de verificação da sua marca de liderança pessoal,
Parte 1: Sua marca off-line *(ou na vida real)*

Claro que você sempre quer ser autêntico e utilizar a sua abordagem única em cada elemento da sua marca pessoal, mas aqui estão algumas diretrizes gerais para gerir sua imagem na vida real:

Saiba se apresentar muito bem

Também conhecido como *pitch*, apresentação-relâmpago ou de elevador (porque você precisa ser capaz de fazê-la no intervalo de um curto trajeto de elevador), sua apresentação pessoal é especialmente importante quando você está num papel de liderança, porque estabelece imediatamente sua confiança e autoridade. Eu não sou uma grande fã de apresentações pessoais muito elaboradas, mas recomendo que você passe algum tempo praticando como descrever a si mesmo, de modo a causar uma ótima primeira impressão em situações que exigem que você se apresente, tais como reuniões de clientes, entrevistas de trabalho e conferências profissionais. Certifique-se de dizer claramente o seu primeiro e último nome (dizer só o seu primeiro nome faz com que você pareça um jovenzinho inexperiente), seu cargo e sua empresa, e fale num ritmo normal (as pessoas tendem a falar muito rápido ao se apresentar).

Se o seu cargo for incomum ou confuso, ou se a sua empresa não for muito conhecida, eu também recomendo que você inclua uma breve descrição em termos leigos do que você faz. Se uma parcela considerável das suas atividades profissionais é executada fora do expediente de trabalho, se você tem mais de um emprego ou tem um negócio paralelo, em algumas situações você vai querer mencionar isso também. Lembre-se de que, dependendo da situação, não há nada de errado em se apresentar de forma diferente. Aqui estão dois exemplos:

Apresentando-se numa reunião com um cliente com o potencial de captar recursos:

Oi, eu sou Tiffany Jones. Sou a gerente de desenvolvimento institucional da Kansas Kids, uma organização sem fins lucrativos que ajuda crianças carentes em nosso estado. Sou responsável por visitar corporações e fundações como a sua para levantar fundos para o nosso trabalho.

Apresentando-se num evento de *networking* para jovens profissionais:

Oi, eu sou Tiffany Jones. Sou a gerente de desenvolvimento institucional da Kansas Kids, uma instituição sem fins lucrativos que ajuda crianças carentes em nosso estado. Eu também faço parte do mundo da música clássica local — toco violino numa orquestra da câmara e dou aulas particulares também.

MAS, POR FAVOR: MAIS TRINTA SEGUNDOS DE DICAS SOBRE *PITCHES*

Como o modo como você se apresenta é muito pessoal, já dei as mais variadas dicas possíveis sobre o assunto. Por isso pedi aos meus seguidores no Twitter para me dizerem quais foram as dicas mais úteis que já receberam para que eu pudesse contar a você:

- @ShimritMarkette: Sorria! Ponha o constrangimento de lado e demonstre seu entusiasmo pelo que faz (e a chance de falar sobre isso) com pistas não verbais.
- @Keppie_Careers: Faça com que a sua introdução aborde as necessidades do alvo. Pense no que a pessoa quer saber sobre você e ofereça isso a ela em poucas palavras.
- @MattLaCasse: Pelo que você quer que a pessoa lembre de você? Concentre-se nisso e complemente com mais informações.
- @Glenderful: a sua apresentação sempre tem de ter uma "chamada para a ação" para a outra pessoa. Como eu trabalho em RH, adoraria saber sobre..."

Um aperto de mão firme

Em muitas situações, sua apresentação pessoal será acompanhada por um aperto de mão. Prometa que você não vai fraquejar no último segundo. Essa é uma das coisas mais fáceis de acertar e a pior de errar. Líderes, e empresários em particular, me dizem o tempo todo que um aperto de mão fraco é um furo profissional enorme.

Um bom aperto de mão é firme, inclui contato visual direto e abrange toda a mão da outra pessoa (não apenas os dedos), de modo que a parte entre o polegar e o indicador toque a mão da outra pessoa.

Se você tende a ter as palmas das mãos suadas, deixe um lenço no bolso para limpar a mão antes de oferecê-la a alguém. Se você suspeita que tem um aperto de mão fraco, peça a alguém em quem confia para praticar com você algumas vezes até que fique mais forte. Isso é sério, especialmente se você não quiser passar por alguém muito jovem ou inexperiente.

Um guarda-roupa um nível acima

É claro que a definição de um bom guarda-roupa para um líder varia muito, dependendo da sua profissão e local de trabalho, mas acredito que, se você quer ser um líder, precisa se vestir como um. Especialmente se você é jovem (e ainda mais se você *parecer* jovem), pode usar seu guarda-roupa para passar um ar de autoridade e inspirar respeito imediato.

Eu penso muito sobre isso no meu trabalho como palestrante e consultora de carreira, pois fico com frequência de pé diante de grandes grupos de pessoas. Sempre procuro me vestir um nível acima do nível do meu público. Então, se a maior parte da minha plateia estiver vestida com trajes discretos, mas casuais, eu uso um terninho. Se a maior parte da minha plateia estiver de terno, eu uso um terninho e algumas joias elegantes para parecer um pouco mais bem vestida. Se o meu público-alvo está de jeans e camiseta e eu sei que o ambiente de trabalho é muito descontraído, então posso usar jeans e um blazer.

Eu aplicaria a mesma regra para os líderes: adquira o hábito de se vestir um nível acima das pessoas que você gerencia. Você pode não fazer isso todos os dias, mas é uma boa maneira de se destacar e, eu acho, para mostrar respeito pela sua posição. Mesmo se todos em seu escritório vestirem moletom, então como líder você deve vestir o moletom de mais qualidade e o menos amassado.

Se você não gosta de se preocupar demais com a sua aparência, então considere adotar o estilo de líderes como Steve Jobs ou Hillary Clinton.

Cada um deles adotou um uniforme — ele só usava gola alta preta e jeans; ela só usa calças — para manter a atenção das pessoas longe das roupas deles. Mesmo se você for muito ligado em moda e se vestir bem, tenha em mente que, como líder, você não vai querer que as pessoas prestem mais atenção às suas roupas ou acessórios do que em você. Procure evitar distrações (bijuterias muito espalhafatosas, esmalte lascado, gel de cabelo excessivo, nada muito apertado ou muito curto, roupas manchadas ou amassadas) e desenvolver um estilo de se vestir que expresse seu estilo pessoal, mas ainda lhe dê a autoridade que você quer. Não tem certeza se uma roupa em particular é apropriada para seu cargo de liderança? Tire um self rapidamente, envie para alguns amigos de confiança (ou para a sua mãe) e peça as opiniões deles. Em caso de dúvida, troque de roupa.

Cartões de visita

Eu acredito que os cartões de visita vão ficar obsoletos em alguns anos, mas hoje você ainda precisa deles, especialmente se trabalha numa área em que predominem *baby boomers*. Basicamente, a função dos cartões de visita é fornecer às pessoas informações sobre como entrar em contato com você, então é isso que seu cartão deve fazer. Agora que temos tantas opções de comunicação, o cartão de visitas pode informar as pessoas para que entrem em contato com você pelo seu método preferido, que atualmente pode variar muito de pessoa para pessoa. Se você quer que liguem para o seu celular, então coloque apenas esse número no seu cartão ou informe-o antes ou acima do seu telefone fixo. Se você prefere que lhe enviem um e-mail em vez de telefonar, então faça com que seu endereço eletrônico seja a informação de mais destaque no seu cartão (por exemplo, coloque-o numa fonte maior do que o número do celular e logo abaixo do seu nome). Se você adora interagir com as pessoas no LinkedIn, então inclua no seu cartão o endereço da página do seu perfil no LinkedIn. E tenha em mente que muitas pessoas já deixaram de usar papel, por isso é possível que seu cartão acabe perdido no fundo de uma bolsa ou de uma gaveta. Isso significa que é sempre melhor enviar um e-mail um dia depois de oferecer o seu cartão de visitas a alguém, para dizer: "Foi um prazer conhecer você". E não se esqueça de incluir na página do e-mail a sua assinatura completa, com todas as informações necessárias para que a pessoa possa entrar em contato com você.

Se você trabalha numa empresa, é provável que ela lhe providencie cartões de visita e você não tenha chance de escolher quais informações deseja incluir nele, embora não custe nada perguntar se você pode acrescentar ou suprimir algumas informações. Mas e se você for autônomo, tiver um negócio paralelo ou estiver começando numa nova profissão? Então você precisa providenciar cartões de visita o mais rápido possível. Consulte a internet e encontre sites que ofereçam modelos de cartões de visita e sites de empresas que aceitem encomendas de cartões on-line. Se quiser que o seu cartão tenha um logotipo desenhado por um profissional, procure empresas que ofereçam esse serviço pela internet. Você pode enviar um rascunho do logotipo que quer e o valor limite que pode pagar por ele e o profissional terá de criar um que caiba no seu orçamento.

Se prefere fazer os seus próprios cartões de visita, meu conselho é que opte por um papel da mais alta qualidade e uma impressão que possa pagar. Pouco tempo atrás, gastei uma pequena fortuna para imprimir cartões de visita num papel de alta qualidade e vi que o investimento valeu a pena quando vi a reação impressionada da pessoa a quem dei o cartão. Até algo tão simples quanto um cartão de visitas é uma extensão de você — por isso aproveite esse recurso.

Lista de verificação da sua marca de liderança pessoal, Parte 2: Sua marca pessoal "pessoal"

Uma das mudanças mais significativas no local de trabalho nos últimos dez a vinte anos é a indefinição da linha entre os aspectos profissionais e pessoais da nossa vida e reputação. Isso significa que ser ético e responsável com a sua vida pessoal também faz parte do seu papel de liderança no local de trabalho.

Lori High, diretora de vendas e marketing de Benefícios de Grupo da Hartford, que gerencia mais de quatrocentas pessoas, me disse: "Se você tem sabedoria para lidar com seus assuntos pessoais, as pessoas têm muito mais confiança de que você vai ter sabedoria para lidar com seus assuntos profissionais. Liderança inclui equilíbrio emocional, equilíbrio financeiro e equilíbrio familiar. Não existe mais um mundo particular e um mundo público. Aqueles que se esquecem disso vão ter problemas". A maior parte da Geração do Milênio concorda. De acordo com a pesquisa de liderança do ano de 2013 feita pela Hartford, quase nove entre dez membros da Geração Y (88 por cento) dizem que a vida pessoal tem um impacto significativo sobre a capacidade de liderança.

Vejamos mais de perto algumas das qualidades pessoais que vão contribuir para o seu sucesso como líder. Primeiro vem a sua saúde financeira, porque é difícil se concentrar na tarefa de liderar outras pessoas e realizar grandes coisas profissionalmente se você está a todo instante se preocupando com dinheiro ou temendo que um acidente possa arruinar suas finanças. (Isso é particularmente importante se você pertence a um dos dois terços dos milênios com diploma universitário e uma dívida de empréstimo estudantil.) Aqui estão algumas das chaves para a construção da estabilidade financeira em seus 20 ou 30 e poucos anos, para que você tenha paz de espírito para se concentrar em sua liderança:

Um orçamento básico

Um dos primeiros passos para gerenciar suas finanças em qualquer idade é sempre saber para onde seu dinheiro está realmente indo. Anote num novo arquivo no notebook ou no celular ou num pequeno bloco de anotações absolutamente cada centavo que você gasta por uma semana. No fim da semana, marque qualquer quantia que tenha gasto com algo que não era essencial ou não fez você ficar mais feliz e tente eliminar essa despesa na semana seguinte. Uma boa meta é atingir a proporção 50/30/20 em termos de quanto você deve gastar em necessidades (50 por cento do seu imposto de renda), desejos (30 por cento) e economias (20 por cento, incluindo poupança de curto e longo prazo). A CEO da MoneyZen Wealth Management, Manisha Thakor, diz que essa fórmula simples é a versão financeira da pirâmide alimentar. Você vai querer adaptá-la à sua situação específica, mas ela é uma boa comprovação da realidade. Por exemplo, se o pagamento do seu aluguel e do financiamento do seu carro está consumindo até 50 por cento do seu salário, você sabe que têm um problema, pois não há reservas para outras necessidades, como comida.

EXISTE UM APLICATIVO PARA ISSO: MINT

Se a palavra "orçamento" lhe dá urticária, você não está sozinho. Eu sei que é assustador dar uma olhada honesta em suas finanças e tentar ficar de olho em cada centavo que entra ou sai. Felizmente, existe o Mint, um software e aplicativo gratuitos para você fazer seu orçamento e que você pode baixar no site Mint.com e usar para controlar suas finanças. Ele funciona melhor se você costuma utilizar cartão de débito ou de crédito, mas de qualquer maneira ele pode lhe dar uma ótima ideia dos seus gastos — e como economizar.

Crédito na praça

Seu relatório de crédito é agora um elemento da sua marca pessoal. Eu sei que parece muito invasivo, mas é verdade. Quase metade dos empregadores agora consulta serviços de proteção ao crédito para analisar os candidatos a um emprego. Embora muitos achem que essa conduta é discriminatória, ainda é algo que precisa ser levado em conta.

Reservas para emergências

É emocionante receber o seu primeiro *polpudo* salário de líder, e eu aprovo totalmente que você seja um pouquinho esbanjador nesse momento, mas você precisa saber poupar também. De acordo com Thakor, você deve começar com a meta de guardar pelo menos 2.000 dólares anuais para ter uma reserva de emergência (pois essa é a quantia média de despesas inesperadas que tendemos a ter durante o ano). À medida que você vai galgando os degraus da sua carreira, vai querer se esforçar para alcançar o Padrão Ouro de um fundo de emergência: o valor correspondente a três a seis meses de despesas.

Economias para a aposentadoria

Embora possa parecer estranho pensar em aposentadoria quando você tem 25 anos e seus pais ainda contribuam para o seu aluguel, nunca é cedo demais para começar a planejar e poupar. Se você trabalha numa empresa que oferece um plano de previdência privada, não hesite em aceitar, pois esse é um benefício com o qual vale a pena contar. O funcionário contribui com uma porcentagem do seu salário, mas a empresa participa com um valor equivalente ou até superior. Você seria louco se não aderisse.

Se a sua empresa não oferece um plano de previdência privada, a sua melhor opção, de acordo com Thakor, é procurar o seu banco e contratar o plano que melhor se adeque ao seu orçamento.

Seguro de invalidez

Eu aprendi muito sobre o seguro de invalidez no meu trabalho com a Hartford, e o meu melhor conselho a esse respeito é: como um jovem profissional, sua capacidade para o trabalho é o seu maior ativo; você precisa protegê-lo. Pense no seguro de invalidez como uma rede de segurança quando você está se recuperando de um período afastado do trabalho por doença ou lesão, como um pé quebrado no jogo de futebol. Um estudo da Hartford chamado Benefícios para o Futuro, de 2012, mostra que funcionários mais jovens sem seguro de invalidez provavelmente terão de usar seu plano de previdência privada, contrair um empréstimo da família ou morar com parentes se um problema de saúde os impedir de trabalhar. Os seguros de invalidez custam em média 250 dólares por ano quando você os faz em seu local de trabalho. No meu entender, é essencial para a sua paz de espírito.

Observe que esse seguro pode ser oferecido pelo seu empregador na forma de benefício voluntário, o que significa que você concorda em pagar por essa cobertura durante o período em que receber os benefícios. Se, como eu, você é autônomo, *freelancer* ou consultor, deve verificar com associações ou sindicatos às quais pertença. Eles podem oferecer aos sindicalizados um seguro de invalidez (juntamente com outros tipos de seguro e benefícios) com taxas de grupo. Recebo o meu através de uma formidável organização chamada Freelancers Union.

Seguro de vida

A maioria das pessoas sabe que o seguro de vida é algo imprescindível quando se é o principal provedor da família. (Se você tem filhos, também vale a pena consultar um advogado e fazer um testamento, para colocar por escrito todos os seus desejos com relação ao seu futuro, como a divisão de seus bens e a tutela dos filhos, caso lhe aconteça alguma coisa.) O que muitos milênios não sabem é que os profissionais jovens e solteiros também devem optar por essa cobertura. Por exemplo, a pesquisa da Hartford mostrou que 10 por cento dos membros da Geração Y têm pai ou mãe que dependem do seu salário. Se isso descreve a sua situação, o que aconteceria com sua mãe ou seu pai se o impensável acontecesse? E muitas pessoas não sabem que, se um dos pais é fiador do seu empréstimo estudantil, ele ainda será responsável por pagar essa dívida se qualquer coisa acontecer a você.

Eu sei que estou pintando o pior cenário possível, mas o seguro de vida também propicia outros benefícios. Algumas apólices de seguro de vida oferecem recursos adicionais, como proteção de identidade e seguro viagem. Além disso, o seguro de vida tem um custo mais baixo quando você é jovem e saudável, e é fácil obtê-lo no trabalho e deduzir o valor da folha de pagamento.

Seguro residencial

Esta opção de seguro, que pode ser adquirida através de um agente de seguros ou diretamente de companhias de seguros, irá cobri-lo se alguma coisa acontecer ao seu apartamento ou casa, além de muitas vezes cobrir também outros itens valiosos, como seu laptop ou smartphone. Se você fizer o seguro do seu carro e apartamento através da mesma empresa, talvez consiga um desconto. Thakor acrescenta esta dica para economizar dinheiro: "Quando você está apenas começando, uma coisa que pode fazer para reduzir o valor do seguro é optar pela franquia maior que pode pagar. Esse valor pode cair drasticamente se você optar por elevar a quantia paga do seu bolso (a franquia) antes que o seguro propriamente dito entre em ação. A chave para seguir esse plano é ter um fundo de emergências suficientemente polpudo para pagar a franquia se necessário".

Agora vamos falar sobre a sua saúde física. Você limita seu potencial de liderança não apenas quando está preocupado com dinheiro, mas quando está exausto, faminto, indisposto, de ressaca, doente ou estressado. Claro que essas coisas podem acontecer às vezes (e meu marido poderia lhe contar algumas histórias de horror a respeito dos meus ataques de gula ocasionais), portanto estou me referindo ao seu estado geral de bem-estar. Você tem que estar no seu melhor para conduzir as pessoas a dar o seu melhor. Tenho certeza de que você conhece algumas pessoas de sucesso que duvidam dessa afirmação, mas me pergunto até que ponto a liderança delas é realmente sustentável.

Dormir

Vamos começar com o sono. Eu sei que há líderes como Marissa Mayer e Bill Clinton que afirmam que precisam de apenas quatro ou cinco horas de sono por noite, mas eles são uma exceção. A maioria de nós precisa dormir de sete a oito horas quase todas as noites para funcionar no nosso melhor. Eu definitivamente sou uma dessas pessoas.

Arianna Huffington, a fundadora do *The Huffington Post*, faz disso uma cruzada pessoal para incentivar as pessoas a dormirem mais. Num discurso de abertura no Smith College em 2013, ela levantou essa questão diante de uma plateia de futuros líderes, aconselhando-os a "dormir durante a sua escalada para chegar ao topo", referindo-se a dormir no sentido literal.

"Agora, o local de trabalho é cheio de gente que sofre de fadiga e privação de sono" disse ela, compartilhando uma história de como sua própria falta de sono lhe causou uma perigosa queda, um osso quebrado no rosto e quatro pontos no olho direito.

A privação do sono também está "afetando a criatividade, a produtividade e a tomada de decisão", ela continuou. "A destruição do petroleiro *Exxon Valdez*, a explosão do ônibus espacial *Challenger* e os acidentes nucleares em Chernobyl e Three Mile Island — todos foram pelo menos parcialmente o resultado de decisões tomadas por pessoas com muito pouco sono."

Você notou que se tornou comum dizer o quanto estamos esgotados? Vamos fazer com que parte da revolução da liderança do milênio seja para mudar isso. Sei que nem sempre é possível ter oito horas de sono todas as noites se você está lançando uma *startup*, correndo para ir a um congresso, planejando uma reunião com um grande cliente ou — posso falar por experiência própria — se esforçando para acabar de escrever um livro no prazo, mas faça o possível para que uma boa noite de sono seja uma prioridade na sua vida. Como o *Huffington* apontou, não é nada bom viver cansado. É insustentável, doloroso e um grande risco para o seu bem-estar e o de outras pessoas.

Estresse

A outra questão de bem-estar a tratar é a administração do estresse. Eu também posso falar por experiência própria que, quanto mais estressada me sinto, menos produtiva, eficaz e bem-sucedida eu sou. E o mais provável é que eu desconte isso numa das pessoas que lidero, e esse não é o tipo de líder que eu quero ser. As pessoas lidam com o estresse de maneiras diferentes, e cada um de nós precisa encontrar a melhor forma de combatê-lo. Minha estratégia consiste em me exercitar, praticar yoga regularmente e tentar limitar a minha ingestão de açúcar (o que é muito difícil visto que sou viciada em doces). Não importa quais estratégias funcionem para você, como um novo líder você tem que encarar essa questão com seriedade ou vai ficar sem combustível antes mesmo de arrancar para valer.

DE OLHO NAS TENDÊNCIAS: A DOENÇA DA GERAÇÃO DO MILÊNIO

Não é nenhuma surpresa que o estresse seja particularmente proeminente entre os membros da Geração do Milênio. Grande parte desse estresse deve-se aos efeitos persistentes da Grande Recessão, que deixou milhões de jovens desempregados ou subempregados. De acordo com a American Psychological Association, em 2013, 39 por cento da Geração Y disseram que seu estresse havia aumentado naquele ano, e 52 por cento disseram que isso os manteve acordados à noite no mês anterior. Além disso, essa geração relata, mais do que qualquer outra, ter recebido o diagnóstico de depressão ou um transtorno de ansiedade. Os dados da pesquisa da Hartford mostram que distúrbios comportamentais, como a ansiedade, são uma das três principais razões pelas quais pessoas de vinte e poucos anos entram com o pedido de auxílio-doença ou aposentadoria por invalidez. É claro que outras gerações lutam contra o estresse também. A Organização Mundial da Saúde salienta que o estresse é a "epidemia do século XXI", e estima-se que ela custe às empresas norte-americanas até 300 bilhões de dólares por ano, devido à perda da produtividade dos funcionários.

Se você está em busca de ideias, eis aqui algumas sugestões para se desestressar fora do trabalho: caminhadas, passeios em meio à natureza, ciclismo, corridas, esportes de equipe, musculação, canto, dança, ouvir música, jardinagem, dirigir na estrada, brincar com crianças ou animais de estimação, fazer algum tipo de arte, cozinhar, meditar, conversar com um terapeuta, conversar com um amigo, fazer faxina, construir coisas, jogar *video game*, ler, assistir a filmes ou TV, tomar banho, receber uma massagem.

Eis aqui algumas sugestões para se livrar do estresse no meio de um dia cheio e não cair na tentação de esganar ninguém: faça cinco respirações profundas, dê uma volta a pé no quarteirão, mande mensagens instantâneas para seu melhor amigo, passe cinco minutos vendo vídeos *on-line*, beba chá, faça alongamento, plante bananeira (Sério. Rosie O'Donnell jura que dá certo!). E se você trabalha para Arianna Huffington, uma das fundadoras do *The Huffington Post*, pode até tirar uma soneca. Na palestra que ela deu a universitários, mencionou que mandou fazer dois quartos no escritório do *HuffPo* de Nova York para que os funcionários tirassem um cochilo.

Neste capítulo, falamos sobre as maneiras de construir sua marca de liderança na vida real, tanto na sua vida profissional quanto na pessoal. Agora vamos tratar da forma como sua reputação como líder se estende *on-line*. No mundo de hoje, esses elementos são igualmente importantes.

Capítulo 3

Seja.com

Pesquise o seu nome no Google, cace os seus alces e encontre tempo para tuitar

Ao organizar este livro, eu me perguntei se deveria ou não falar sobre a sua imagem na internet antes da sua imagem no mundo real, porque hoje é mais provável que as pessoas o conheçam primeiro pela internet e só depois pessoalmente. Isso inclui jornalistas em busca de especialistas para entrevistar, planejadores de conferências buscando oradores, organizações sem fins lucrativos buscando membros para o seu conselho, jurados de premiações procurando candidatos, clientes, clientes em potencial, patrões, colegas, investidores e qualquer outra pessoa que você queira impressionar. Sua imagem on-line pode criar ou destruir uma oportunidade antes mesmo de você saber que ela existia.

As marcas pessoais on-line são mais importantes em algumas áreas do que em outras. Se você é um líder na política, por exemplo, precisará de uma forte presença *on-line* e qualquer coisa que disser nas redes sociais passará pelo escrutínio das pessoas. Se você é contador ou advogado numa grande firma, provavelmente não precisará muito do twitter. Mas eu não consigo pensar em nenhuma profissão que escape de uma realidade: alguém vai procurar o seu nome no Google. Se você quer ser líder em alguma área, tem que prestar atenção no que

103

as pessoas acham quando fazem uma busca *on-line* com o seu nome. E você tem que ter certeza de que o que elas vão encontrar na internet é coerente com o que encontrarão ao conhecer você pessoalmente.

> VOZES DOS LÍDERES DA GERAÇÃO DO MILÊNIO
>
> Hoje, os líderes precisam conhecer todos os métodos eficazes de comunicação. Por exemplo, ter um ótimo blog pode ajudar a criar um líder. Ter uma forte identidade *on-line* é decisivo para a liderança num novo local de trabalho, e mantê-la coerente com as suas atitudes na vida real é ainda mais importante.
>
> — Kevin Grubb, especialista em carreira e mídia social

Como líder, você também tem que estar consciente de que não está falando apenas por si mesmo. Toda vez que postar num site de mídia social, você também está beneficiando (ou denegrindo) a organização ou comunidade em que detém uma posição de liderança. Como me disse Julie Daly Meehan, diretora executiva da Hartford Young Professionals and Entrepreneurs (HYPE), uma organização de quatro mil membros de Connecticut: "É muito mais assustador estar num papel de liderança hoje em dia. Se algo der errado, seu nome pode se espalhar como fogo na palha pela internet em dez segundos. Se eu fico preocupada com isso, lembro-me de que estou seguindo um plano cuidadosamente elaborado [para a mídia social] da minha organização e que tenho consciência do que posto nas minhas páginas ou contas pessoais. Sempre que postar alguma coisa, você tem que se lembrar de que as pessoas interpretam as coisas de modo muito diferente. E elas podem culpar sua organização por algo que você postou numa página pessoal. Eu não estou disposta a manchar a reputação da minha empresa só porque estou momentaneamente reagindo a uma questão de maneira acalorada".

Neste capítulo, vamos descrever todas as maneiras de utilizar a mídia social para beneficiar a sua marca pessoal e a marca da empresa, comunidade, instituições ou serviços que você representa.

Primeiro a faxina

Nunca vou me esquecer dos primeiros instantes da minha experiência universitária:

Ofegante, subi os três lances de escadas para o meu novo dormitório, dirigindo-me para o que, eu tinha certeza, seria o início da minha vida adulta, o amanhecer da minha futura carreira, o ponto de partida de amizades duradouras e experiências inesquecíveis. Abri a porta, entrei e...

O quarto era um horror!

Eu tenho orgulho de ser aluna da Universidade de Yale e odeio falar mal de uma instituição que muito me ofereceu (e fico feliz em poder dizer que esse edifício em particular passou por uma bela reforma vários anos atrás), mas simplesmente não há nenhuma outra maneira de descrever esse quarto. A pintura estava descascando, as janelas estavam sujas, o colchão no meu beliche era todo cheio de calombos e todo o lugar estava coberto por uma espessa camada de poeira.

Depois de me recuperar do choque inicial, saí com as minhas novas companheiras de quarto para pegar nossos cartões de identificação de estudante. Uma hora depois, ao voltar, encontramos todas as nossas mães cercadas de rolos de papel toalha e vários materiais de limpeza, esfregando vigorosamente cada superfície. Minhas companheiras de quarto e eu arregaçamos as mangas e nos juntamos a elas. Yale de fato foi o início da minha vida adulta, o amanhecer da minha futura carreira, o ponto de partida de amizades duradouras e experiências inesquecíveis. Só precisava de uma boa faxina primeiro.

O mesmo vale para a sua presença *on-line*: a mídia social pode ser um componente importantíssimo de uma liderança bem-sucedida, mas, como mãe não oficial de um líder, eu me sinto na obrigação de garantir que você dê o pontapé inicial num gramado em perfeitas condições. E tudo começa com o seu próprio nome.

Como (e por que) fazer uma faxina na sua presença *on-line*

Se você nunca fez uma busca com o seu nome no Google, já deveria ter feito isso há muito tempo. Simplesmente digite seu nome na caixa de pesquisa do Google ou em outro mecanismo de busca e não pare de ler até chegar ao fim dos resultados. É imprescindível que você saiba que tipo de informação existe a seu respeito na internet.

Existem algumas razões para você rever e monitorar sua imagem *on-line*. Primeiro, se alguém disse algo positivo sobre você ou sobre um projeto do qual participa, você vai querer saber a respeito para que possa agradecer a essa pessoa. Por outro lado, se alguém disse algo de negativo sobre você, você vai querer saber também, para que possa comentar a respeito ou corrigir essa pessoa, se possível.

EXISTE UM APLICATIVO PARA ISSO: GOOGLE ALERTS

Monitorar seu nome é algo que você precisará praticar continuamente. Se ainda não faz isso, instale imediatamente um alerta de e-mail que lhe permitirá saber se seu nome é mencionado em qualquer lugar da web — numa notícia, num blog, num vídeo ou em qualquer mídia social. As melhores opções gratuitas para este serviço de monitoramento são os Alertas do Google (Google. com/alerts) e os Alertas do Talkwalker (Talkwalker.com/alerts).

Se seu nome for difícil de soletrar, assim como o meu, então você também pode pensar na possibilidade de configurar alertas para as várias grafias do seu nome. (Por exemplo, a ortografia correta do meu sobrenome é "Pollak", mas ele é muitas vezes escrito assim: "Pollack"; por isso eu tenho alertas para ambos). Se o seu nome é muito comum, então você pode incluir outra palavra ou frase de identificação, como o nome da sua empresa ou sua área de especialização, mas, francamente, é melhor que você receba uma atualização ocasional sobre outro John Smith do que perder um importante comentário a seu respeito na web.

Como líder, seu objetivo deve ser conseguir que os primeiros resultados no Google (ou Yahoo ou Bing) reflitam a presença profissional que você mais deseja projetar. Para a maioria das pessoas, acredito que esse deva ser seu perfil no LinkedIn porque é 100 por cento profissional e fica 100 por cento sob seu controle. (Saiba muito mais sobre o LinkedIn mais adiante neste capítulo.)

Dependendo da sua situação, vale a pena incluir na sua lista outros cinco itens principais:

- Sua biografia no site da sua empresa.
- Seu Twitter, Tumblr ou outros perfis de mídia social, se você os usa principalmente para fins profissionais.
- Seu próprio site ou blog ou o da sua empresa.
- Uma notícia positiva e profissional escrita por você ou sobre você.

Se você descobrir, como muitas pessoas, que seu perfil pessoal no Facebook é um dos primeiros resultados que aparecem ao fazer uma pesquisa sobre o seu nome, não se preocupe muito também. Apenas certifique-se de que acionou as configurações de privacidade e que sua foto de perfil principal, que as pessoas podem ver mesmo se não puderem acessar o resto do seu perfil, é apropriada.

E se a consulta do seu nome no Google revelar alguma coisa pouco apropriada para um líder, como uma foto da sua festa de formatura em que você aparece com uma garrafa de uísque na mão ou um texto crivado de palavrões que você escreveu um dia, criticando o péssimo serviço da sua empresa de telefonia? Não se engane: o conteúdo negativo *on-line* pode impedir que você alcance seus objetivos de liderança. De acordo com um estudo, 70 por cento dos empregadores dizem que rejeitariam um candidato a uma vaga dependendo da informação que encontrassem sobre essa pessoa na internet. Uma postagem de mídia social inadequada pode denegrir sua reputação profissional mesmo se você não estiver à procura de uma colocação no mercado de trabalho. O jovem profissional está conectado no Facebook a, em média, dezesseis colegas de trabalho.

A boa notícia é que em muitos casos (mas não em todos), você pode corrigir uma reputação *on-line* negativa do ponto de vista profissional. Veja como:

Remova as tags

Seu primeiro recurso para limpar a sua imagem *on-line* é você mesmo. A maioria das coisas ruins que eu vi sobre as pessoas na internet foi publicada por elas mesmas em seus perfis de redes sociais e poderia ser facilmente removida com um clique. Visite todos os seus perfis e veja-os com os olhos de um empregador, investidor, eleitor, empregado ou quem mais você quiser impressionar profissionalmente. Alguns sites, como o LinkedIn e o Facebook, até mesmo oferecem a possibilidade de visualizar seu perfil como se você fosse alguém do público, por isso certifique-se de fazer isso de vez em quando. Se você encontrar alguma foto, postagem ou comentário impróprio, seu ou dos seus amigos, exclua-os ou desmarque o seu nome deles. Para explicar o que eu quero dizer com "impróprio", fico tentada a mencionar a famosa frase de Potter Stewart, juiz da Suprema Corte dos Estados Unidos, sobre como definir pornografia — "Eu sei que é pornografia quando vejo uma" —, mas eis aqui alguns exemplos específicos: fotos de pessoas embriagadas (especialmente se alguém na foto é menor de idade); fotos excessivamente sensuais; fotos violentas; fotos de você fazendo algo ilegal, preconceituoso ou comentários sexistas; palavrões ou comentários sobre o quanto você odeia seu chefe ou empregador. Em caso de dúvida, apague.

Preste atenção às configurações de privacidade

De acordo com a configuração padrão da maioria das redes sociais — Facebook, Twitter, LinkedIn, Pinterest, Instagram, Tumblr, YouTube etc. —, tudo que você compartilha (e tudo o que as pessoas compartilham sobre você) é público. Portanto, certifique-se de que as configurações de privacidade em todas as suas contas nas redes sociais garantam que elas estejam tão protegidas quanto possível, para que ninguém *hackeie* a sua conta ou um amigo poste uma foto que você não queria que outras pessoas vissem. As configurações de privacidade são complexas e mudam constantemente, por isso eu recomendo que você agende um alerta do Google para que se lembre de verificar suas configurações uma vez por trimestre ou algo assim.

Faça um pedido de remoção

Se alguém postou uma foto ou um conteúdo ofensivo, você pode e deve educadamente pedir à fonte que remova esse conteúdo. Às vezes, especialmente se quem postou é um amigo, colega de classe, parente ou colega de trabalho, isso é simples. No entanto, nem todas as fontes conseguem ou estão dispostas a remover o que você pediu. A maioria das agências de notícias e agências governamentais, por exemplo, não alteram seu conteúdo.

Construa um conteúdo melhor

Se a fonte de qualquer conteúdo negativo não estiver disposta ou não puder excluir o material prejudicial a você, o próximo passo é deixar o mecanismo de busca mais competitivo. Isso significa postar um conteúdo melhor com o seu nome anexado a ele para que os mecanismos de busca encontrem e classifiquem essas páginas antes dos links indesejados. Dan Schawbel, autor de *Promover Yourself* e *Me 2.0*, recomenda publicar conteúdo positivo em várias redes sociais e construir seu próprio site com o seu nome completo como nome do domínio (por exemplo, DanSchawbel.com — mais sobre isso no final deste capítulo). Exemplos de criação de conteúdo positivo podem incluir escrever resenhas de livros assinadas na Amazon ou escrever artigos para o site de uma associação ligada à sua profissão, para um blog de jovens profissionais ou para seu próprio blog ou site — desde que você costume escrever sobre tópicos ligados à sua profissão.

Participe mais das redes sociais

A próxima estratégia é construir uma presença positiva participando de modo ativo e apropriado de redes sociais como LinkedIn, Twitter, Facebook, Tumblr, Reddit, Pinterest, Google+ e outros. "Nos perfis de redes sociais", diz Schawbel, "certifique-se de obter URLs personalizadas para eles. Por exemplo, no Facebook você pode preferir Facebook. com/seu nome completo; e no LinkedIn, LinkedIn.com/in/seu nome completo. Então, uma vez que você tenha seus sites, faça links entre eles para que se classifiquem melhor nas pesquisas sobre o seu nome". Para saber se o seu nome está disponível em alguma rede, verifique sua disponibilidade gratuitamente em Namechk.com.

Aceite a atenção conferida pela sua posição de destaque

Quando aceita ou pleiteia um cargo de liderança, você está, até certo ponto, abrindo-se para o escrutínio público e para as críticas. Vou admitir que às vezes eu gostaria de não ter que ser tão vigilante quanto ao que eu posto no Twitter ou no Facebook. Seria divertido, de vez em quando, fazer um comentário mal-humorado com relação a um cliente rabugento ou fazer piada com uma pergunta ridícula da plateia. Mas como alguém que ensina sobre a importância da marca pessoal, eu sei que não posso fazer isso. E, de qualquer maneira, é bem provável que eu me arrependesse depois por ser tão cruel.

Os jovens líderes são mais conscientes disso do que ninguém. Na verdade, alguns milênios me confessaram que preferem não tornar tão público seu cargo de liderança por causa do escrutínio ininterrupto que o acompanham. Para ficar registrado, espero que a ideia do escrutínio da mídia não o impeça de realizar seus sonhos e tornar-se um líder em nossa sociedade, que precisa desesperadamente de você.

Para obter mais informações sobre esse tópico, procurei uma jovem líder do que talvez seja o mundo mais escrutinado de todos: a política. Ao lado de Aaron Schock, de Illinois, que você já conheceu, a deputada norte-americana Tulsi Gabbard, do Havaí, é um dos membros mais jovens do Congresso. Quando tive a oportunidade de entrevistá-la, mencionei que muitos jovens têm medo de concorrer a um cargo devido à exposição e escrutínio e lhe perguntei como ela própria tinha superado esse medo.

"Você tem que saber o que o leva a fazer o que faz", ela me disse. "Qual é a sua motivação? O escrutínio de fato acontece. Quando as pessoas lhe confiam o seu voto, você assume uma responsabilidade incrível e precisa manter uma conduta irrepreensível. Eu concorri e fui eleita pela primeira vez como deputada estadual quando tinha 21 anos; muitas pessoas me disseram que eu era louca; muitas me escreveram, tanto durante a campanha quanto depois que eu ganhei. Quando a sua motivação está centrada na oportunidade e na responsabilidade de servir à sua comunidade, e você sabe que não está ali para beneficiar a si mesmo, então as críticas negativas não o afetam e os resultados do seu trabalho falam por si só".

Fator mais importante: quando se trata de construir a sua marca pessoal *on-line*, se as suas intenções forem realmente boas e você mantiver seu foco em fazer o melhor trabalho possível para os seus *eleitores* (seja como for que você defina essa palavra no seu caso, como líder), então tudo vai ficar bem. Só tenha em mente que os limites para o que é apropriado dependerão do mundo em que você atua. Para garantir, dei o conselho mais conservador possível. Mas, se você é um líder, digamos, de um site satírico ou de um clube noturno de vanguarda, provavelmente pode ousar um pouco mais do que o resto de nós. A chave é ser apenas inteligente — pense duas vezes antes de postar alguma coisa.

MAS, POR FAVOR: E SE FOR *REALMENTE* RUIM?

Às vezes, depois de dar uma palestra e falar com os participantes que esperaram na fila para dar uma palavrinha comigo, eu reparo em alguém esperando pacientemente nas proximidades, cabeça baixa, olhando para os pés ou mexendo no celular. Depois que todos fazem suas perguntas e se afastam, essa pessoa timidamente vai até onde estou.

— Posso fazer uma pergunta meio embaraçosa? — a pessoa pergunta.

— Claro! — respondo, quase adivinhando o que está por vir.

— Alguns anos atrás eu estava, bem... na cadeia... mas era inocente, juro... E agora, quando as pessoas pesquisam meu nome no Google, o site da polícia

> é o primeiro resultado. Tentei melhorar minha presença na mídia social e adicionar um bom conteúdo, mas nada funcionou...
>
> Às vezes a pessoa foi presa, às vezes trata-se de um artigo constrangedor que ela escreveu anos antes, no jornal da escola, e às vezes é uma foto imprópria que não desaparece de jeito nenhum. Mas a pergunta seguinte é sempre a mesma:
>
> "Existe algo que eu possa fazer para dar um jeito nisso?"
>
> A resposta é sim. Mas isso tem um preço. Se você está numa situação muito difícil em relação à sua presença *on-line*, empresas como a BrandYourself.com e Reputation.com existem para ajudar a melhorar a sua imagem *on-line*. Esses serviços vão ajudar você a criar sites e artigos focados na sua vida profissional, otimizar conteúdo para os rankings dos mecanismos de busca e monitorar seu progresso para se livrar do conteúdo negativo.

Onde estão os seus alces? Determine as redes sociais essenciais para você

Depois de ter feito o melhor possível para limpar a sua imagem *on-line* de qualquer coisa muito negativa, é hora de criar algo bem positivo. A primeira pergunta a responder é: em que redes sociais você precisa marcar presença? A última vez que contei, havia centenas de redes para se escolher (e novas aparecendo diariamente), então essa não é uma pergunta irrelevante. Para responder a isso, sempre penso em algo que um cliente costumava dizer sobre marketing: "Se quiser ver alces, vá aonde estão os alces".

Eu não sei por que ele escolheu alces para esse axioma, mas nunca esqueci a lição: se você quiser alcançar um determinado público, não pode esperar que ele venha até você. Você tem que ir aonde ele está. E esse é o meu conselho quando se trata de escolher quais redes sociais serão mais benéficas para a construção da sua marca de liderança *on-line*. Descubra quais redes são mais importantes no seu ramo de atividade, comunidade ou outro ambiente no qual você deseja marcar a sua presença.

Como encontrar o seu alce:

- Busque no Google algumas pessoas proeminentes da sua empresa ou ramo de negócios e observe em que redes sociais elas são mais ativas.
- Escolha de cinco a dez pessoas que você admira em seu campo e pergunte que redes sociais elas acham mais importantes e valiosas.

Com base na minha experiência de trabalho com mais de 150 organizações numa ampla variedade de atividades, aqui estão algumas das mais importantes redes sociais para uma variedade de áreas. Essa não é uma lista completa, mas lhe dará uma ideia das tendências. E não tome minha palavra como uma verdade absoluta; sempre verifique com as pessoas que você conhece, pois as tendências mudam rapidamente:

Contabilidade: LinkedIn. Para a maioria dos setores mais tradicionais, o LinkedIn é considerado o mais profissional e adequado para construir a sua marca e fazer *networking*.

Cuidados com a saúde: LinkedIn. Neste caso também, a regulamentação pesada deste campo significa que o LinkedIn é o caminho a percorrer.

Entretenimento: Facebook, Twitter, YouTube, Instagram. Sempre que dou discursos na indústria do entretenimento, as pessoas me lembram de que os artistas querem divertir, então eles gravitam em sites que lhes permitem demonstrar seu talento.

Imprensa e editoras: LinkedIn, Twitter, Facebook, Pinterest. Para as editoras de livros e revistas, as redes sociais permitem a conexão com leitores e a divulgação do material publicado. Muitas marcas de revistas fazem um ótimo trabalho divulgando conteúdo através do Pinterest e do Twitter em particular. Eles também criam painéis de leitor através de páginas de fãs do Facebook. Quando se trata de encontrar escritores *freelance*, editores, verificadores de fatos, designers e fotógrafos, LinkedIn é a sua melhor aposta.

Instituições sem fins lucrativos (terceiro setor): LinkedIn, Facebook, Twitter. No terceiro setor, "ir aonde os alces estão" significa conectar-se com doadores efetivos e em potencial. Como eles podem estar em qualquer lugar, líderes do terceiro setor são geralmente ativos em várias redes. Se você encontrar doadores ou adeptos gravitando em certas redes mais do que em outros, então, para todos os efeitos, atenha-se a essas redes.

Jornalismo: Twitter. O Twitter é a rede preferida dos repórteres e editores que gostam de notícias de última hora e identificar novas tendências. Se você tem um emprego ou é *freelancer* nesse setor, basta se certificar de que seus *tweets* são realmente seus e não refletem necessariamente as opiniões de qualquer mídia para a qual você contribui.

Planejamento de eventos: LinkedIn, Pinterest, Instagram. Em qualquer área visual ou de eventos, mostrar, não dizer, é essencial. No entanto, o LinkedIn ainda é fundamental para se conectar com fornecedores, clientes e potenciais clientes de forma profissional.

Política: LinkedIn, Facebook, Twitter, YouTube. Possíveis eleitores e doadores para campanhas podem estar em qualquer lugar, então os políticos podem estar em toda parte. E nem é preciso dizer que é preciso cautela. Cada palavra — ou *selfie* —, que você compartilha pode ser usada contra você pela oposição.

Recrutamento: LinkedIn, Twitter, Google+, GitHub, Reddit. Os recrutadores precisam se tornar especialistas na arte de descobrir pessoas talentosas no setor para a qual eles estão recrutando. Eu incluí aqui o GitHub, a rede social para código aberto, porque os recrutadores da área de tecnologia me disseram que é onde eles encontram codificadores talentosos. Quanto ao Google+, uma vez entrevistei uma recrutadora de uma empresa de software de código aberto da República Checa. Ela me disse que os programadores mais talentosos de código aberto da Europa Oriental gostam do

Google+, de modo que é onde ela construiu a maior presença. Esse é um exemplo perfeito de alguém que sabe onde estão seus alces.

Recursos humanos: LinkedIn. Mais do que ninguém, profissionais de RH sabem como postagens de *networking* muito pessoais podem deixar os funcionários em apuros. Limite-se ao LinkedIn se você quiser ser um líder de RH.

Relações públicas: LinkedIn, Facebook, Twitter, YouTube, Instagram. Como relações públicas, você é obrigado a conhecer a mídia e a identificar as tendências para seus clientes, então você tem que conhecer tantas redes sociais quanto possível. Alertas do Google para seus clientes são ferramentas cruciais também.

Serviços bancários/financeiros: LinkedIn. O mesmo que o setor de contabilidade, particularmente porque o campo dos serviços financeiros é rigorosamente regulamentado.

Tecnologia: LinkedIn, Twitter, Tumblr, Google+, Reddit. Pessoas que trabalham na área de tecnologia geralmente querem as ferramentas melhores e mais recentes, por isso, além de todos os outros sites, a rede de microblogs Tumblr é um *hot spot*. E nesse campo, mais do que em qualquer outro, não se esqueça de se manter atualizado sobre as novas redes que estão se tornando populares.

O guia definitivo do LinkedIn para os novos líderes

O que faz do LinkedIn a rede social mais importante da maioria dos setores é o fato de ser completamente profissional (nenhuma foto de gato ou GIF animado vai aparecer ali). Assim como mencionei na seção anterior, para aqueles que atuam na grande maioria dos setores, o ideal é que o seu perfil no LinkedIn seja o primeiro, ou esteja entre os primeiros, nas listagens quando alguém procurar o seu nome no Google. (Detalhe: fui consultora contratada e embaixadora oficial do LinkedIn, mas, mesmo que não tivesse sido, mesmo assim diria que o LinkedIn é de fato a maior rede profissional *on-line* do mundo.)

Devido à importância do seu perfil no LinkedIn para a sua marca pessoal, vou orientá-lo através de um guia passo a passo para construir um perfil digno de um líder e a sua presença global no site. Note que, como qualquer rede social, os recursos do LinkedIn são atualizados com frequência, portanto, se você tiver alguma dúvida que não seja respondida aqui ou se notar alterações nas descrições abaixo, confira o help.linkedin.com.

Primeiro passo: Analise os melhores

Como embaixadora de longa data do LinkedIn, dei a muita gente várias dicas sobre como usar o site. E o conselho que dou com mais frequência é: analise os perfis de LinkedIn das pessoas que você admira, especialmente aquelas da sua área ou empresa. Isso lhe dará muitas informações sobre como deve ser o seu próprio perfil. Faça essas perguntas sobre os perfis de LinkedIn das pessoas que são modelos para você:

- Como elas descrevem seus títulos profissionais no LinkedIn?
- Como escrevem sobre si mesmas na seção Resumo?
- Que palavras e frases incluem na seção Habilidades e Declarações?
- Elas postaram, nos seus perfis do LinkedIn, exemplos dos trabalhos que fizeram? Em caso afirmativo, que tipo de trabalhos e quantos?
- O que elas escrevem nas suas atualizações de *status*?
- A que grupos pertencem?

Você também pode reparar que alguns líderes mais experientes têm perfis mínimos no LinkedIn. Em alguns campos — como finanças, seguros, governo e saúde, rigorosamente regulamentados —, os profissionais tendem a evitar perfis robustos nas redes sociais. Além desses campos, não é raro que os executivos se sintam relutantes em compartilhar muitas informações sobre suas carreiras, clientes, projetos ou principais conquistas. Algumas pessoas se preocupam com a possibilidade de que os empregadores atuais achem que elas estão à procura de emprego; outras simplesmente não querem que o mundo conheça os detalhes de sua vida profissional.

Eu acredito que essa é muitas vezes uma diferença geracional, também. Para os *baby boomers*, que construíram suas carreiras nos tempos pré-internet, pode parecer estranho divulgar suas realizações para que todo mundo possa ver. Mas, hoje, profissionais mais jovens descobriram os benefícios de se ter um perfil profissional no LinkedIn — como ser descoberto por um novo cliente ou ser procurado por um ex-colega recrutador se você está, de fato, em busca de emprego — que superam de longe as preocupações. No entanto, se achar que os líderes que mais admira têm perfis muito sucintos no LinkedIn, você pode seguir o exemplo deles e optar por um perfil simples também.

Para a grande maioria que está lendo este livro, meu palpite é que você se sentirá muito inspirado pelos perfis do LinkedIn dos líderes que admira. A internet lhe dá um incrível acesso às escolhas que pessoas de sucesso estão fazendo; use essa informação para motivar e orientar você enquanto constrói sua própria imagem *on-line*. (Apenas não "surrupie" nenhuma frase ou parágrafo do perfil de alguém que você admira. Isso não é elogio, é plágio.)

Segundo passo: Impressione com o título do seu perfil

Na minha opinião, os títulos profissionais (*headline*) — o título ou frase que vai na parte superior do seu perfil — são a parte mais importante de todo o seu perfil do LinkedIn. A razão é que as pessoas vivem muito ocupadas. Elas querem uma explicação concisa de quem você é e por que podem querer conhecê-lo. Para muitas pessoas, convém usar como título do LinkedIn o nome do cargo que você têm na sua empresa (e esse é o padrão no LinkedIn se você não digitar nenhum título alternativo). Mas talvez o seu cargo não reflita muito bem a sua excelência. Nesse caso, você pode usar a *headline* para ajudar a criar a percepção das pessoas sobre que tipo de líder você é.

Não há necessidade de criar uma frase perfeita para o título; não há problema em usar várias palavras importantes separadas por barras, hifens ou linhas verticais. Seu objetivo é usar palavras que um contato em potencial possa digitar num mecanismo de busca para encontrar alguém com suas habilidades específicas ou experiência. Essas palavras são chamadas de palavras-chave e serão muito importantes em todo o perfil do LinkedIn. Aqui estão alguns exemplos de transformações no título do LinkedIn.

Título fraco: Aluno de MBA
Novo título: Aluno de MBA /Formado em Marketing/Especialista em gestão de marcas e bens de consumo
Título fraco: Coach de carreira e blogueiro
Novo Título: Coach de carreira para quem busca emprego e para empreendedores/Blogueiro no site MichaelSmithCareerAdvice.com
Título fraco: Gerente de Projetos
Novo Título: Gerente de Projetos de Tecnologia/Apaixonado por megadados/ experiência em *startups* e Empresas Fortune 500

Como regra geral, quanto mais informações e palavras-chave você acrescentar, mais oportunidades estará criando para um recrutador, cliente em potencial, investidor em potencial ou outro VIP encontrar o seu perfil nos resultados de uma busca. Posteriormente aplicaremos esse mesmo princípio a outras seções do seu perfil do LinkedIn.

Terceiro passo: Tire uma foto profissional

Uma das perguntas mais comuns que me fazem sobre os perfis do LinkedIn é se a foto é importante. Sim. É da natureza humana que as pessoas queiram saber qual a sua aparência. E, na minha opinião, você vai querer parecer um líder. Se puder pagar, contrate um profissional para fotografá-lo, ou peça a um amigo com uma boa câmera e jeito para fazer uma boa iluminação. O que você deve usar na sua foto é o que usaria para uma entrevista de emprego ou uma reunião importante.

Portanto, se você está na política ou numa carreira corporativa conservadora, use um terno. Se trabalha numa *startup* ou outro ambiente mais casual, vista o que usaria numa ocasião mais formal (mesmo que isso signifique apenas uma camiseta limpa).

Uma tática é tirar sua foto dentro de um contexto, que é um toque agradável para um líder, especialmente se você é um empreendedor. Por exemplo, o logotipo da sua empresa aparecendo no fundo da foto, ou, se você é dono de uma loja de varejo, diante da fachada da sua loja ou posando com um dos seus carros-chefes. Se você é uma personalidade da mídia (ou quer ser), use como foto uma captura de tela de você falando na televisão. Eu conheço um executivo de marketing esportivo que usa uma foto em que ele está de terno na arquibancada de um estádio de baseball. É original, profissional e memorável.

Quarto passo: Faça o seu Resumo

A maioria dos profissionais tem um currículo. Os líderes também precisam de uma bio, que é a sua descrição do modo como a sua biografia apareceria na seção "Nossas Lideranças" do site da sua empresa ou no programa de uma conferência em que você é um dos palestrantes. Isso também é o que o LinkedIn pede na seção Resumo. Sua biografia deve servir como uma visão geral ou a versão dos pontos altos da sua carreira — uma expansão das palavras-chave que você usou para se descrever na sua *headline* do LinkedIn e as principais conquistas que exibe no seu currículo.

Embora eu frequentemente veja as declarações do Resumo escritas na primeira pessoa (usando "eu" quando fala de si mesmo), minha preferência é que você use a terceira pessoa e descreva-se usando o seu nome. Esse é um estilo mais formal, que facilita caso alguém queira cortar e colar sua biografia para, digamos, apresentá-la numa cerimônia de premiação, e é melhor para a otimização de mecanismos de busca na hora de associar seu nome com as habilidades e experiência que você descreve no seu Resumo.

> **MAIS, POR FAVOR: DICAS PARA ASPIRANTES A LÍDER SOBRE COMO FAZER O RESUMO DO SEU PERFIL NO LINKEDIN**
>
> Como você deve escrever o Resumo do LinkedIn se ainda não tem um cargo de liderança ou se está procurando uma oportunidade no mercado? Nesse caso, o Resumo deve ser semelhante aos primeiros parágrafos da sua melhor Carta de Apresentação, descrevendo em que fase você está da sua carreira agora e depois mencionando seus objetivos profissionais e descrevendo suas qualificações para a próxima posição que deseja conquistar.
>
> Você também deve incluir palavras-chave e frases que um recrutador ou gerente de contratação pode digitar num mecanismo de busca para encontrar uma pessoa como você. Lembre-se de que o melhor jeito de encontrar palavras-chave relevantes é pesquisar as listagens de emprego que o atraem e os perfis, no LinkedIn, das pessoas que ocupam os tipos de cargos que você almeja.

Quanto à extensão do Resumo, o LinkedIn (ou qualquer rede social, quando se trata desse assunto) não é lugar para um texto extenso. Divida seu Resumo em pequenos blocos de texto, com muito espaço em branco. Fazer esquemas, dividindo o texto em tópicos, é uma ótima ideia também, especialmente se você não acha que redija muito bem. Se você tem muitas habilidades diversas ou desempenha vários papéis ao mesmo tempo (por exemplo, você é consultor de RH numa empresa de moda e também tem seu próprio negócio como estilista), pode apresentar o seu Resumo em duas seções, cada uma com um título em letras maiúsculas.

Quinto passo: Mostre em vez de falar

Se eu tivesse escrito este livro a um ano atrás, diria que o Resumo do LinkedIn é suficiente para contar a sua história e promover as suas habilidades. No entanto, as coisas mudam rápido hoje em dia e agora você precisa de algo mais. O LinkedIn, assim como muitas outras redes sociais, passou a oferecer a possibilidade de você compartilhar as suas realizações profissionais através de exemplos visuais. Eu acredito que uma das principais competências dos líderes do futuro será a capacidade de mostrar, em vez de contar, a sua história profissional. Futuros empregadores que estiverem decidindo contratar você, conselhos administrativos que estiverem decidindo se você deve ser o próximo CEO, investidores que estiverem pensando se devem financiar o seu projeto — todas essas pessoas vão querer ver, na vida real, exemplos do seu trabalho, e não apenas uma lista dos pontos de destaque da sua carreira. Isso já está acontecendo no Pinterest, onde muitas pessoas — particularmente da área de design — estão criando versões artísticas, em estilo infográfico, das suas histórias profissionais. Para ver exemplos disso, vá ao Pinterest.com e digite "currículo" ou "CV" na caixa de pesquisa.

No LinkedIn, mostrar sua história significa incluir exemplos visuais tais como vídeos de uma palestra que você fez, slides de apresentações que você entregou ou PDFs de artigos que você escreveu ou em que foi citado. Se você é designer gráfico, animador, arquiteto, decorador de interiores, designer industrial, fotógrafo ou trabalha em qualquer campo visual, isso será ainda mais importante.

Sexto passo: Promova suas habilidades

A próxima seção importante do seu perfil no LinkedIn é Competências e Recomendações, que é a seção em que você escolhe palavras-chave para descrever seus maiores talentos, de modo que as pessoas da sua rede do LinkedIn tenham oportunidade de recomendar você (basicamente como um botão "curtir") pelas habilidades que sabem que você possui. Você pode inserir até cinquenta palavras, mas eu sugiro de quinze a vinte. Os dez principais termos que as pessoas recomendam vão aparecer numa lista vertical e o restante será reunido mais abaixo. Como já mencionei, preste mais atenção nas três a cinco habilidades que as pessoas da sua rede mais recomendam. Essas são as prováveis palavras ou frases que as pessoas mais associam a você, e essa é uma informação significativa. Aliás, não se acanhe em incluir "espírito de liderança" à sua lista de habilidades. Não se trata de ostentação caso você possa provar isso com exemplos reais de liderança ao longo de todo o seu perfil.

Sétimo passo: Personalize

Além das seções básicas de um perfil do LinkedIn que nós já discutimos, há seções opcionais que você pode adicionar, dependendo do que quer promover como parte de sua marca pessoal de liderança. Aqui vão algumas dicas sobre que seções você pode querer adicionar:

Reconhecimentos e prêmios

Adicione um prêmio ou reconhecimento se o nome dele for conhecido (por exemplo, bolsa de estudos Fulbright) ou se o significado do prêmio for claro (por exemplo, Vendedor do Ano). Se você ganhou um prêmio cujo nome não é claro (Prêmio Joe Schmoe), então acrescente uma frase para descrever as qualidades pelas quais você foi reconhecido pelo prêmio.

Projetos

Esta é outra maneira de mostrar, em vez de contar suas realizações. Se você tiver trabalhado num projeto particularmente grandioso ou empolgante — planejando ou executando captação de recursos (no seu trabalho ou como voluntário) ou desenhando e lançando um novo produto —, pode apresentar esse projeto, no seu perfil do LinkedIn, como se fosse uma espécie de estudo de caso. As empresas compartilham estudos de caso nos seus sites o tempo todo, então por que os indivíduos não podem fazer o mesmo? Só se certifique de que você tem a permissão de seu empregador ou qualquer organização ou parceiro com quem tenha trabalhado. Falando de colaboradores, o LinkedIn convida você a ligar cada projeto aos perfis dessas pessoas no LinkedIn, o que é uma ótima maneira de compartilhar crédito e mostrar que você é um membro da equipe.

Publicações

Além de divulgar exemplos do que você escreve (se forem relevantes para a sua carreira e plano de liderança), essa seção permite que você aumente sua credibilidade, apresentando todos os livros que já escreveu, artigos que assinou ou *posts* que criou em blogs.

Trabalho voluntário

Os milênios são conhecidos por ser uma geração com inclinação para defender causas, por isso convém que você divulgue, nesta seção opcional, qualquer trabalho voluntário que já tenha feito. A maioria dos líderes que eu conheço, especialmente nos níveis mais altos, dedica-se à filantropia e ao serviço comunitário e, de acordo com o LinkedIn, um em cada cinco gerentes já contratou alguém com base na experiência do candidato em trabalhos voluntários. Só se certifique de escrever sobre o seu trabalho voluntário em termos de liderança, detalhando as habilidades que demonstrou e, mais importante, os resultados tangíveis que atingiu. Por exemplo: "Recrutou e liderou seis colegas na reforma do *playground* de uma escola primária num bairro de subúrbio".

Outras seções opcionais

Outras seções adicionais que você pode considerar ao fazer o seu perfil são certificados, patentes, notas de provas e interesses. Para manter seu perfil no LinkedIn tão focado quanto possível, adicione apenas as seções que ajudam a construir a sua marca e deixe de lado aquelas que não vão contribuir com a sua reputação como líder que você quer criar.

Oitavo passo: Contribuição colaborativa

Quando estiver satisfeito com o seu perfil, peça a alguns amigou ou colegas de trabalho confiáveis para analisá-lo, fazer comentários ou dar sugestões. (Você pode mostrar sua gratidão oferecendo-se para avaliar o deles em troca.) Embora você não possa incorporar todas as recomendações, essas opiniões podem ajudá-lo a descobrir uma maneira valiosa de explicar de um jeito novo o seu trabalho ou destacar um ponto forte que você nunca tinha pensado em enfatizar. Você também vai ter uma boa ideia do que excluir do seu perfil. Talvez tenha enfatizado uma qualificação sem importância ou um conjunto de habilidades de aparência muito juvenil que seria melhor omitir (por exemplo, seu currículo e perfil no LinkedIn não precisam mais promover o conhecimento de programas comuns como Microsoft Word ou Internet Explorer).

Nono passo: Atualize seu perfil com frequência

Por fim, certifique-se de atualizar continuamente o seu perfil e acrescentar informações quando assumir mais responsabilidades, gerenciar mais pessoas, realizar feitos dignos de nota e participar de atividades de alto nível. Qualquer pessoa que visite o seu perfil vai querer saber imediatamente que você é alguém que está em ascensão.

O guia definitivo do Twitter para os novos líderes

Agora que descrevemos o LinkedIn em detalhes, vamos passar para outra maneira de divulgar sua marca *on-line*: o Twitter. Eu sei que esse site tem a reputação de ser um lugar de frivolidades, mas ele não serve apenas para entediar as pessoas com notícias sobre as atividades diárias de seus animais de estimação ou para as celebridades promoverem seus filmes e dietas veganas. (Ok, tem um pouco dessas coisas também.) De acordo com os próprios executivos do Twitter, o site não é uma rede social, é uma rede de informação. Eu concordo plenamente.

O Twitter é uma ferramenta essencial para os novos líderes obterem informações vitais e construírem sua reputação profissional como formadores de opinião. É como ser uma mosquinha na parede, capaz de ouvir a maioria das conversas significativas do seu campo de trabalho, e ao mesmo tempo ter um boletim de notícias pessoal 24 horas por dia, 365 dias por ano, que lhe permite seguir e comentar todas as conversas e acontecimentos das suas áreas de interesse (que podem incluir seu emprego, seu negócio paralelo e sua organização sem fins lucrativos ou paixões políticas). Se você seguir as fontes certas, o seu *feed* de notícias do Twitter vai basicamente fazer uma curadoria dos seus interesses na internet para você. Ele é também um amplificador para ajudá-lo a construir a reputação de criador de notícia e contribuinte de conversas. Eis um plano passo a passo para usar o Twitter com o intuito de construir a sua marca de liderança pessoal:

Primeiro passo: Abra uma conta profissional

- Abra sua conta no Twitter com seu nome real ou uma versão próxima dele. Por exemplo, o meu é @lindseypollak. Se você já está tuitando de modo não profissional (usando um nome de usuário como @MetsFanatic ou @LuvBug), é melhor mudar esse nome ou abrir outra conta separada para seus assuntos profissionais.
- Use como foto de perfil uma foto tirada por um profissional. Pode ser a mesma foto que você usa no LinkedIn, se quiser. No Twitter você também pode postar uma imagem de fundo, que poderia ser o logotipo da sua empresa ou outra imagem em que você esteja no contexto do seu papel de liderança. Se você não conseguir pensar em nenhuma grande imagem para usar, opte pelo fundo preto.
- Escreva uma descrição breve do seu perfil que inclua (desde que a sua empresa permita) o seu cargo e o nome da sua empresa, ou uma descrição geral do que você faz que inclua o fato de você estar num papel de liderança. Por exemplo, "diretor de mídia social de uma pequena agência de marketing". Como o Twitter tem uma natureza mais flexível do que o LinkedIn, você pode incluir alguns fatos divertidos, bem como seu amor por viagens, o seu vício por café ou sua paixão por gatos. Basta manter o tom profissional.

Segundo passo: Siga

Em seguida, você vai começar a criar um *feed* de notícias pessoal, seguindo as fontes certas.

- Siga os líderes proeminentes da sua empresa e campo de atuação. (Lembre-se de que no Twitter você pode seguir pessoas sem precisar que o aceitem ou que o sigam também.)
- Siga os seus clientes e clientes em potencial para ficar por dentro das notícias e do que é significativo para eles. Isso lhe propiciará oportunidades contínuas para entrar em contato com essas pessoas, dar os parabéns, desejar boa sorte, bom trabalho ou qualquer outra coisa. E isso ajuda você a ficar em sintonia com a mentalidade de seus clientes e clientes em potencial.
- Siga os seus concorrentes para ver o que eles estão fazendo.
- Siga jornalistas que escrevem sobre o seu campo de atividade para ficar por dentro das notícias que lhe interessam e comece, quem sabe, a ficar no radar desses jornalistas, como uma fonte para futuras entrevistas e comentários de especialistas.
- Siga as pessoas que todos os *tweeters* mencionados acima seguem. Uma das coisas que eu gosto de fazer para expandir meu conhecimento e minha rede de contatos é ver a lista de pessoas que os meus modelos seguem. Por exemplo, eu admiro o autor de livros de negócios Daniel Pink, por isso procuro me inteirar de todas as pessoas que ele segue para encontrar mais autores e palestrantes que ele valoriza o suficiente para seguir no Twitter. Se você é novo no seu campo de atividade, essa é uma maneira eficaz de saber quem são os protagonistas desse campo.

Terceiro passo: Tuíte você também

Perceba que todas as atividades citadas exigem que você primeiro observe. Especialmente se for novo no Twitter ou novo nessa proposta de usar o Twitter de uma forma profissional, isso é importante. Analise o que as pessoas estão falando, como elas escrevem seus *tweets*, que tipos de artigos compartilham e que tipo de conteúdo optam por repassar. Isso lhe dará ideias sobre o que tuitar sobre si mesmo. Lembre-se de que o seu objetivo é conversar na comunidade Twitter e não se autopromover. Aqui estão algumas dicas sobre o que e quando tuitar:

- Se você está no processo de construir sua reputação como líder na internet, eu recomendaria tuitar pelo menos uma vez por semana e trabalhar em sua marca pessoal por meio do Twitter três vezes por dia. A frequência dos seus *tweets* é você quem decide, mas a constância é muito importante. Por exemplo, não adianta tuitar quinze vezes por dia e depois ficar em silêncio por duas semanas.

- Adquira o hábito de tuitar sobre os artigos que está lendo sobre o seu campo de atuação. Adicione algumas palavras suas ao *link* de cada artigo — por exemplo, "uma grande análise", "concordo com essa opinião", "O que você acha?" para adicionar um toque mais pessoal. Essa é uma maneira fácil de construir continuamente a sua visibilidade e credibilidade como uma pessoa experiente e reflexiva em seu campo.

- Reaja aos *tweets* de outras pessoas para mostrar que você está atento, especialmente os dos clientes, colegas e líderes do seu campo com quem você deseja se relacionar. Isso inclui retuitá-los, respondendo a perguntas ou desejando boa sorte num evento futuro. Mais uma vez, lembre-se de que o Twiter serve para você conversar com sua comunidade, não apenas para postar anúncios sobre si mesmo.

- Pense duas vezes antes de tuitar algo potencialmente controverso, malicioso ou preconceituoso. Se esses 140 caracteres causarão mais mal do que bem a você — e à sua empresa —, então resista ao impulso de tuitar. A decisão vai depender do seu campo de atuação, mas os noticiários estão cheios de histórias de pessoas que deveriam ter pensado duas vezes antes de tuitar.

- Tendo em mente a ressalva anterior, saiba que o Twitter é uma rede em que você pode mostrar personalidade e humor, também. Os *tweeters* mais populares tendem a fazer comentários relativos ao seu trabalho e cargo, compartilhando muitas valiosas informações relevantes, mas também postar ocasionalmente uma história engraçada, um link aleatório ou um comentário sobre o vestido de uma estrela de cinema no Globo de Ouro. Basta ter certeza de que você vai permanecer sempre fiel a si mesmo e não cruzar a linha entre o engraçado e o ofensivo.

Como você determina essa linha? Fiz essa pergunta a Jimmy Lepore Hagan, diretor de mídia digital da marca de roupas Nanette Lepore. O que descobri é que tudo volta à necessidade de ouvirmos. Hagan diz: "Meu conselho para tentar encontrar essa linha é olhar para as pessoas com três ou quatro anos a mais de experiência no seu ambiente de trabalho e ver o que elas estão fazendo. Se elas postarem alguma coisa e isso fizer você se sentir desconfortável — como postar uma foto dos bíceps depois de fazer musculação —, não faça a mesma coisa! Ou, se você encontrar pessoas que estão criando uma *persona* que você admira, então siga as diretrizes ou etiqueta que essa pessoa parece seguir. Basicamente, julgue como você reage às pessoas na mídia social".

EXISTE UM APLICATIVO PARA ISSO: BUFFER

Quando eu falo sobre tuitar com uma certa constância, você pode se perguntar como alguém encontra tempo para fazer isso. A boa notícia é que você não tem que ter tempo: há um aplicativo para isso. Eu uso um aplicativo gratuito chamado Buffer (Bufferapp.com) para agendar e postar meus *tweets* para mim. Sempre que me deparo com um item interessante que quero compartilhar com a minha rede, eu clico no meu aplicativo de Buffer, que então agenda meus *tweets* numa fila. Posso agendar os *tweets* sempre que eu quiser e o Buffer vai tuitá-los para mim três vezes ao dia, nos horários que eu escolher. O aplicativo também fornece algumas análises úteis para que você possa ver quantas pessoas estão lendo, retuitando ou respondendo a cada *tweet* que você compartilha.

Você deve ter o seu próprio website?

Eu tenho uma confissão a fazer. Antes de decidir o nome que daríamos à nossa filha, meu marido e eu verificamos se o nome de domínio estava disponível. (Não é que não daríamos a ela o nome se o domínio não estivesse disponível, mas foi bom saber que estava!) Como alguém que, há mais de quinze anos, possui o domínio do próprio nome — LindseyPollak.com —, eu sei como isso pode ser importante para a marca pessoal, especialmente como empreendedor. (E se minha filha optar por iniciar o seu próprio negócio um dia, ela vai nos agradecer pela nossa preocupação, certo?)

Mas voltemos a você. Já possui o domínio do seu nome? Como já mencionamos, essa é uma jogada inteligente para um líder, tenha você ou não o seu próprio negócio. Como CEO de sua marca pessoal, seu nome é um importante ativo a proteger. Meu conselho é que você compre o seu nome de domínio (de preferência um domínio.com), mesmo que não tenha certeza se quer construir seu próprio site. Isso é relativamente barato (nos Estados Unidos custa de 7 a 40 dólares por ano) e fácil de fazer num site de registro como o GoDaddy ou o Register.com. Se o seu nome é muito comum e não está mais disponível, tente incluir seu nome do meio ou segundo nome ou usar uma versão do seu nome de mais fácil memorização, como MarySmithI.com. (Eu não recomendo usar o dia ou ano do seu nascimento no nome do seu domínio por questão de privacidade, nem sua cidade ou estado, pois você pode se mudar.) Se você resolver fazer um site para o seu domínio, pode construir um site simples usando ferramentas baratas de design de sites como as do Weeby.com ou Wix.com.

Outra opção para construir sua marca *on-line* é criar um perfil no que é chamado, nos Estados Unidos, de *nameplate site*, algo como "site de placa de identificação". O mais popular é o About.me, que serve basicamente como um agregador para compartilhar informações de contato e fornecer links para seus perfis de *networking* social e qualquer outro site para onde você queira direcionar as pessoas. O About.me também fornece uma URL personalizada e resumida que você pode incluir nos cartões de visita ou na assinatura do seu e-mail. E para concluir os conselhos do início deste capítulo, os *nameplate sites* podem ajudar você a levar conteúdo positivo sobre si mesmo até o topo dos rankings do Google.

Agora que passamos um capítulo inteiro focado na mídia social, vamos nos afastar do monitor e falar sobre algumas outras ferramentas de comunicação cruciais para novos líderes. Remova os fones de ouvido e prepare-se para ouvir.

Parte II

Lidere

Capítulo 4

Ouça

Escolha o seu método, conheça o seu público e se torne um mestre de reuniões

As palavras são importantes.

(E eu não estou dizendo isso só porque meu pai era professor de Inglês.)

As palavras que usamos (e não usamos) podem alavancar ou arruinar a nossa reputação, nossos projetos, nossos relacionamentos e nossas empresas. A comunicação é fundamental para o sucesso profissional. Para os líderes, ainda mais: um comentário de um líder pode causar exaltação, confusão ou pânico entre seus subordinados. Isso é especialmente verdadeiro quando você está no topo. Como disse Liam E. McGee, presidente do conselho administrativo e presidente da Hartford: "Nada prepara você para ser um CEO. A responsabilidade maior está na sua mão. Você tem que tomar cuidado com o que diz. Pessoas escutam o que o CEO diz de forma diferente".

Este capítulo trata de como ser cuidadoso com o modo como se comunica: usando as palavras certas na hora certa para enviar a mensagem certa, inclusive quando fala; mandando e-mails, mensagens de texto e mensagens instantâneas; fazendo videoconferências; falando no Skype; deixando mensagens de voz em secretárias eletrônicas (lamento, mas você ainda tem que fazer isso às vezes) e o mais importante: ouvindo.

Como se comunicar como um líder: cinco regras essenciais

Vamos começar com alguns conselhos mais gerais e em seguida passar para dicas mais práticas sobre como lidar com desafios (isto é, oportunidades) comuns de comunicação que você provavelmente enfrentará como líder nos dias de hoje.

Regra número 1: Uma andorinha não faz verão

Um fascinante estudo realizado por pesquisadores da Universidade do Texas, em Austin, descobriu que os líderes usam menos a palavra "eu" do que os que não são líderes, o que desmistifica a crença comum de que os líderes são egocêntricos ou egoístas. De acordo com os pesquisadores, "é um equívoco pensar que as pessoas que são confiantes, têm poder e um elevado nível social tendem a usar mais a palavra "eu" do que aquelas de nível inferior. Isso é um total engano. A pessoa de *status* mais elevado está olhando para o mundo e a de *status* inferior está olhando para si mesma".

É aqui que muitas vezes vejo uma oportunidade para o aprimoramento dos novos patrões. Em vez de dizer: "Eu acredito que esta é a estratégia certa porque...", simplesmente diga: "Esta é a estratégia certa porque...", ou até melhor, "Precisamos implementar essa estratégia porque..." Lembre-se de que, mesmo sendo líder de uma equipe (ou uma empresa ou uma instituição sem fins lucrativos ou uma comunidade), você ainda é um membro dessa equipe. "Nós" é uma das palavras mais poderosas do seu vocabulário de liderança.

COMO POSSO DIZER...: DIVIDA O MÉRITO COM A SUA EQUIPE

Talvez você esteja se perguntando: "Eu entendo que os méritos não sejam só meus, mas, se eu sou o líder, em parte são meus, não é?" Sim, sem dúvida. Mas como você comunica aos superiores o seu trabalho, o trabalho da sua equipe e a diferença entre os dois, sem parecer muito egoísta nem modesto demais? De acordo com a especialista em comunicações Jodi Glickman, presidente da

Great on the Job, "O objetivo é fazer com que sua equipe pareça supereficaz e mostrar o quanto você está orgulhoso de fazer parte de um projeto com uma equipe tão capacitada. Então você destaca suas próprias realizações, mas faz isso dentro de um contexto bem maior".

Aqui estão dois exemplos.

Exemplo 1:

Estou muito feliz por fazer parte da equipe da ABC Client. Nós aumentamos nossa *revenue share* com o cliente em 8 por cento este ano e nos estabelecemos como uma consultoria de confiança para seus líderes seniores. Pessoalmente, estou orgulhoso do fato de ter sido capaz de trazer a conta e dar impulso a um crescimento significativo.

Exemplo 2:

Nossa equipe fez um trabalho incrível no jantar de patrocínio corporativo no mês passado. Foi muito trabalhoso e todo mundo realmente se esforçou. De uma perspectiva de gestão, foi uma grande oportunidade para eu assumir a liderança de uma iniciativa importante e mostrar que tenho capacidade para executar com êxito um evento desse quilate.

O objetivo, de acordo com Glickman, é "reconhecer suas conquistas e mostrar como você é competente, mas equilibrar sua autopromoção com um pouco de humildade e real reconhecimento de que ninguém na empresa faz nada sozinho. A força da equipe é sempre maior do que as habilidades de uma única pessoa".

Regra número 2: Conheça o seu público

Uma das maiores lições que aprendi sobre comunicação é que você não pode usar o mesmo estilo de comunicação com todo mundo. Você tem que se adaptar à situação em que está e à pessoa ou pessoas com quem está falando. Todos nós sabemos disso intuitivamente — é por isso que tendemos a falar num tom de voz mais baixo e mais agudo com crianças pequenas e usamos uma linguagem formal quando estamos testemunhando num tribunal.

Mas algumas vezes nos esquecemos disso no dia a dia agitado da rotina de líder. Esteja você liderando três pessoas ou trezentas, tem de se lembrar de que todas elas são indivíduos com suas próprias preferências de comunicação. Quando estiver decidindo como comunicar uma mensagem, deve pensar mais sobre como a outra pessoa quer receber a mensagem do que sobre como você pessoalmente quer transmiti-la. Não estou sugerindo que você deva enviar trezentos e-mails personalizados a cada um dos seus funcionários, para anunciar uma nova iniciativa, mas sim que você precisa, ao anunciar algo importante, pensar nos vários membros do seu público. Que tipos diferentes de pessoas estarão ouvindo? Que questões interessam a essas pessoas? Quanto mais você tratar dessas questões na sua comunicação original, mais sucesso ela terá.

Você também precisa saber como os membros do seu público-alvo preferem absorver informações. Por exemplo, só porque você gosta de expor seus argumentos usando um monte de números e estatísticas, isso não significa que todo mundo goste. As pessoas aprendem de diferentes maneiras e ouvem de diferentes maneiras, também. Nas comunicações pessoais ou para grupos pequenos, você deve fazer suas escolhas com base nos indivíduos com quem está falando (por exemplo, se estiver apresentando um plano de negócios para sua equipe financeira, prefira usar números e planilhas). Se estiver apresentando algo a um grupo maior, opte por oferecer suas informações numa variedade de maneiras, incluindo sua voz, imagens visuais como uma apresentação no PowerPoint e um folheto escrito.

Essa é uma questão geracional também. As pessoas tendem a se sentir mais à vontade com o estilo de comunicação com que cresceram, e podem se sentir intimidadas ou desconfortáveis com a forma como outras gerações se expressam. Como Sofia, uma estudante de pós-graduação, apontou para mim: "Os milênios estão acostumados a perguntar 'por quê?'. Queremos entender tudo. Isso incomoda as gerações mais velhas, que veem isso como insubordinação e uma afronta à sua liderança". Então, quando estou apresentando workshops para membros da Geração do Milênio, certifico-me de explicar a razão por que cada um dos tópicos discutidos — *branding* pessoal, *networking*, administração das diferenças entre gerações etc. — é importante para o sucesso individual.

Por fim, conhecer seu público é uma questão emocional. É importante pensar sobre o estado emocional das pessoas com quem você está se comunicando. Elas ficarão felizes em ouvir o que você tem a dizer? Chateadas? Indiferentes? Você precisa considerar reações potencialmente negativas às informações que você está prestes a transmitir? E se você interpretar mal uma situação e previr incorretamente a resposta emocional do seu público, saberá se adaptar às circunstâncias? Uma das perguntas que eu gosto de fazer casualmente às pessoas que frequentam meus workshops ou palestras é: "O que trouxe você aqui hoje?" Às vezes as pessoas dizem: "Estou interessado em seus conselhos sobre como gerenciar gerações diferentes" ou "Eu vi o anúncio da palestra e sei que tenho muito a aprender sobre esse tópico". Então eu vou saber que posso mergulhar direito no meu conteúdo. Outras vezes, a maioria das pessoas evita o contato visual e diz algo como: "Meu chefe me fez vir". Então eu sei que vou ter que fazer algum trabalho extra para conquistar esse público.

Regra número 3: Comunicação: melhor sobrar do que faltar

Meu irmão e minha irmã tinham um instrutor de banda marcial na escola secundária que era conhecido por sua rigidez e meticulosidade (e também por seu incrível sucesso, pelos vários campeonatos que venceu e por participar dos desfiles universitários nacionais ano após ano — isso não é uma coincidência). Ao chegar aos seus inúmeros ensaios, o instrutor de banda sempre advertia os alunos: chegar cedo é chegar na hora certa, chegar na hora certa é chegar tarde e chegar tarde é imperdoável! (Ele podia ser meio áspero, mas isso funcionava — ninguém ousava chegar um minuto atrasado.) Eu menciono isso porque é um bom paralelo da sua estratégia de comunicação: como líder, comunicar o que você acha que é suficiente é muito pouco. Comunicar o que você acha que é demais é provavelmente a dose certa. E não comunicar é imperdoável.

De acordo com uma recente pesquisa de gestores de RH feita pela Accountemps, a "falta de comunicação aberta e transparente" encabeça a lista de questões que podem corroer o moral da equipe — e vem antes da microgestão, do excesso de carga de trabalho e até mesmo do medo de perder o emprego. A pesquisa também descobriu que "uma comunicação melhor" encabeça a lista de maneiras pelas quais um líder pode impulsionar o moral da equipe, ultrapassando os programas de reconhecimento, os exercícios de construção de equipes e mais tempo livre. Vamos ouvir de novo: as pessoas anseiam por uma boa comunicação por parte dos seus líderes, mais do que anseiam por férias! Dê ao seu pessoal o que eles querem e se comunique com tanta frequência, sinceridade e abrangência quanto possível. Não existe jeito melhor de motivar as pessoas que você lidera.

Se não tem certeza do que as pessoas querem saber com toda essa comunicação, vá em frente e pergunte a elas. Organize grupos de foco ou enquetes para saber que tipo de informação seus funcionários querem, como querem recebê-la e em que sentido sua comunicação atual pode estar deixando a desejar. Use uma ferramenta de pesquisa simples, como o Google Forms ou o SurveyMonkey.com ou tente um dos serviços mais caros e robustos, que podem comparar as respostas da sua equipe com os resultados obtidos de organizações semelhantes.

Regra número 4: Ouça de fato

Meu avô costumava dizer: "Há uma razão para você ter dois ouvidos e só uma boca. Ouça o dobro do que fala".

Conselho sábio, com certeza. Na verdade, eu tinha as palavras do meu avô em mente quando dei a este capítulo o título "Ouça". Muitas vezes, nas minhas entrevistas com líderes de todas as idades, veio à tona a importância de saber ouvir. Eis aqui como Julie Daly Meehan da Hartford Young Professionals e Entrepreneurs entende isso: "A comunicação consiste, em parte, em ouvir. Se você só fica pensando em qual será a próxima coisa que vai dizer, está deixando de obter muitas informações importantes — não apenas o que outras pessoas estão dizendo, mas como elas estão se sentindo sobre isso. Quando estou mais disposta a ouvir, sou capaz de reconhecer as lacunas nas informações que estou recebendo e fazer perguntas, em vez de voltar para a minha escrivaninha e perceber que está faltando alguma coisa".

Como você pode se tornar um ouvinte melhor? Aqui estão algumas dicas de Angela Lee, professora-assistente adjunta da Escola de Administração da Universidade de Columbia, onde há um curso chamado "A Voz do Líder":

Comece com seu público-alvo

Qual é a perspectiva do seu público-alvo? Passe cinco minutos se perguntando quais são os objetivos, as metas e os preconceitos do seu público-alvo que você está preparado para ouvir.

Seja mais aberto

Não tente conduzir a conversa. Em outras palavras, não ouça o que você quer, ouça o que a outra pessoa está realmente dizendo.

Esforce-se para compreender

Se as outras pessoas discordam de você, sabe dizer por quê? Se alguém discorda, esse é o momento de ouvir com mais atenção. Talvez essa pessoa tenha informações diferentes ou um ponto de vista útil. Não se esqueça de prestar atenção à linguagem corporal, ao volume e tom de voz e a outras pistas visuais e auditivas para entender o que as pessoas podem não estar dizendo em voz alta.

Responda

Parafraseie e use o vocabulário da outra pessoa. Quando você responder, use a linguagem dela (por exemplo, use a palavra "consumidor" em vez de "cliente"), para mostrar que estava escutando e resumindo os comentários da pessoa para ter certeza de que entendeu.

Faça pausas

Não se apresse para preencher o silêncio. O elemento final de saber ouvir é fazer uma pausa e pensar antes de responder. Esse momento para pensar pode poupar você de dizer algo de que pode se lamentar mais tarde e mostra ao seu interlocutor que está refletindo sobre as palavras dele.

Regra número 5: Seu método é importante

Há um episódio de "Sex and the City" em que um sujeito rompe com a personagem principal, Carrie Bradshaw, deixando-lhe um bilhetinho num *post-it*.

Um bilhetinho num *post-it*! Dá pra imaginar um jeito pior de se levar um fora?

O método escolhido para se comunicar é decisivo. Essa verdade é complicada pelo fato de que hoje temos mais métodos de comunicação do que nunca e as nuances entre eles são complexas e estão sempre mudando. Eis aqui um exemplo dos intrincados tipos de pergunta que me fazem os jovens profissionais quando dou palestras sobre comunicação: "Posso fornecer *feedback* sobre um arquivo particular do Microsoft Word usando a ferramenta Controlar Alterações? Mas é muito agressivo postar *feedback* em forma de comentário num documento compartilhado do Google Doc?"

Agora vale a pena lembrar o adágio de Keith Ferrazzi: "Pequenas escolhas causam grandes impressões". Quando se trata de comunicação, os detalhes fazem toda diferença. (A propósito, minha resposta para a pergunta da ferramenta Controlar Alterações é que depende do tipo e do tom dos seus comentários. Se você estiver fazendo sugestões positivas, então tudo bem postar no documento compartilhado. Se você estiver fazendo críticas que podem constranger a pessoa, então faça isso num documento particular ou envie um e-mail com seus comentários. Se o escritor é seu chefe ou você está em dúvida sobre como a pessoa vai reagir ao seu *feedback,* então tenha cautela e opte pelo método mais discreto).

Katharine Golub é uma ex-aluna da Universidade de Bucknell que foi presidente da sua classe praticamente ao longo de todo o curso. Um de seus melhores conselhos a seus jovens colegas líderes é que escolham os seus métodos de comunicação com cuidado, principalmente, como ela descobriu por experiência própria, se você estiver liderando um grupo de pessoas da mesma idade que a sua: "No congresso do meu último ano, eu tinha três garotas que estavam na minha irmandade. Sabia que, se favorecesse minhas amigas, as outras pessoas ficariam desmotivadas. Você tem que ser igualmente justo e tratar a todos da mesma maneira. Por exemplo, não passe informações por e-mail para algumas pessoas ao mesmo tempo em que escreve mensagens instantâneas para seus amigos. Passe mensagens instantâneas para todo o grupo".

DE OLHO NAS TENDÊNCIAS: TECNOPAPO

Para a maioria dos jovens líderes, a comunicação por meio da tecnologia é tão natural que você nem pensa na possibilidade de usar o telefone ou falar com alguém enquanto andam pelos corredores da empresa. (E num futuro não muito distante, você provavelmente vai achar que os membros da próxima geração usam tecnologias com as quais você não se sente totalmente confortável.) Se você não sabe como se comunicar com membros de diferentes gerações, mais velhos ou mais jovens, a melhor maneira de aprender é por meio da observação. Comece a prestar atenção aos métodos que as outras pessoas usam para se comunicar com você.

Por exemplo, se um membro da sua equipe sempre envia e-mails ou usa uma linguagem muito formal, então esses são sinais de que ele prefere que você use esse estilo de comunicação também. Eu sei que pode parecer incoerente (ou mesmo irritante) que você tenha de adaptar seu estilo de comunicação se o chefe é você, mas o mais importante é que consiga transmitir a sua mensagem. Você simplesmente não conseguirá atingir seus objetivos se não estiver se comunicando de uma forma que os membros da sua equipe aprovem.

Escrever ou não escrever: como escolher o melhor método para se comunicar em cada situação

Como você determina que ferramenta de comunicação é apropriada para cada caso? Lembre-se de que não é a ferramenta com a qual você se sente mais confortável, mas a que comunica melhor as informações para o seu ouvinte e vai fazer você conseguir o resultado que deseja. Cada comunicação é única, e as mais sutis variantes podem fazer grande diferença. Conforme mencionei na seção anterior, cada pessoa tem suas preferências, mas às vezes a escolha do método cabe primeiro a você. Aqui está um guia para ajudá-lo a tomar a melhor decisão:

Em pessoa

Se a informação é extremamente positiva, negativa, delicada, grave ou confidencial, ou se você não quer que haja um registro escrito dos seus comentários, então sua melhor opção é uma comunicação em pessoa.

Claro que não existe nada hoje em dia que seja absolutamente particular — qualquer um pode tuitar uma informação num piscar de olhos —, mas ainda assim é mais seguro olhar nos olhos da outra pessoa quando se trata de assuntos delicados. Nas comunicações pessoais, você também tem uma chance melhor de acalmar os ânimos. Por exemplo, se está repreendendo alguém que cometeu um erro muito grave (mais informações sobre como fazer isso você vai ver a seguir), a pessoa pode ficar muito zangada e ameaçar sabotar o projeto ou acusar você de ser injusto. Se você estiver olhando essa pessoa nos olhos e conseguir permanecer calmo e equilibrado, será mais fácil lidar com essa reação do que se estiver falando ao telefone e não conseguir interpretar a linguagem corporal e sentir a energia da outra pessoa.

Você também marcará alguns pontos se escolher o método de comunicação mais difícil. Não é fácil confrontar alguém cara a cara, sem tempo para planejar suas respostas ou reações. Eu acredito que você ganhe respeito — particularmente por ser um jovem profissional criado em meio à tecnologia e se estiver lidando com um colega mais velho — afastando-se da tela do computador e enfrentando a situação de frente.

Olhando pelo lado positivo, é muito mais divertido saber das novidades em pessoa!

E-mail

O e-mail se tornou a nossa comunicação padrão para quase tudo atualmente, mas nem sempre é a ferramenta mais eficaz. Por exemplo, não é uma boa opção para assuntos que requerem urgência, porque você não pode garantir que a mensagem será lida ou respondida. O e-mail tende a ser melhor para comunicações não urgentes e breves ("Você gostaria de tomar um café na próxima quarta-feira de manhã?") ou mais longas ("Aqui estão as ações de *follow-up* para a nossa equipe de hoje, determinadas na videoconferência...").

Um dos grandes benefícios do e-mail é que você pode pensar sobre o que quer dizer e descobrir a melhor maneira de dizer isso. Para comunicações moderadamente delicadas ou complicadas, muitas vezes é a ferramenta certa, em especial se você quer um registro escrito do que foi discutido.

Da mesma forma, em seu papel como chefe, você precisa ser sensível ao fato de que as pessoas que você gerencia podem precisar de algum tempo para digerir e responder às mensagens enviadas.

O e-mail também se tornou a melhor ferramenta para abordar alguém que você não conhece pessoalmente. Por exemplo, é o meu método preferido para entrar em contato com uma potencial fonte de entrevista para um artigo ou com um novo cliente. Nesses casos, um telefonema seria intrusivo e colocaria a outra pessoa numa saia justa.

Telefone

Uma vantagem importante do e-mail é que ele pode ser elaborado antecipadamente e proporciona um registro escrito de suas palavras. Esse é também um grande ponto fraco: o e-mail pode ser elaborado antecipadamente e proporciona um registro de suas palavras. Há várias ocasiões em que você não pode falar pessoalmente e não quer um rastro eletrônico do que disse, como durante uma negociação, quando os comentários escritos podem ter até implicações legais. É mais seguro pegar o telefone. Além disso, existem ocasiões em que você não quer que a outra pessoa tenha tempo para elaborar um e-mail em resposta. Por exemplo, se a pessoa responsável por imprimir os pedidos está atrasada, chamar essa pessoa ao telefone é muito mais eficaz para descobrir quando o pedido estará pronto e pedir que ela se apresse se necessário.

O telefone também tem um quê de novidade agora. Admito que em geral fico tão focada na minha caixa de entrada que me esqueço completamente que o telefone é uma opção de comunicação. Telefonar é ainda menos comum entre os profissionais da Geração do Milênio, então use isso em vantagem própria. E se você está constantemente trocando e-mails com um cliente importante, um alto executivo ou outro VIP, você pode se destacar da multidão caso faça um telefonema. Para não mencionar o fato de que uma chamada rápida é muitas vezes uma maneira muito mais eficiente de resolver um problema ou tomar uma decisão. Eu conheço muitas pessoas que não gostam de falar ao telefone, mas nunca se esqueça de que o telefone é uma ferramenta importante e eficaz no seu arsenal de liderança.

Correio de voz

Eu sei, eu sei. Os milênios desprezam totalmente o correio de voz. É demorado, é ineficiente e há tantas maneiras melhores de se deixar uma mensagem a alguém! (Eu já trabalhei com um vendedor que, se não conseguia falar comigo, me deixava uma mensagem de correio de voz e também me enviava um e-mail. Dizendo exatamente a mesma coisa. Isso me deixava completamente louca.) Mas eis o que eu quero que você saiba sobre correios de voz: como o telefone, é uma ferramenta que tem um propósito. O propósito do correio de voz é ser usado em situações em que o tom da sua voz é essencial para a sua mensagem, mas você não pode falar com a pessoa diretamente. Por exemplo, se você precisa pedir desculpas a um membro da sua equipe — digamos, por fazer uma crítica excessiva numa videoconferência — e a pessoa não está atendendo aos seus telefonemas, uma desculpa sincera pelo correio de voz em que o destinatário possa ouvir a honestidade na sua voz é melhor do que um e-mail bem escrito.

Mensagem instantânea

A MI é a melhor ferramenta para comunicação rápida, específica e não confidencial, particularmente do tipo que tem uma resposta sim ou não: "Livre para almoço em 10 minutos?", "Você vai vir para a reunião de orçamento?", "Posso oferecer ABC Corp com 5 por cento de desconto?" Em alguns escritórios, particularmente, quando muitas pessoas trabalham usando fones de ouvido ou *headsets*, a maior parte das comunicações acontece por meio de mensagens instantâneas. Se isso é verdade em seu mundo, apenas tome cuidado com a espontaneidade das MIs: não escreva uma mensagem com muita rapidez, pois pode se arrepender depois. E não opte pela MI em caso de problemas de desempenho, como repreender alguém por um prazo perdido — algo que merece mais atenção do que uma mensagem informal rápida pode fornecer.

Mensagem de texto

É engraçado ter de dar conselhos sobre mensagens de texto, mas é provavelmente o campo em que eu mais vejo erros profissionais. Escrever mensagens de texto é, claro, uma das formas mais rápidas de fornecer informações, mas — e espero que isso não seja novidade — isso nem sempre é profissionalmente apropriado. Por exemplo, se você estiver atrasado para uma reunião com um cliente, é mais educado ligar e pedir desculpas do que mandar uma mensagem de texto (a menos que seja uma pessoa com quem você tem o hábito de trocar esse tipo de mensagem). Quando se trata de superiores, você também vai querer tender mais para o lado da formalidade. No geral, eu nunca faria um contato profissional por meio de mensagens de texto, a menos que essa pessoa tenha mandado esse tipo de mensagem para mim primeiro. Mandar mensagens de texto é geralmente um bom método com pessoas da mesma idade, mas, como as MIs, lembre-se de não abordar questões delicadas ou graves através de um meio de comunicação informal. Esteja ciente também de que seus colegas podem não ter o número do seu celular registrado em seus contatos, então se identifique pelo nome da primeira vez que enviar uma mensagem.

MAIS, POR FAVOR: QUANDO O INTERLOCUTOR
É O *SEU* CHEFE

A exceção a qualquer uma das diretrizes anteriores é se a pessoa a quem você se dirige (seu gerente, presidente da diretoria, investidor etc.) expressou outras preferências de comunicação. Seu relacionamento com seu supervisor direto é um dos mais importantes para sua liderança, por isso sua comunicação com essa pessoa é crucial. Em seu excelente livro *The First 90 Days*, Michael Watkins, professor da Escola de Administração da Universidade de Harvard, recomenda que se tenha uma "conversa sobre estilo" com qualquer novo chefe. Essa conversa deve esclarecer questões como: Que forma de comunicação ele prefere? Cara a cara? Por escrito? Por correio de voz ou e-mail? Com que frequência? A respeito de que tipos de decisão ele quer ser consultado e quando você mesmo pode telefonar?

Além dessas perguntas, você também pode querer perguntar a qualquer pessoa a que se reporte:

- Quando devo, se é que devo, enviar uma mensagem de texto para você (por exemplo, fora do local de reunião)? Essa é uma questão particularmente importante para membros de gerações mais velhas, que podem não sentir que mensagens de texto sejam profissionalmente apropriadas.
- Você prefere e-mails longos ou mais curtos? Por exemplo, se eu tiver três informações para compartilhar, envio um e-mail com três tópicos ou três tópicos em e-mails separados?
- Posso entrar em seu escritório a qualquer momento ou prefere que eu combine um horário específico com você?
- Você tem alguma comunicação que o deixa irritado e eu deveria evitar (*emoticons*, escrever com letras maiúsculas, mandar muitas MIs)? Enquanto moderava uma mesa-redonda uma vez, pedi a um grupo de diretores executivos de um banco de investimento para contar, à plateia constituída por novos funcionários do banco, o que mais os irritava nos e-mails. Um deles

> imediatamente disse "Pontos de exclamação. Os jovens em especial usam muito". Ele passou a dar uma das minhas dicas favoritas de comunicação: "Se você vai usar um ponto de exclamação ao falar com o diretor de um banco, é melhor que seja para *realmente* dar uma boa notícia".

P.S.: Diga às pessoas qual a melhor maneira de se comunicar com você, também

Uma das vantagens de ser líder é que são seus subordinados diretos que precisam procurar saber qual é o seu estilo preferido de comunicação. Mas, se os membros da sua equipe não perguntaram como você prefere se comunicar, não há nenhum problema em iniciar você mesmo essa conversa. Diga simplesmente: "Vamos conversar sobre estilo de comunicação para nos certificarmos de que estamos na mesma sintonia" e depois descreva o que você acha mais importante fazer e não fazer.

> ### COMO POSSO DIZER...: COMUNIQUE SEU ESTILO DE COMUNICAÇÃO
>
> Você também pode expressar suas preferências de comunicação com contatos que estão fora da sua organização. Por exemplo, se você é uma pessoa introvertida e se sente mais confortável interagindo com novos contatos por telefone antes de encontrá-los pessoalmente, você tem todo o direito de responder a um convite para uma reunião, dizendo: "Muito obrigado pelo convite para nos conhecermos, mas minha agenda está muito cheia no momento. Podemos bater um papo por telefone primeiro? Avise que dia e hora são mais convenientes para você".
>
> Julie Daly Meehan fornece informações educadas e respeitosas sobre suas preferências de comunicação na mensagem do seu correio de voz. Depois de dizer seu nome e convidar pessoas a deixar uma mensagem se preferirem, ela diz: "Mas a maneira mais rápida e confiável de entrar em contato comigo é por e-mail".
>
> Então ela diz — e, mais importante, soletra — o endereço eletrônico dela.
>
> É rude dizer às pessoas o que fazer? Não se você fizer isso de maneira respeitosa e com uma preocupação genuína com as necessidades delas. "Eu

sei que fico fora do meu escritório muitas vezes", diz Meehan, "então, se o assunto é urgente, eu não quero que a pessoa fique chateada por não poder falar comigo". (Note que muitos provedores de correio de voz, incluindo o Google Voice, fornecem a opção de transcrever as suas mensagens de correio de voz para e-mails, assim você pode considerar a possibilidade de usar esse serviço também.)

Quatorze segredos dos grandes comunicadores

Com essas cinco grandes regras de comunicação em mente, apresento aqui quatorze dicas e truques mais específicos, de líderes com grande habilidade de comunicação. Ao ler esses conselhos, lembre-se de que o objetivo é que você expresse o seu eu autêntico, mas projete a autoridade, a confiança e a clareza que as pessoas querem ver em seus líderes.

1. Eles procuram acertar o básico

Como já mencionei, meu nome é difícil de soletrar. É Lindsay? Pollack? Lyndsey Pollock? Lindsay Pollak? Lindsey Pollak? Realmente, a única maneira de acertar é pesquisar ou prestar muita atenção a uma mensagem minha. Então, quando alguém soletra meu nome certo, eu sei que tomou o cuidado de verificar. E eu gosto dessa pessoa um pouco mais. Eu não posso evitar — meu nome é importante para mim! Como nosso amigo Dale Carnegie escreveu em *Como Fazer Amigos e Influenciar Pessoas*: "Lembre-se de que o nome de uma pessoa é, para ela, o som mais doce e importante em qualquer língua". Nunca adivinhe como soletrar o nome de uma pessoa, mesmo que pareça óbvio (como qualquer Mathew, Stefanie ou Jenifer lhe dirá). Quanto mais alto o seu cargo, mais impressionante é que tome o cuidado de observar os detalhes.

Tenha cuidado com o gênero, também. Há homens e mulheres que se chamam Kelly, Alex, Chris, Ryan, Jamie, Blake e Taylor, entre centenas de outros nomes unissex. Sempre verifique o gênero antes de escrever "senhor" ou "senhora" ou usar um pronome masculino ou feminino ao falar ou escrever sobre essa pessoa. Felizmente, uma rápida pesquisa no LinkedIn em geral pode oferecer uma foto que responda à pergunta.

Em pessoa ou no telefone, você também precisa prestar atenção à pronúncia. A Geração do Milênio é a mais multicultural da história, por isso este não é um problema menor. É totalmente aceitável — e lisonjeiro — perguntar a uma pessoa como pronunciar o nome dela. Eu aprecio quando as pessoas perguntam como pronunciar meu último nome, em vez de tentar adivinhar a pronúncia, geralmente o incorreto "POE-lack". (A maneira correta de dizer é "PÁ-leck".)

A ortografia e a pronúncia também são importantes quando se discute acontecimentos ou notícias atuais em sua empresa ou ramo de negócios.

Você perderá muita credibilidade se pronunciar errado o nome do CEO de um concorrente ou um grande doador da organização sem fins lucrativos de cuja diretoria você faz parte. Na verdade, uma recrutadora de um banco alemão com um nome difícil de soletrar me disse que ela já lançou na lixeira dezenas de currículos de candidatos que cometem erros ortográficos ao escrever o nome do banco em suas cartas de apresentação.

EXISTE UM APLICATIVO PARA ISSO:
PRONOUNCENAMES.COM

Você fica com vergonha de perguntar ou apenas quer saber mais sobre nomes? Confira o website PronounceNames.com, que se autointitula "dicionário de pronúncia nominal".

Para nomes associados aos acontecimentos atuais, consulte *Pronounce* em names.voa.gov, um serviço patrocinado pelo governo norte-americano que ensinará você a pronunciar uma variedade de nomes e lugares ao redor do mundo.

2. Eles dispensam palavras-muletas

Ninguém vai nem notar sua pronúncia se suas frases forem cheias de "humm", "sabe", "quer dizer", "tipo" e outras palavras que servem só para tapar buracos. Mesmo que esses sejam cacoetes linguísticos comuns da fala ou sinais de nervosismo, as pessoas tendem a interpretar o uso desse tipo de vício de linguagem como um sinal de que você não tem certeza do que está dizendo. O hábito de dizer ou escrever *"tipo isso, tipo aquilo"*, em particular, faz com que você pareça muito, mais muito jovem. Para eliminar essas palavras-muleta, aqui vão duas sugestões. Primeiro, peça ajuda aos amigos e parentes. Peça a eles para que chamem a sua atenção (gentilmente) quando você usar essas palavras nas conversas do dia a dia. A consciência do hábito é o primeiro passo para combatê-lo. Segundo — e isso parece simples, mas funciona —, respire antes de responder a uma pergunta ou comentário. Enquanto respira, reúna seus pensamentos para que não se pegue pensando enquanto fala. Às vezes usamos palavras-muletas simplesmente porque estamos falando rápido demais.

Os vícios de linguagem também incluem qualquer palavra que diminua sua autoridade ou impacto. Uma frase que ouço muitas vezes e que diminui a confiança das pessoas em você é "meio que". Adicionar essa expressão antes de uma declaração sobre algo não faz você parecer informal, faz você parecer hesitante. Essa palavra-muleta é uma gafe ainda maior, porque ela coloca sua credibilidade em questão. Você *meio que* sabe algo ou você realmente sabe? Certifique-se de esclarecer isso para si mesmo de modo que possa falar com mais confiança. (Outras palavras-muleta semelhantes incluem *simplesmente, na verdade, com certeza* e *quase*.)

3. Eles evitam fazer tudo soar como pergunta

Nós já falamos muito sobre palavras, mas não se esqueça de pensar no seu tom também. O maior erro que notei com relação ao tom de voz dos líderes é o que, em inglês, é chamado de *upspeak*, ou seja, finalizar uma declaração com uma inflexão que a faz parecer uma pergunta.

Leia esta oração em voz alta: "Preciso do relatório até sexta-feira".

Agora leia esta frase em voz alta: "Preciso do relatório até sexta-feira?"

Esse segundo exemplo é *upspeak*, ou seja, uma declaração afirmativa é expressa como pergunta. Se você se pegar cometendo *upspeak*, imagine em sua mente a sentença que quer dizer com um ponto final e conscientemente abaixe seu tom no final das frases. Pode parecer (e soar) estranho no começo, mas é bem melhor do que cometer *upspeak*. E se você não tiver certeza de que quer fazer uma declaração, é melhor reformular o seu pensamento e fazer de fato uma pergunta.

4. Eles limitam a quantidade de clichês

Às vezes, num esforço para parecer importantes, os novos líderes usam palavras ou frases que *acham* que um líder deve dizer. Esse hábito pode ser pior do que usar palavras-muleta ou cometer *upspeak*, porque soa muito pouco autêntico.

O problema dos clichês é que as pessoas ficam imunes a eles e param de ouvir o que você está realmente dizendo. Você também pode ficar parecendo a personagem Professora de *Peanuts*, que fica o tempo todo dizendo "wanh wanh anh". Quando usa uma linguagem mais original (ou apenas diz exatamente o que quer dizer), as pessoas ficam muito mais atentas ao que você está falando.

5. Eles são concisos

Neste mundo que gira cada vez mais rápido, a atenção está se tornando cada vez menor. (Pense nisso: você está fazendo outra coisa enquanto lê este livro? Assistindo TV? Ouvindo música? Tuitando?) Quando se trata de se comunicar como um líder, você tem que ser conciso para ser eficaz. De acordo com Soojin Kwon, diretora de admissões da Escola de Administração Stephen M. Ross da Universidade de Michigan, um dos atributos que ela procura em aspirantes a um MBA é "a capacidade de apresentar as ideias de um modo digerível e convincente (...) Comunica-se cada vez mais por meio de frases de impacto, 140 caracteres e gráficos bem executados. Os líderes de hoje precisam entender isso e ter a capacidade de se comunicar dessa maneira".

A concisão é particularmente importante nas comunicações escritas. Sempre que estou escrevendo um e-mail, volto, releio o que escrevi e enxugo o texto o máximo possível. Ninguém gosta de e-mails em que a pessoa fica divagando e, sei por experiência própria que elas respondem mais rápido mensagens mais curtas. De qualquer maneira, o e-mail nunca foi concebido para ser um método de comunicação de formato longo. Além disso, a concisão (além de ser gramaticalmente correta e profissionalmente apropriada) é um sinal de que você já ponderou sobre o assunto e sobre o que quer dizer. Como Mark Twain disse, provavelmente em tom de brincadeira: "Eu teria escrito uma carta mais curta, mas não tive tempo".

Como você sabe que está se estendendo demais? Se está falando pessoalmente, pode saber observando se seu interlocutor parou de fazer contato visual ou não está dando nenhum sinal de que está ouvindo ou concordando com você com movimentos de cabeça ou murmurando "ahãs". Se vocês estão se comunicando por e-mail, um sinal disso é quando as pessoas respondem aos seus longos e-mails com respostas muito curtas. Considere essas respostas uma dica não muito sutil de que é hora de começar a encurtar seus textos.

6. Eles mostram em vez de dizer

Depois que você passa a se comunicar com o tom e a concisão certa, uma das melhores maneiras de envolver uma plateia é fornecer exemplos da vida real para ter mais credibilidade. Isso dá mais profundidade e abrangência ao seu conhecimento e faz com que suas informações ganhem mais vida. Por exemplo, se você está tentando levantar fundos para uma organização sem fins lucrativos que combate a fome infantil, qualquer um pode citar um monte de estatísticas sobre quantas crianças vão para a cama com fome. Grandes comunicadores dizem: "O número de crianças que passa fome em nossa comunidade poderia encher um estádio de futebol. Duas vezes".

7. Eles fazem contato visual

Isso é especialmente importante quando você cumprimenta alguém pela primeira vez, mas também é crucial manter contato visual durante uma conversa e também com vários membros de um grande público. Mostre às pessoas que você acredita nas palavras que está falando. Estudos mostram que três a cinco segundos de contato visual é o tempo certo para não fazer a outra pessoa baixar os olhos; e você deve buscar o contato visual durante 50 por cento da conversa. É mais importante quando a outra pessoa está falando, para mostrar que você está interessado. E se está sentado numa grande mesa, talvez numa sala de reuniões, aponte gentilmente o dedo para a pessoa com quem está falando, pois isso o fará levantar os ombros para olhar essa pessoa. Eu comecei a fazer isso e realmente funciona para aumentar a conexão e o ar de autoridade.

8. Eles ficam de pé (e se sentam) num lugar mais alto

Sobre o tema das mesas de reuniões, esteja atento ao fato de que líderes fortes não têm uma postura desleixada. Isso é especialmente importante se, como eu, você não é muito alto. Se estiver de pé, especialmente quando está fazendo uma apresentação, procure manter os ombros para trás e o queixo erguido. E sei que você pode se sentir muito estranho, mas me lembro, dos tempos em que fazia teatro no colegial, que o que há de mais natural para você fazer com as mãos quando está em meio a uma apresentação é simplesmente deixá-las soltas dos lados do corpo.

Braços cruzados fazem você parecer fechado e retraído, e colocar as mãos nas costas ou nos bolsos dá a impressão de que você está escondendo alguma coisa. Gesticular é ótimo na hora de argumentar, mas mexer demais as mãos pode ser uma distração e tirar seu ar de autoridade.

Quando você estiver sentado, mantenha a coluna ereta e incline-se para a frente em vez de para trás, para mostrar que está interessado na conversa. E tente evitar tocar o rosto, brincar com o cabelo ou bater as mãos ou a caneta sobre a mesa. Claro que você quer ficar mais solto para não parecer robótico, mas evite uma postura relaxada demais, que provoque uma atitude defensiva ou preguiçosa. Em geral, certifique-se de não "encolher o seu espaço", como diz a *coach* e blogueira Tara Sophia Mohr. "Ocupe o espaço, descruze as mãos ou os braços, sente-se no alto e faça contato visual", ela aconselha. "Basicamente, *seja notado*". Você tem o direito de estar na posição em que está, então certifique-se de que sua linguagem corporal esteja mostrando isso também.

Você deve seguir todas essas dicas enquanto fala ao telefone também: sentar-se com uma postura confiante vai fazer você parecer mais autoritário.

Às vezes eu até me levanto quando estou num telefonema importante ou quando estou liderando uma teleconferência ou um webinário, para projetar mais autoridade.

9. Eles não têm todas as respostas

Um líder da Geração do Milênio me perguntou algum tempo atrás: "Sinto que preciso saber tudo ou, pelo menos, fingir que sei. Como faço para lidar com uma situação em que as pessoas procuram em mim respostas que nem sempre posso dar?"

Antes de tudo, eu disse a ele, lembre-se de que ninguém tem *todas* as respostas. Na verdade, creio que uma das características mais importantes de um líder é reconhecer o que não sabe. Os líderes fortes, no entanto, precisam saber onde, como ou de quem obter a informação de que precisam. Nunca diga: "Eu não faço ideia", "Eu não sei do que você está falando" ou "Eu não sou bom com esse tipo de coisa". Em vez disso, você pode tentar uma das seguintes alternativas.

Encaminhe

Uma das vantagens da liderança é ter uma equipe de pessoas com diferentes tipos de conhecimento, por isso não hesite em perguntar para um dos membros da sua equipe. "Eu não sou um especialista nesse assunto, mas posso encaminhá-lo à minha colega Maria, que pode lhe dar a resposta certa. Aqui estão os dados de contato; por favor, diga a ela que eu mandei você procurá-la".

Adie

É completamente aceitável dizer: "Eu lhe dou essa resposta depois". Só não deixe de dar à pessoa o horário exato e o método pelo qual você fornecerá a informação. Por exemplo: "Eu preciso pesquisar. Envio um e-mail a você no final do dia com uma resposta". Então cumpra a promessa.

Deduza

Em alguns casos, talvez você não tenha uma resposta porque não têm informações suficientes. Pode ser útil colher mais dados e dizer: "Você pode me dizer um pouco mais sobre o que precisa?" Então dê uma resposta ou use uma das abordagens acima.

10. Eles são discretos

Para o bem ou para o mal, uma das línguas mais universais do mundo é a fofoca. Todo mundo sabe que não devemos fazer fofoca, mas todos caímos na tentação às vezes. E o impulso pode apenas se intensificar à medida que você conquista postos mais elevados na sua empresa ou comunidade, porque você estará a par de segredos maiores e mais suculentos. Fico constantemente espantada com as informações confidenciais que as pessoas me dão em situações profissionais — quem está sendo demitido, quem está namorando escondido, qual o salário de fulano ou sicrano — mesmo quando não me conhecem muito bem. Eu realmente adoro quando isso acontece, não porque eu me preocupe tanto com a fofoca, mas porque é uma maneira fácil de determinar em quais pessoas eu posso realmente confiar e em quem eu não posso. Num mundo onde cada sussurro pode ser tuitado para milhões de pessoas, a discrição tornou-se mais rara e mais valiosa do que nunca.

A discrição também inclui ser cauteloso com relação a quando e onde você fala sobre as questões profissionais mais delicadas, inclusive banheiros, elevadores, aviões, cafés e outros locais onde as pessoas talvez o ouçam. Durante a redação deste livro, li uma reportagem sobre um sujeito que ouviu um ex-funcionário da Administração Nacional de Segurança conceder uma entrevista à imprensa pelo celular, enquanto estava num trem em Amtrak. O espião era um blogueiro, que tuitava cada detalhe da conversa ouvida, juntamente com uma foto do funcionário, que não cansava de repetir ao entrevistador que seus comentários tinham de ser anônimos. Meu Deus! Em resumo: presuma sempre que alguém pode estar ouvindo você e que essa pessoa pode contar seus comentários a todo mundo. (Ou, como eu, simplesmente fique sentado em silêncio no vagão do trem onde não é permitido usar telefone celular. É melhor prevenir do que remediar!)

11. Eles sempre estão atentos ao que acontece à sua volta

Uma das minhas observações pessoais sobre os melhores líderes é que eles são sempre bem informados e curiosos — não apenas com relação às suas especialidades, mas a uma grande variedade de outros tópicos também. Vivemos na economia da informação, de modo que a informação é moeda corrente hoje em dia. Os líderes têm que saber o que se passa dentro e fora da empresa para se manter atualizados e, idealmente, à frente da concorrência.

Estar atento ao que acontece à sua volta também significa que seu papel de liderança está sempre nos bastidores da sua mente, mesmo quando você está de folga ou fazendo algo que não tem nada a ver com o seu trabalho. Jeremy Lade, atleta paraolímpico dos Estados Unidos, campeão de basquetebol em cadeira de rodas e coordenador de atletismo e recreação em cadeiras de rodas da Universidade de Wisconsin, disse-me uma vez que procura constantemente novas formas de manter o espírito de grupo entre os jogadores que treina. "Eu pego ideias do cotidiano", diz ele, "que encontro navegando na internet, conversando com as pessoas, assistindo a comerciais. Olho além do basquetebol em cadeira de rodas. Vou assistir a uma partida de futebol ou de futebol americano ou converso com o líder de uma irmandade de atletas cristãos. Você sempre pode encontrar algum tipo de benefício em cada experiência ou conversa. Meus atletas me dão trabalho porque eu sempre acabo colocando em prática no nosso time alguma história cuja inspiração foi um jogo que assisti no *Monday Night Football*. Eu nunca me esqueço de que sou um líder".

12. Eles enfrentam os conflitos

Enfrentar conflitos com desenvoltura tem sido para mim, pessoalmente, um dos maiores desafios com relação às habilidades de comunicação. Da primeira vez que minha chefe gritou comigo numa situação profissional, eu me encolhi covardemente e pedi mil desculpas. Eu tinha perdido um prazo, mas pela reação exagerada que tive diante da bronca da minha chefe, você teria pensado que ela me pegou cometendo um crime. Não preciso dizer que se desculpar profusamente não foi uma estratégia de comunicação eficaz. Tenho certeza de que ela tinha pouco respeito por mim, e minha reação certamente não a impediu de gritar comigo outra vez no futuro. (Essa chefe era muito ruim, mas esse é um tipo de personalidade que todos nós enfrentamos em algum momento da nossa carreira, por isso é o tipo de chefe com que todos temos de aprender a lidar.)

Na época, eu tinha tanto medo do confronto que fazia qualquer coisa para acabar com ele. Agora, muitos anos depois, sei que enfrentar o conflito é uma habilidade que pode, e precisa, ser desenvolvida. Minha educação com relação ao confronto começou com outra chefe que tive — vamos chamá-la de Pam. Pam era diretora-executiva de uma pequena organização sem fins lucrativos que passava o dia inteiro angariando fundos para garantir o patrocínio das operações. Ela era uma vendedora fantástica e não tinha medo de nada. Sempre que surgia um conflito com alguém — um doador insatisfeito, um patrocinador ameaçando cortar o apoio aos nossos programas, um ex-marido com a pensão atrasada (era um escritório pequeno, então acontecia de tudo) —, ela dizia: "Ok, vamos dar um jeito nisso" e pegava o telefone para resolver o problema.

Pam não perdia tempo colocando panos quentes ou tentando resolver um problema com uma sucessão de e-mails cujas palavras ou tom poderiam ser mal interpretados. Ela simplesmente chamava a pessoa e dizia algo como: "Eu ouvi dizer que temos um problema. Vamos resolver isso". Então ela fazia pergunta após pergunta para realmente entender a questão (e mostrar a outra pessoa que ela de fato se preocupava com o ponto de vista dela sobre o problema) e encontrava uma maneira de resolvê-lo. Sem raiva. Sem se encolher. Sem drama. Apenas com muita disposição para ouvir e uma atitude de que tudo daria certo no final. Com a permissão de Pam, eu ouvi muitos desses telefonemas e consegui e aprendi a ter menos medo dos inevitáveis conflitos que ocorrem quando você é líder. Eu não diria que gosto de conflitos agora, mas não me intimido mais com eles.

13. Eles têm senso de humor

Do outro lado do conflito está o senso de humor, que, acredite ou não, também pode ser uma dificuldade para alguns líderes. É difícil ser engraçado se você é uma pessoa naturalmente tímida ou séria demais, mas é importante. Na verdade, quando fiz uma pesquisa na minha comunidade *on-line* sobre o que eles procuravam num líder, "senso de humor" estava entre as principais respostas. Você não tem que ser um comediante para ser um bom líder (embora o CEO do Twitter Dick Costolo tenha feito *stand-ups* antes de iniciar sua carreira corporativa), mas um pouco de jovialidade ajuda muito a levantar o moral. Deixe o pessoal brincar de torta na cara durante o piquenique da empresa. Contrate um redator para criar algumas piadinhas leves para o seu próximo *pitch*. Como especialista em carreira e mídia social, Kevin Grubb comentou comigo: "Eu gosto de líderes que me lembram de que nem sempre temos que ser sérios para ser eficazes".

14. Eles mostram sua paixão

Por fim, se você é membro do conselho de uma empresa sem fins lucrativos, um empresário, um diretor da escola ou um vice-presidente corporativo, uma das suas tarefas como líder é persuadir as pessoas a apoiar a sua visão e estratégias. Você achará isso muito mais fácil se as pessoas puderem ver e sentir que você realmente acredita profundamente no que está defendendo. Em outras palavras, eles querem ver a sua paixão.

Nos últimos anos, tem havido alguma controvérsia sobre se o conselho "siga a sua paixão" é valioso para a carreira ou se estabelece expectativas falsas de que todos podem realizar seus sonhos. Meu sentimento pessoal é que seguir a sua paixão é um ótimo conselho, desde que você o combine com trabalho duro e habilidades de verdade. E eu sinto a mesma coisa com relação à paixão nos líderes: se você está trabalhando duro e fazendo seu trabalho como líder, ser apaixonado pelo que faz pode colocá-lo no topo. As pessoas anseiam por líderes que sejam profundamente comprometidos e têm verdadeira vocação para o trabalho que fazem. Os melhores líderes permitem que essa paixão autêntica se irradie deles.

O ex-jogador e atual treinador de beisebol Terry Francona é um grande exemplo disso. Ele liderou o Boston Red Sox no seu histórico campeonato da Série Mundial de 2004 e foi nomeado Gerente do Ano em 2013, ao liderar o Cleveland Indians. Ele disse: "Eu adoro os jogadores, eu adoro estar com eles, e realmente não quero esconder o fato de que adoro... Você sabe, todo mundo é diferente, mas você tem que ser fiel à sua própria personalidade. Eu não sou uma pessoa que gosta de gritar. Acho que você pode conversar com os jogadores. Acho que, se você está numa clima em que os caras querem fazer a coisa certa, é mais provável que vá ficar tudo bem".

Como Francona, não se acanhe em dizer às pessoas, especialmente àquelas que você lidera, que adora o trabalho que faz. Talvez tenha concorrido a um cargo porque estava cansado da corrupção de muitos políticos empossados antes de você. Talvez você tenha assumido a oficina do seu pai e queira realizar esse seu sonho americano, enquanto também tenta fazer o lugar ficar mais interessante. Talvez você tenha aberto um ateliê de moda para confeccionar roupas tamanho GG, porque nunca conseguiu encontrar nada que vestisse bem. Integre essa paixão às suas comunicações diárias e você vai inspirar, bem como liderar, e provavelmente vai ficar mais divertido, também.

VOZES DOS LÍDERES DA GERAÇÃO DO MILÊNIO

Eu tenho vários indicadores para determinar se alguém é um bom líder. Um deles inclui o quanto eles conseguem prender a minha atenção. Se eles estão falando e eu paro de fazer anotações e baixo o lápis apenas para ouvir, diria que a pessoa é cativante (uma boa característica). Se eles são capazes de prender a minha atenção, posso dizer que também são apaixonados pelo que fazem (outra característica boa).

— Sara Hutchison, coordenadora de reciclagem e
excedentes industriais da Universidade de Kentucky

Torne-se um mestre de reuniões

Agora vamos mudar de assunto e analisar o lado prático da liderança em várias situações de comunicação, incluindo reuniões, videoconferências e apresentações formais. As regras gerais de comunicação são as mesmas, mas alguns ajustes são necessários. Meu objetivo com as dicas a seguir é fazer com que você se torne tão bom nessas várias situações que as pessoas realmente *gostem* de assistir às reuniões que você preside, *queiram* participar das suas videoconferências e *nunca fiquem no celular* enquanto você está falando. Se você acha que eu estou sendo excessivamente otimista, continue lendo.

As reuniões, em particular, são muitas vezes vistas como uma grande perda de tempo e são desprezadas por algumas pessoas muito dedicadas em outras situações. Eu quero que suas reuniões estejam muito acima disso! Se você é o líder de uma reunião, considere-a sua chance de brilhar, inspirar, incentivar e alcançar metas. É o seu show. Torne-se o mestre de reuniões. Assuma o controle e faça cada reunião ser o melhor que pode ser. Eu sei que isso me faz parecer a Poliana, mas prometo que os resultados serão fenomenais: se as pessoas realmente desejam assistir às suas reuniões, é muito mais provável que você alcance os melhores resultados durante e após esses encontros.

Cancele

Sim, você leu corretamente. A primeira maneira de ser um mestre de reuniões é cancelar tantas reuniões quanto possível. Não há nenhuma regra dizendo que você tem que realizar uma certa reunião só porque o chefe anterior sempre fez essa reunião. Não há lei nenhuma que diga que as equipes têm de se reunir uma vez por semana haja questões para se discutir ou não. Uma das primeiras mudanças que fiz quando assumi a presidência da She's the First foi cancelar todas as reuniões regulares do comitê até restarem apenas as que realmente precisavam ser realizadas. Cancele qualquer reunião que não seja absolutamente essencial e verá que as reuniões que julga necessárias são muito mais produtivas.

Reduza

Seguindo o mesmo princípio, ao realizar uma reunião, convide um número mínimo de participantes. Reuniões (e videoconferência e e-mails, também) são mais eficazes quando se limitam apenas às pessoas que precisam assisti-las. Reserve um tempo para pensar melhor em quem precisa estar na reunião, em vez de estender o convite a todos. Quanto menos pessoas presentes, mais resultado você vai conseguir. Isso pode irritar algumas pessoas — algumas ficam ofendidas quando não são incluídas nas reuniões —, por isso é uma boa ideia, no início de sua liderança, explicar à sua equipe que você gosta de manter as reuniões enxutas para que ninguém perca tempo. Se alguém realmente se ofender por não ter sido convidado, você pode se oferecer para incluir essa pessoa nos e-mails de *follow-up* sobre o assunto tratado. (Ou apenas esperar que ela supere isso.)

Confirme

Envie um convite de calendário compartilhado ou um e-mail de confirmação dentro do prazo de doze a vinte e quatro horas antes da reunião. Isso evitará comentários do tipo: "Ei, vocês sabem se a Laura vem?".

Defina uma pauta clara e realista... e cumpra-a

Mesmo que a reunião seja curta, a pauta seja informal e, aos seus olhos, só uma marca no seu calendário, certifique-se de ter um plano escrito dos tópicos que quer discutir e dos resultados que precisa alcançar. Para reuniões maiores e mais formais, envie a lista de assuntos que serão tratados para todos os participantes da reunião com vinte e quatro horas de antecedência, para que todos possam chegar preparados (ou pelo menos não os culpe se estiverem despreparados). Então é seu trabalho manter a pauta e conduzir gentilmente a conversa para que volte a entrar nos eixos se necessário. Lembre-se, é a sua reunião: tome posse dela e não deixe que ninguém sequestre seu programa.

Seja pontual

Como regra geral, sempre inicie as reuniões e conferências telefônicas na hora certa. Se eu não posso fazer isso (por exemplo, uma pessoa crucial para a reunião ainda não chegou), agradeço às pessoas que chegaram pontualmente e digo quanto falta ainda para começarmos, para que saibam quanto tempo elas têm para verificar seus e-mails, usar o banheiro ou batucar na mesa. As poucas vezes em que minhas reuniões não começaram pontualmente, posso dizer que fiz isso em benefício dos participantes das minhas reuniões e não por causa da minha personalidade do tipo A: "Respeito demais o tempo de todo mundo para iniciar a reunião atrasada. E, claro, se começarmos na hora certa, poderemos terminar cedo". As pessoas respeitam líderes que estão no controle, e isso inclui estar no controle da hora em que suas reuniões começam. Eu também acho que, se as pessoas estão atrasadas, é responsabilidade delas se inteirar do que está acontecendo ao chegar. Você vai acabar aborrecendo todos os outros na sala se tiver que fornecer um relatório de tudo que já foi dito em benefício do retardatário. (Obviamente, você deve usar seu discernimento para aplicar essa última dica. Se o retardatário for o CEO da empresa ou seu maior cliente, você fará uma exceção.)

Não deixe a peteca cair

Também está em seu poder definir o tom da reunião, e isso inclui manter o ritmo da reunião, sem deixar a peteca cair. Procure perceber quando a energia na sala está diminuindo e faça algo para corrigir isso. Se, por exemplo, uma pessoa estiver se estendendo muito em suas argumentações, você pode interferir e dizer: "Muito obrigado, Matt, eu gostaria agora de ouvir outros pontos de vista sobre o assunto. Olivia?" Se você sentir que a reunião está se prolongando demais, a sala está muito quente ou você já falou demais sobre as suas prioridades, sugira uma pausa ou encerre a reunião e converse com cada pessoa individualmente sobre os tópicos remanescentes. Melhor terminar uma reunião sem atingir todos os seus objetivos do que continuar e alcançar resultados parciais que só exigirão outra reunião.

Desligue os celulares

Se as pessoas estão muito distraídas com seus dispositivos, cabe a você impor uma regra com relação a isso. Você pode dizer: "Vamos desligar os celulares por quinze minutos, para nos concentrar no problema?". Ou, se as coisas ficarem realmente fora de controle, você pode definir a regra de que os celulares não serão permitidos nas reuniões. Já ouvi falar de pessoas que na hora do almoço já instituíram a regra de que todos têm de colocar os seus aparelhos numa pilha no meio da mesa durante a refeição. A primeira pessoa a cair na tentação de verificar suas mensagens e ligações tem de pagar a conta. Em outra versão disso, você poderia exigir que todos os aparelhos fossem deixados no centro da mesa de reunião. Provavelmente essa seria uma ótima maneira de garantir que a reunião fosse breve! (P.S.: Você como chefe é quem define o tom com relação a esse assunto. Se você ficar o tempo todo verificando as suas mensagens, os outros farão o mesmo.)

Atribuir a alguém a tarefa de tomar notas, se necessário

Para reuniões importantes, principalmente, não suponha que os participantes da sua reunião vão tomar notas precisas. Atribua a um estagiário, a um assistente administrativo, à pessoa mais inexperiente da sala ou peça que as pessoas façam um rodízio para tomar notas. Para aumentar a eficiência, certifique-se de que a pessoa tome notas num laptop ou tablete, para que não tenha que converter as notas manuscritas em formato digital mais tarde.

Defina os próximos passos de forma (realmente) clara

Quase toda reunião termina com alguém dizendo: "Ok, vamos falar sobre os próximos passos". Mas quantas vezes os próximos passos realmente ocorrem? Peça ao responsável por tomar notas para se encarregar de comunicar as tarefas de *follow-up* às pessoas na sala e solicite que ele inclua uma lista dessas tarefas e prazos no corpo desse e-mail, em vez de apenas anexá-la. Como líder, é também sua responsabilidade colocar na sua lista de tarefas um lembrete para se certificar de que todas as tarefas foram cumpridas como planejado ou — até melhor — delegue essa responsabilidade a alguém da sua equipe.

Termine mais cedo

A conclusão de uma reunião antes do programado fará com que as pessoas fiquem felizes no momento e as incentiva a esperar com expectativa as reuniões futuras. Lembre-se de quanto você adorava aquele professor que deixava você sair da classe antes de tocar o sinal? Faça isso.

Mude para algo melhor

Como sugestão final, por que não fazer a reunião de modo diferente de vez em quando? Se está um belo dia, sugira uma viagem para o campo e faça a reunião ao ar livre.

Se você tiver apenas alguns itens para discutir, desafie-se a fazer uma reunião com todos de pé, onde ninguém possa se sentar (o supereficiente ex-prefeito da cidade de Nova York, Michael Bloomberg, era um grande fã das reuniões de dez minutos, onde todos ficavam de pé). Ou surpreenda a sua equipe com um pequeno agrado, como cupcakes ou cerveja, se a reunião for no final do dia. Contrariamente à crença popular, as reuniões não têm de ser assuntos sem alma, de sala de conferência. Não tenha medo de mudar um pouco as coisas.

Como conduzir uma conferência ou videoconferência que não seja maçante

Às vezes acho que a verdadeira razão que me levou a escrever este livro tão longo foi ter uma desculpa para ensinar às pessoas a fazer videoconferências menos entediantes. Você tem de concordar que a maioria delas é insuportavelmente modorrenta, não acha? Alguém sempre erra o número de discagem, todos falam ao mesmo tempo, metade dos participantes na verdade está lendo e-mails ou fazendo compras na Amazon, e os momentos desconcertantes de silêncio são excruciantes. Está nas suas mãos fazer audioconferências e videoconferências melhores. Siga todas as diretrizes que mencionei antes com relação às reuniões e, então, acrescente a elas estas dicas aqui:

Verifique a aparelhagem

Mesmo que você já a tenha usado um milhão de vezes, verifique novamente a linha que será usada, seu fone de ouvido e o microfone antes de liderar uma audioconferência. Certifique-se (ou peça a um assistente que se certifique) de que as pessoas vão conseguir ouvi-lo claramente e que todos receberam o número de discagem correto. Se a sua empresa tiver uma linha própria para audioconferências, verifique se a reservou corretamente e não entre na chamada de outra pessoa (essa gafe embaraçosa ocorreu muitas vezes quando eu participava de audioconferências iniciadas por outra pessoa numa *startup* ou pequena empresa). E, claro, certifique-se de estar num local silencioso. Se possível, nunca conduza uma audioconferência do seu carro, de um táxi, de uma cafeteria ou de qualquer outro local onde você não possa controlar o ambiente, o seu cachorro latindo ou o sinal do seu Wi-Fi.

Comece cedo

Você perde a credibilidade e irrita as pessoas quando elas chegam pontualmente para uma audioconferência e ouvem uma voz robótica repetir várias vezes: "O host ainda não chegou". Não se atrase para a sua própria festa.

Seja como um apresentador de programa de rádio

Apresente cada item da pauta com alguns comentários seus e depois peça a cada indivíduo para oferecer seu *feedback* por nome. Isso é parecido com a maneira como um apresentador de rádio lida com os convidados do seu programa que não estão fisicamente no estúdio: "Estamos falando hoje sobre possíveis ideias para as novas mídias sociais. Danielle, posso lhe pedir para nos dar sua opinião a respeito?" E, então, quando Danielle terminar de falar, diga: "Obrigado pelas ótimas ideias, Danielle. Steve, quais são suas sugestões?" Isso evitará que as pessoas falem ao mesmo tempo. Para ter certeza de que todas as pessoas terão chance de falar, você sempre pode dizer: "Alguém mais quer acrescentar alguma coisa? Derek, e você, o que acha?".

Faça contato visual virtual

Durante uma videoconferência, lembre-se de que você precisa olhar para a câmera do seu dispositivo em vez de olhar para a pessoa com quem está falando na tela. Isso pode parecer estranho, mas é vital quando se faz uma apresentação ou um comentário longo. Caso contrário parecerá aos seus ouvintes que você está na verdade olhando para baixo e eles vão perder o interesse rapidamente. Da mesma forma, olhe para a câmera quando outra pessoa estiver falando para que não pareça que sua atenção está dispersa.

Seja imparcial

Se você estiver numa situação em que algumas pessoas estão participando da sua reunião em pessoa e outras estão assistindo por videoconferência ou teleconferência, faça o possível para tratar as pessoas na tela ou no telefone como se estivessem realmente na sala. É natural concentrar sua atenção nas pessoas que respiram ao seu lado e até mesmo fazer comentários laterais para elas, mas isso é injusto com os participantes virtuais. Eles podem ter dificuldade para chamar sua atenção, então diga-lhes no início da reunião que você vai pedir a opinião deles ao fim da exposição de cada tópico e, então, cumpra essa promessa.

Como fazer uma apresentação brilhante

Por fim, vamos discutir as situações em que você está no palco como um apresentador formal. Mesmo que vá falar por apenas cinco minutos, seja inteligente e pense em qualquer apresentação como uma oportunidade para promover sua marca de liderança e ganhar o apoio e o respeito das pessoas da plateia. Muitos líderes ficam aterrorizados ao falar em público (como meus colegas costumavam dizer: "A maioria das pessoas preferia estar no caixão do que fazendo o elogio fúnebre"), então isso pode ser um diferencial enorme se você for excelente nisso.

Aqui estão minhas melhores dicas de apresentação, baseadas em mais de quinze anos como palestrante profissional:

Estruture de um modo inteligente

O conselho clássico sobre a estruturação de uma apresentação ainda é o melhor: (1) Diga o que você pretende dizer. (2) Diga. (3) Então explique o que você disse. As pessoas querem saber que você organizou sua palestra de maneira inteligente e lógica, e essa estrutura prova que você fez isso. Você também deve informar ao público a finalidade da apresentação para que saibam o que preparou para eles. Por exemplo, você deve começar dizendo: "Durante os próximos dez minutos vou dar a vocês o relatório do nosso progresso com três dos nossos principais clientes. O principal propósito dessa apresentação é nos certificar de que cada um de vocês está a par dos projetos que ainda temos com cada cliente até o final do ano, para que assim possamos atingir nossos objetivos. Por favor, guardem suas perguntas para o final". Em seguida, você deve passar alguns minutos falando sobre cada um dos três clientes. Por fim, você conclui dizendo: "Como prometido, essa foi uma atualização sobre o nosso progresso com o cliente A, cliente B e cliente C. Que perguntas vocês têm?"

Respeite o tempo estipulado (silenciosamente)

Conforme demonstrado no exemplo anterior, diga às pessoas de antemão por quanto tempo você planeja falar e quando elas terão a oportunidade de fazer perguntas.

Depois que a apresentação começa, é 100 por cento responsabilidade sua, como orador, controlar o tempo e cumprir o que prometeu. Você pode certamente pedir a um colega que lhe avise quanto faltarem cinco minutos para o término do tempo estipulado, mas ninguém mais na sala deve ter de consultar o relógio. Isso é especialmente importante se souber que está ficando sem tempo. Uma das coisas que acho mais irritantes é quando um orador diz: "Bem, está ficando tarde, então vou ter que deixar algumas informações de lado e ir direto para o final..." Não há necessidade nenhuma de alguém saber que você está suprimindo informações, mesmo que precise ignorar alguns slides da apresentação. Isso faz com que as pessoas fiquem nervosas por você e irritadas com a prova de que não sabe administrar o seu tempo.

Tente determinar com antecedência quais slides ou tópicos podem ser suprimidos se o tempo estiver curto ou se o evento ou reunião estiver atrasada sem ser culpa sua. Como regra geral, seja precavido e sempre prepare um pouco menos de conteúdo do que você acha que terá tempo para expor. (A maioria das pessoas faz o contrário e prepara conteúdo demais.) Se você terminar na hora planejada, sempre pode responder a mais perguntas ou simplesmente terminar mais cedo, o que provavelmente fará com que seu público o ame para sempre.

Você é a apresentação, não os seus slides

Quando se trata de imagens, menos é mais. Ninguém nunca disse: "Eu simplesmente adoro os slides do PowerPoint!". Então por que — mas por quê, meu Deus? — todo mundo os usa? Eu mostro sobretudo imagens em meus slides e uso tópicos quando são absolutamente necessários, em geral quando são conclusões importantes. Um dos meus mentores aconselhou-me a nunca incluir mais de dezesseis palavras num slide. Eu não sigo esse conselho às vezes (normalmente quando se trata da citação de um especialista), mas, na maioria dos casos, essa é uma grande regra de ouro.

Em geral, seus slides devem ser um acréscimo à sua apresentação, não o ponto central, e você deve ser capaz de fazer a sua apresentação inteira sem slides se necessário. Paul Smith, um executivo da Procter & Gamble, aprendeu essa lição quando estava lançando uma nova técnica de pesquisa de mercado para o CEO da empresa, A. G. Lafley. Smith preparou cuidadosamente mais de trinta slides de PowerPoint para essa importante apresentação. Quando Lafley entrou na sala, ele virou as costas para a tela e ficou olhando diretamente para Smith durante a apresentação inteira, sem olhar para um único slide. Smith comentou sobre essa apresentação, "Eu senti que talvez não tivesse feito um trabalho muito bom, porque ele não estava olhando meus slides como todo mundo. Só me ocorreu mais tarde que ele fez isso porque estava mais interessado no que eu tinha a dizer do que nos meus slides". Sim. Todo mundo se interessa mais pela pessoa que está falando.

Pratique, pratique, pratique

As pessoas muitas vezes me perguntam se eu fico nervosa antes das minhas palestras. Para ser franca, minha resposta é não, porque eu nunca me levantaria para fazer uma palestra profissional sem treinar muitas, muitas, muitas vezes antes. Falar em público é uma habilidade que você pode aprender e, quanto mais pratica, melhor fica. (A propósito, o mesmo vale para as negociações, *feedbacks*, o desafio de demitir pessoas e muitas outras situações que muitas pessoas temem, mas explicarei mais sobre esses tópicos no próximo capítulo.) Não importa se você pratica na frente de algumas pessoas confiáveis ou apenas fica de pé em frente ao espelho, toda vez que expõe o seu conteúdo em voz alta torna-se um pouco melhor. Nunca fique na frente de um público — especialmente se for importante, como investidores, doadores, eleitores ou clientes em potencial — sem ter praticado tanto quanto possível primeiro.

Mesmo se você for convidado a fazer uma apresentação num prazo muito curto, reserve um tempo para organizar seus pensamentos antes de abrir a boca. Eu estava sentada na plateia de uma conferência, ouvindo um dos meus maiores clientes de consultoria dar uma palestra, quando ele pediu para eu me juntar a ele no palco e dizer umas poucas palavras. Instintivamente, peguei a única folha de papel que pude encontrar — meu cartão de visita — e rapidamente anotei algumas coisas ali que eu queria dizer. Eu continuei escrevendo enquanto caminhava para o palco e ele me entregava o microfone.

Para ser franca, meu trabalho é fazer palestras e me sinto mais confortável falando em público do que a maioria das pessoas. Se a ideia de precisar dar uma palestra de improviso aterroriza você, saiba que toda a preparação que você faz para os seus discursos formais irá ajudá-lo tremendamente em situações como essa. Uma alternativa é recorrer à técnica de questionamento. A maioria das pessoas acha mais fácil responder perguntas do que formular suas próprias ideias a partir do zero, então, se você for colocado sob holofotes, pode transformar sua palestra numa sessão de perguntas. Por exemplo: "Eu adoraria falar sobre o projeto que o meu colega estava descrevendo e quero que as informações sejam as mais relevantes para você. Vocês têm perguntas sobre o assunto?"

Pressione o botão "Gravar"

Sem nenhuma exceção, a melhor forma de praticar uma apresentação é ensaiar em frente a uma câmera. Por mais horrível que seja assistir a você mesmo num vídeo, os melhores oradores gravam a si mesmos falando e aprendem com o que veem. Essa é a maneira mais rápida de perceber se você tem hábitos estranhos, como ficar clicando uma caneta, torcendo o cabelo ou balançando para a frente e para trás. (Assistir meus vídeos no início da minha carreira como oradora levou-me a perceber com alarme que eu tinha uma tendência para inclinar a cabeça para o lado. Depois que me dei conta disso, ficou fácil corrigir.) Se você já se considera um bom orador, assistir-se em vídeo vai lhe mostrar áreas em que pode ficar ainda melhor. Estudar grandes oradores em vídeo (TED.com é a minha inspiração favorita) também pode ajudá-lo a tornar-se ainda melhor.

Planeje um grande desfecho

Mesmo no caso de uma apresentação curta, você sempre quer terminar com chave de ouro. Muitos oradores novatos podem arruinar uma grande apresentação terminando-a com um comentário do tipo: "Ok... acho que é só..." Eu gosto de concluir minhas apresentações com afirmações inspiradoras ou uma palavra de agradecimento. Usando um exemplo anterior, da apresentação de uma cliente, um bom desfecho seria: "Obrigada por ouvir este panorama, eu adoraria conhecer a opinião de vocês. Mas antes de fazerem perguntas, eu queria lembrar a todos de que os nossos clientes são alguns dos melhores do ramo e que o seu *feedback* sobre o nosso trabalho tem sido excelente. Vocês são uma ótima equipe, e eu aprecio profundamente a dedicação de todos. Obrigada".

OK... Acho que é só isso...
(Brincadeira!)

Passamos muito tempo falando sobre uma variedade de habilidades de comunicação porque a forma como você se comunica é uma das mais importantes alavancas para o seu sucesso como líder. Agora, vamos mergulhar de cabeça em outro ponto crucial da sua jornada de liderança: como gerenciar pessoas.

Capítulo 5

Gerencie

Dirija o caminhão, distribua prêmios e deixe a porta "quase"
fechada

Como você deve se lembrar da introdução, meu primeiro cargo de liderança oficial durou apenas três semanas. Mas mesmo esse tempo limitado foi suficiente para eu aprender uma das mais importantes lições: ter sucesso profissional não é (não mesmo) a mesma coisa que ter sucesso como líder.

Ser um grande vendedor não faz de você automaticamente um grande gerente de vendas. Ser um grande ator não faz de você um grande diretor. Ser um grande vereador não faz de você um grande prefeito.

E para mim, ser ótima em desenvolver parcerias de marketing com associações profissionais de mulheres não me tornou nem remotamente mais competente em ensinar meu primeiro assistente direto, Alex, a fazer o mesmo.

Embora eu tenha conseguido ensiná-lo muito bem sobre a importância desses relacionamentos para a nossa empresa e como eles acabam beneficiando nossas clientes — as profissionais que buscam o aconselhamento profissional da WorkingWoman.com —, continuei fazendo, eu mesma, todo o trabalho que fazia anteriormente, como negociar acordos e buscar novos parceiros em potencial. Eu atribuí

173

a Alex algumas tarefas administrativas, mas mantive todas as coisas importantes para mim e me perguntava por que ele não parecia tão ocupado enquanto eu me esfalfava mais do que nunca tentando orientá-lo e fazendo todo o meu trabalho, também.

O que você conquistou até aqui não vai levá-lo aonde quer chegar

Não pude resistir a roubar o título desta seção de um livro do *coach* de liderança executiva Marshall Goldsmith: o que você conquistou até aqui não vai levá-lo aonde quer chegar. É a maneira perfeita de transmitir a mensagem extremamente importante que eu mesma custei para entender e legiões de novos gerentes têm sentido muita dificuldade também para compreender: embora ser um ótimo funcionário leve você a um cargo de gerência, ser gerente é uma competência totalmente diferente, que exige habilidades totalmente diferentes e uma mentalidade igualmente diferente.

Não se contente em acreditar no que estou dizendo (ou Marshall Goldsmith está dizendo). Procure no Google.

Em 2009, Laszlo Bock, vice-presidente sênior de operações do Google, lançou um estudo experimental para descobrir as diferenças entre os melhores e os piores líderes do Google (que, aliás, é o empregador mais desejado dos jovens profissionais). A empresa sempre acreditou que, por contratar pessoas realmente inteligentes, tudo o que um chefe do Google tinha que fazer era deixar que as pessoas trabalhassem em paz e fornecer conhecimentos técnicos quando solicitado. Bem, eles não podiam estar mais enganados.

Bock e o estudo da sua equipe, apelidado de Projeto Oxygen (e compreendendo, no verdadeiro estilo do Google, mais de *dez mil* observações sobre gerentes), descobriram que os especialistas técnicos estavam em último lugar no ranking dos chefes mais eficazes. Em vez disso, os funcionários mais procurados, e até reverenciados, eram os chefes que tinham tempo para reuniões individuais, ajudava-os a resolver problemas e demonstravam interesse pelas suas vidas e carreiras. Como disse Bock: "Se eu sou gerente e quero melhorar, e quero mais do meu pessoal e quero que eles sejam mais felizes, as duas coisas mais importantes que posso fazer são me certificar de que tenho algum tempo para ouvi-los e ser coerente. E isso é mais importante do que fazer todo o resto".

O PhD Michael Woodward (mais conhecido como dr. Woody), psicólogo organizacional e autor do livro *The You Plan*, concorda: "Quando você vai assumir um papel que exige o gerenciamento de pessoas", disse-me ele, "a chave é a sua capacidade de agir através de outras pessoas. E isso nem sempre é divertido! Sua inclinação natural é, muitas vezes, recorrer à sua experiência e fazer o que você faz bem, que é ser um profissional individual. Qualquer novo gerente esforçando-se muito para conseguir os resultados de que precisa vai tender a arregaçar as mangas e fazer o trabalho ele mesmo. Você vai estar nas trincheiras com as pessoas das quais precisa ser líder. Então precisa perguntar a si mesmo quem está liderando se você está tentando fazer o trabalho todo sozinho".

Bem-vindo, novatos!

Como o dr. Woody apontou, conquistar um cargo de gerência pode ser uma difícil transição. Por mais que você queira ser um líder, pode não querer renunciar ao seu estatuto de funcionário padrão ou aos aspectos do seu trabalho pelos quais você foi notado e o levou a conseguir o cargo de liderança. Se você é da área de vendas, talvez não queira transferir seus relacionamentos com os melhores clientes para um dos membros da sua equipe. Se estiver no atendimento ao cliente, pode estar convencido de que ninguém conseguirá aplacar um cliente irritado assim como você consegue. Se é empresário, pode temer entregar o seu "filho" a outra pessoa pela primeira vez. Você pode descobrir que está sentindo falta do seu antigo papel ou mesmo com um sentimento de inveja dos seus empregados.

Muitos novos gerentes também experimentam a tal síndrome do impostor de que falamos no Capítulo 1. Isso é inteiramente normal e esperado. Afinal, embora você com certeza tenha progredido ao assumir um papel de liderança, também está retrocedendo. Pense nisso: você está mudando de um nível de maestria no seu papel de funcionário individual para o nível de iniciante no seu cargo de gestor. Não subestime o quanto isso pode ser difícil, não importa o quanto você seja esperto, bem-sucedido ou bem assessorado.

Isso me lembra a transição do último ano do ensino médio, quando você está no topo da cadeia alimentar, para o primeiro ano da faculdade, quando você está de volta à estaca zero. Como conselheira residente eu testemunhei essa dificuldade muitas vezes. Meu conselho para os alunos continuamente oprimidos e frustrados do primeiro ano era mergulhar de cabeça na sua nova realidade. Quando está imerso no seu novo ambiente de trabalho, você pensa menos no antigo. Eu não estou dizendo para reprimir as emoções que você está sentindo — é certamente normal e saudável reconhecer qualquer sentimento que você esteja experimentando e discuti-los com um amigo de fora do escritório, mas, quando você está trabalhando duro, não tem tempo para choramingar ou alimentar reminiscências. Comece a se empenhar para se transformar num mestre em suas novas responsabilidades de gestão o mais rapidamente possível.

Isso significa que haverá momentos em que você terá que fazer coisas em que ainda não é bom (ou que nunca fez antes), como delegar responsabilidades, fazer entrevistas e contratar novos funcionários, ou mesmo rebaixar ou demitir alguém.

Então, como você se torna um grande líder desde o primeiro dia?

Você não se torna.

Infelizmente, algumas coisas não podem ser apressadas, e a experiência de gestão é uma delas. Você pode e deve ler tanto quanto possível sobre como ser um bom gerente (e espero que este livro e este capítulo em particular seja um bom começo), mas você só não pode se tornar um gerente mestre de um dia para o outro, ou de um mês para o outro ou mesmo de um ano para o outro. Você terá pontos fortes naturais e sólidos instintos para alavancar (como fazer grandes piadas motivacionais ou mostrar compaixão pelos erros das pessoas), mas simplesmente não poderá se destacar em todos os aspectos da liderança se nunca passou por essa experiência. Existe um milhão de situações em que você terá que liderar antes de estar totalmente pronto. Isso é perfeitamente normal. Lidere seja do que jeito for.

Liderar "seja do jeito que for" significa obter confiança com base na confiança que você tem nas pessoas que o promoveram a um cargo de gestão ou nos seus próprios instintos, que o fizeram se lançar no seu próprio empreendimento. Liderar "seja do jeito que for" significa procurar no Google "Como entrevistar um candidato a uma vaga" uma hora antes de os candidatos começarem a chegar para a entrevista. Liderar "seja do jeito que for" significa fazer o melhor possível todos os dias e corrigir seu curso um pouco por vez.

Claro que eu ainda vou compartilhar com você todos os segredos que tenho para ajudá-lo a se sentir o mais preparado possível.

VOZES DOS LÍDERES DA GERAÇÃO DO MILÊNIO

Alguns meses depois de começar no meu primeiro emprego como "adulta", eu já estava treinando recém-contratados que não faziam nem ideia do quanto eu estava nervosa. Aposto que a maioria dos grandes líderes esconde suas preocupações e inseguranças.

— Elizabeth Lotto, assistente editorial

As três leis essenciais da liderança do século XXI

Uma pergunta que fiz a cada pessoa que entrevistei para este livro foi: "Que habilidades os líderes de hoje precisam que são novas ou diferentes das habilidades que os líderes do passado precisavam?" Descobri que as respostas se encaixavam em três temas abrangentes que irão permear muitas das situações que você enfrentará como chefe hoje e num futuro próximo:

1. Adaptabilidade a mudanças rápidas

Não há dúvida de que estamos vivendo — e você está liderando — em tempos muito tumultuados. Economias, empresas, países, tecnologias e carreiras estão passando por uma metamorfose e mudando mais rapidamente do que nunca. Stéphanie Villemagne, diretora do programa de MBA da INSEAD (apelidada de "escola de negócios para o mundo"), cita a "adaptabilidade a mudanças rápidas" como uma das mais importantes qualidades de que um líder global do século XXI precisará, e muitos outros líderes concordam. "Trata-se de encarar com tranquilidade a incerteza", ela me disse. Existem algumas áreas nas quais você precisará ser mais adaptável em sua liderança e gestão:

Tecnologia

"Ninguém mais fala muito sobre habilidades técnicas específicas", disse Villemagne. "Trata-se de ser capaz de se adaptar à medida que surgem novas tecnologias". Isso pode parecer fácil hoje quando, como um jovem líder, você provavelmente está na vanguarda das atuais tecnologias, como novos sistemas operacionais e tecnologia ligada à moda. Mas e amanhã, quando a próxima geração aparecer com seus fones de ouvido de realidade virtual e impressoras pessoais 3-D? É mais fácil do que você pensa ficar para trás ou começar a evitar novas ferramentas. Nos "velhos tempos", quando o e-mail era uma novidade, era comum que os executivos fizessem com que seus assistentes imprimissem cada mensagem para que pudessem ler sua correspondência em papel e arquivar tudo em ordem alfabética. Não seja esse tipo de líder! Comprometa-se a acompanhar a tecnologia, não importa o quanto você seja ocupado. Se você não tiver uma compreensão das tecnologias que sua organização usa hoje — programas de criptografia, softwares de gestão do relacionamento com o cliente (CRM, na sigla em inglês), serviços de documentos compartilhados etc. —, marque uma reunião com um membro da sua equipe de tecnologia e coloque-se a par de tudo isso. Como eu digo ao meu público de *baby boomers* e também da Geração X, não é mais aceitável dizer: "Eu não sou muito ligado em tecnologia".

Estabilidade no emprego

Em nenhum momento da história humana as pessoas mudaram tanto de emprego e carreira, e essa tendência continuará a crescer. De acordo com a Agência de Estatísticas do Trabalho dos Estados Unidos, hoje o trabalhador permanece em média num emprego por apenas 4,4 anos. Os membros da Geração Y, cerca de três anos, o que significa que em vinte anos as pessoas vão passar por quinze a vinte postos de trabalho no decurso da sua carreira. Isso também significa que você estará liderando equipes cujo talento também passa por muitas mudanças. "Historicamente, você contratava pessoas do começo ao fim da carreira delas", diz Lori High da The Hartford. "Agora você tem que contratar pessoas talentosas que entram e saem e se sentem confortáveis com as mudanças na cultura que isso cria".

Essa talvez seja a única tendência sobre a qual você tem um pouco de controle. Se quiser manter seus melhores talentos por mais tempo, pode ser um chefe melhor. Muitos estudos (incluindo o Projeto Oxygen do Google) descobriram que o que mais afeta o modo como os funcionários se sentem com relação ao seu trabalho — e se permanecem neles ou não — é sua relação com seu gerente direto. As pessoas geralmente não pedem demissão da empresa em que trabalham; pedem demissão do seu superior. Quanto mais acessível, justo e solidário você for como líder, menos demissões vai haver em sua equipe.

Linhas do tempo

Hoje quase tudo acontece mais rápido do que jamais aconteceu. Isso vale tanto para a passagem do tempo, minuto a minuto, como também a longo prazo. Como Lori High comentou para mim: "A maneira histórica de olhar as coisas a longo prazo era fazer um plano para oito a doze anos à frente. Agora, um "plano de longo prazo" provavelmente engloba cinco anos à frente, com a necessidade de se adaptar a todo momento às forças inconstantes do mercado".

De forma alguma você deve mudar sua estratégia ou estilo de liderança para se ajustar a cada moda passageira, mas o ritmo de mudança hoje requer extrema agilidade e cabeça aberta. Não é exagero hoje dizer: adapte-se ou entre em extinção. Caso em questão: em 1958, uma empresa poderia permanecer no S&P 500 (a lista das 500 empresas com ações de maior valor de mercado nos Estados Unidos) por sessenta e um anos. Hoje em dia, a média é de apenas dezoito anos.

2. Consciência Cultural

A adaptabilidade à mudança também inclui mudanças nas pessoas com quem você trabalha. Para os tradicionalistas e os primeiros *baby boomers*, a maioria das grandes instituições era liderada e dominada por homens brancos. Depois veio o movimento dos direitos civis, o movimento das mulheres, o movimento do orgulho gay, a ascensão da população hispânica (que é agora o grupo minoritário de crescimento mais rápido nos Estados Unidos) e outras mudanças culturais e demográficas. A Geração do Milênio, em resultado, representa a mais diversificada geração da história americana, o que significa que ela terá de cultivar um estilo de liderança mais inclusivo do que as gerações anteriores podem ter necessitado.

DE OLHO NAS TENDÊNCIAS: MÚLTIPLOS *MASHUPS*

Você está se tornando um líder num momento de extraordinária mudança, com os *baby boomers* chegando à idade tradicional de aposentadoria, ao mesmo tempo em que os milênios estão começando a chegar à casa dos 30 anos e a tomar as rédeas. Países como China e Índia estão a caminho de se tornar potências econômicas mundiais, e as indústrias estão ascendendo e decaindo num ritmo acelerado.

> Essas mudanças vão alterar profundamente nossas nações e empresas, em direção a um modo de operar muito mais global, diversificado e tecnológico (leia-se: Geração do Milênio), mas no momento e por vários anos ainda ficaremos em meio aos *mashups*. Líderes, comerciantes, designers industriais, profissionais do entretenimento, políticos e qualquer pessoa que queira ter sucesso terão de compreender e apelar para uma gama incrivelmente ampla de pessoas, culturas, estilos de trabalho e competências funcionais. Como observou a professora da Universidade de Columbia Angela Lee: "a liderança interfuncional nem sequer é mencionada como um pré-requisito para se conseguir um emprego, porque todos nós temos que fazer isso agora".

Dan Black, diretor de recrutamento da EY Americas, contrata jovens líderes há mais de dezesseis anos. Quando lhe perguntei o que ele mais procura em líderes em potencial, ele mencionou em primeiro lugar a diversidade: "Procuramos pessoas que demonstram uma liderança inclusiva. Achamos que esse é um indicador importante de sucesso futuro, devido às mudanças mundiais. Procuramos pessoas que reconheçam o valor intrínseco das diferenças, que entendam que ter um ponto de vista torna você muito bem-sucedido e que sua abordagem se baseia no seu histórico profissional. Estou falando de ser capaz de apreciar outros povos, pensamentos e abordagens diferentes, e conseguir incorporar tudo isso".

Como um jovem líder ou líder em potencial demonstra uma abordagem inclusiva à liderança? Segundo Black: "Isso se mostra através das equipes ou empresas com as quais ele opta por trabalhar. Você está buscando ativamente aqueles que têm uma opinião, um conjunto de habilidades ou uma experiência de vida diferente da sua? Por exemplo, se você é estudante, quando tem que fazer um trabalho em sala de aula, você procura as mesmas cinco ou seis pessoas ou vai atrás de alunos com antecedentes diferentes, cuja disciplina básica seja diferente da sua ou que sejam de outra região do país? Qual é o seu entusiasmo com relação a experimentar coisas novas e diferentes? Você já passou algum tempo no exterior? Está consciente do que está acontecendo fora do seu mundo imediato?" Se suas respostas a essas perguntas demonstrarem que você não tem sido particularmente inclusivo, agora é o momento de expandir seus horizontes e fazer contato com pessoas e maneiras de pensar diferentes.

3. Transparência

Quando o atleta paraolímpico americano Jeremy Lade era garoto, seu pai *baby boomer* era o treinador do seu time de basquetebol. "Não havia muita comunicação além das instruções básicas de jogo", lembra Lade. "'Correto' ou 'incorreto' era o *feedback*. E meu pai me disse que seu próprio treinador de basquete era ainda mais durão, do tipo 'ou faz do meu jeito ou cai fora!'." Agora que Lade é, ele próprio, um treinador, está aprendendo que o velho estilo de gerenciamento de "comando e controle" não funciona mais. "Eu não consigo muito dos jogadores apenas dizendo que o que eles estão fazendo é certo ou errado. É preciso muito mais comunicação", ele explica. "Os jogadores querem saber *por que* estão fazendo uma certa jogada, por exemplo."

De acordo com o Enquete da Deloitte sobre a Geração do Milênio de 2014, "Em todas as geografias, os milênios esperam que os líderes do século XXI sejam mais abertos, transparentes e colaborativos —, deixando de lado o modelo *baby boomer* de liderança, considerada distante e autocrática". A transparência é a terceira lei essencial de gestão para os líderes de hoje, e, como ilustra a história de Lade, ela representa um grande afastamento do modo como as gerações anteriores gerenciavam as pessoas.

Para ser justa com as gerações anteriores, tenho de dizer que grande parte da razão pela qual esperamos transparência é a internet. Nós simplesmente sabemos mais sobre tudo agora, por isso queremos saber mais sobre os nossos líderes —, por parte deles, inclusive. Não é incomum, hoje em dia, que as empresas divulguem publicamente os salários dos seus líderes ou façam transmissões ao vivo de eventos que antes ocorriam a portas fechadas, como reuniões de conselho ou sessões de desenvolvimento de produtos. Até o presidente dos Estados Unidos participou de uma sessão "Ask Me Anything" no site de mídia social Reddit. "A confiança e a transparência nas comunicações estão se tornando cada vez mais vitais", diz Jacqueline Broder, membro da Geração Y e diretora de marketing e comunicações do Grupo de Restaurantes KG-NY. "A era digital praticamente implora por isso. As pessoas podem facilmente descobrir mais informações do que nunca sobre os líderes e sua vida pessoal. Na verdade, podem até vê-las num vídeo em vez de lerem num artigo. Podem interpretar as expressões faciais, o tom de voz e traços de caráter em vez de decifrar tudo isso através de um texto. Nunca foi tão fácil julgar a credibilidade de alguém."

> ### VOZES DOS LÍDERES DA GERAÇÃO DO MILÊNIO
>
> Eu acho que a maior diferença entre os líderes de hoje e os líderes do passado é a dose de transparência necessária. As pessoas estão dispostas a aceitar falhas, mesmo em seus líderes, mas ninguém gosta — ou confia — num mentiroso ou alguém que esconde algo. Um líder, mesmo com falhas, está disposto a dar a cara para bater e ainda assim ser poderoso.
>
> — Alexis Odesser, vice-presidente, Emanate

Como liderar pessoas quando você não tem nenhuma experiência em liderar pessoas

Já estabelecemos que a maioria dos gerentes de primeira viagem não faz ideia do que está fazendo e que o papel de um gerente nunca foi tão complicado. Infelizmente há mais más notícias: muito poucas empresas sabem ensinar os funcionários a ser bons patrões. Muitas não fornecem esse treinamento ou fornecem muito tarde: a idade média dos gerentes de primeira viagem é 30 anos, mas a média de idade das pessoas em treinamento de liderança é 42! E membros da Geração do Milênio como você estão se tornando líderes bem mais jovens, porque muitos *baby boomers* estão se aposentando e desocupando cargos de liderança. De acordo com a especialista em líderes da Geração do Milênio Alexandra Levit: "Na mesma idade da Geração Y de hoje, a maioria dos *baby boomers* e da Geração X ainda ocupava cargos de nível júnior".

> **DE OLHO NOS NÚMEROS: PRONTO OU NÃO...**
>
> Dos membros da Geração do Milênio que são líderes atualmente, só 36% disseram que se sentiam prontos quando começaram a desempenhar esse papel.
>
> — Enquete da Deloitte sobre as
> Tendências do Capital Humano Global, 2014

Há uma luz no fim do túnel na nossa história compartilhada de líderes despreparados: todos podemos aprender com as experiências deles. Eu pedi a uma variedade de líderes bem-sucedidos para oferecer suas sugestões sobre a nova liderança. Aqui está o que eles querem que você saiba:

Seja você mesmo

Este conselho vem de Alexandra Lebenthal, CEO da financeira Lebenthal & Co., a segunda maior instituição financeira de propriedade de uma mulher, na cidade de Nova York: "Gerir pessoas pode ser uma tarefa assustadora e um novo líder pode ter ideias preconcebidas sobre, de repente, se tornar outra pessoa, mas os melhores líderes que conheci são aqueles que deixam suas verdadeiras personalidades brilharem sendo abertos e acessíveis". Ela continua: "Quando eu me tornei CEO da minha empresa, era jovem e sentia que, para conquistar respeito, eu tinha que agir com mais autoridade. Ao fazer isso, tomei uma decisão e comuniquei-a de uma maneira que estava muito longe do meu jeito habitual de tratar as pessoas. Em resultado, uma pessoa pediu demissão. Se eu a tivesse tratado de forma diferente, ela poderia ter ficado. Foi um verdadeiro chamado de despertar para mim".

Por favor, não interprete esse conselho como um sinal de que você deve compartilhar todos os seus temores ou inseguranças com a sua equipe. Isso pode causar duas vezes mais medo e insegurança entre seus membros, o que não é apropriado. O que Lebenthal está dizendo é que é um erro assumir uma nova *persona* de "chefe" que não é autêntica. As pessoas são capazes de ver através dessa fachada falsa, e, como ela aponta, isso pode causar sérios problemas.

Como você pode ser autêntico ao mesmo tempo em que exerce a sua nova autoridade? Uma técnica que eu usei é ensaiar. Embora possa parecer incoerente praticar para ser natural, é uma estratégia útil se você está tendo um monte de conversas que nunca teve antes. É difícil soar natural quando está dizendo algo pela primeira vez na vida. Quando eu estou planejando algo pela primeira vez (como na minha primeira reunião de diretoria numa empresa sem fins lucrativos), conto com a ajuda de um amigo ou mentor e pratico o que eu quero dizer e o jeito como quero dizer. (Note que esse amigo não deve ser ninguém que você lidere.) Eu ensaio para saber se devo ficar sentada ou de pé e se a minha linguagem é muito formal e deve ficar mais descontraída. Eu enceno com ela as perguntas e desafios que eu suspeito que terei de enfrentar, para que possa estar pronta para eles. Gostaria de poder dizer a você que todos os eventos para os quais ensaiei transcorreram sem nenhum contratempo, mas isso não é verdade. O que eu posso dizer é que aprendo um pouquinho mais a cada situação e cada vez fico um pouco melhor — e mais natural.

Ouça as outras pessoas

A maioria dos líderes bem-sucedidos que entrevistei para este livro falou sobre a importância de passar (muito) tempo de qualidade com sua equipe, quando assumir um novo papel de liderança. A pior coisa que você pode fazer é se esconder em seu escritório; você tem que sair e ficar com as suas tropas. Os políticos norte-americanos chamam isso de "turnê para ouvir" e é uma estratégia essencial para um líder. Segundo Scott Davis, diretor da Tisona Development, uma empresa de desenvolvimento imobiliário em Houston: "É bom estabelecer o quanto antes relações sólidas com seus funcionários ou seguidores. Quando sabe como eles são e os conhece pessoalmente, é muito mais fácil incentivá-los a seguir você".

> VOZES DOS LÍDERES DA GERAÇÃO DO MILÊNIO
>
> Conhecer a opinião dos outros é a forma mais rápida de construir sua reputação. Ouvir o que as pessoas que você lidera estão dizendo é o melhor recurso que você pode usar para nortear os seus passos.
>
> — Stephanie Jensen, coordenadora de estágios,
> Universidade de Oklahoma

Basta ter cuidado para que a busca de informações não se transforme em liderança por consenso. Como comentou James Duffy, representante dos funcionários de uma empresa de alimentação: "Os líderes precisam ter confiança em suas decisões. Isso não quer dizer que não possam buscar o *feedback* de sua equipe, mas, quando um gerente ou líder vacila em suas decisões, o desempenho de toda a equipe rapidamente reflete essa indecisão".

Por exemplo, digamos que você tenha acabado de assumir um cargo de liderança no seu departamento e uma grande decisão relativa ao orçamento seja necessária. É a primeira vez que você envia um orçamento anual para o CEO e está nervoso. Você sabe que ser um bom líder é algo decisivo e não quer que a sua equipe comece a se preocupar com a possibilidade de perderem seus empregos, mas você não tem certeza de que itens de linha cortar e quer que seu primeiro orçamento marque um golaço. Seria um erro marcar uma reunião geral, anunciar sua indecisão sobre o orçamento e pedir a todos para compartilhar suas sugestões. Uma ação melhor seria se encontrar individualmente com alguns conselheiros-chave que trabalharam com orçamentos antes e pedir a opinião deles. Não há necessidade de falar sobre a sua falta de experiência ou indecisão; apenas peça a opinião deles, ouça suas sugestões e agradeça.

Dirija o caminhão

Se você já assistiu ao programa de TV *O Chefe Espião*, saberá por que esse conselho é importante. Nesse programa, os CEOs se disfarçam e trabalham ao lado de seus empregados. Eles ficam frequentemente chocados ao descobrir como é de fato trabalhar em suas próprias empresas. Para evitar essa desconexão, é importante "dirigir o caminhão" tão cedo quanto seu papel de líder lhe permitir. Ouvi essa frase de um de meus mentores de liderança, Trudy Steinfeld, vice-presidente assistente e diretor executivo do Wasserman Center for Career Development em Nova York, que me disse: "Mesmo que você vá liderar muitas pessoas, precisa entender como é cada nível da empresa, o que implica cada trabalho, para que você tenha alguma experiência e compreensão".

Isso costumava acontecer naturalmente, pois muitas empresas — como a UPS e Walgreens — têm por hábito promover seus funcionários, e o CEO provavelmente começou sua carreira literalmente dirigindo um caminhão ou trabalhando atrás do balcão de uma farmácia. Isso não é tão comum hoje, então, se você não escalou sua jornada profissional até o topo, faça o que for possível para aprender com cada funcionário como é a sua experiência diária e que mudanças poderiam melhorar a produtividade ou os resultados dessa pessoa. Solidarizar-se com um empregado diante de uma tarefa difícil ou saber reconhecer quando ele consegue realizar algo realmente complexo ou demorado ajuda a criar empatia. Para não mencionar o fato de que, se você não souber como cumprir tarefas simples, como salvar um arquivo na rede ou recarregar a tinta da impressora, vai se sentir (e parecer) desnorteado se o empregado que normalmente desempenha essa tarefa estiver fora do escritório.

Basta lembrar, como eu aprendi ao liderar Alex, que dirigir o caminhão não significa fazer o trabalho dos seus empregados no lugar deles. Dr. Woody adverte que um erro de muitos jovens líderes é competir com as pessoas que estão liderando. Ele mesmo admite ter cometido esse erro quando foi promovido a gerente da PricewaterhouseCoopers. Estamos falando mais uma vez sobre a transição de colaborador individual para líder. "Como um jovem líder recém-promovido", diz Woody, "você ainda tende a ser um excelente funcionário e superar os outros. Isso pode vir a ter um preço alto e causar muito ressentimento entre os membros da sua equipe". Saiba como dirigir o caminhão, mas não tente dirigi-lo melhor do que o membro da sua equipe responsável por esse trabalho.

Garanta vitórias o quanto antes

Enquanto está sendo você mesmo e tentando construir um vínculo com seus funcionários em seu primeiro papel de liderança, você também quer ter certeza de que está fazendo um progresso genuíno. É por isso que os presidentes dos Estados Unidos são obcecados em realizar tanto quanto possível nos primeiros cem dias do seu mandato: as pessoas querem líderes que conseguem realizar as coisas. As primeiras vitórias podem ser grandes ou pequenas, variando desde cortar o impopular e "exigido" relatório até anunciar um novo cliente ou patrocinador. (Se você sabe que está prestes a conquistar uma promoção ou um novo cargo de gerente, não é má ideia guardar algumas boas notícias para depois que assumir o novo cargo.) Um bom uso da sua energia é assegurar que algumas mudanças positivas e públicas ocorram o mais cedo possível. Duas semanas após a promoção de Marissa Mayer a líder no Yahoo, ela anunciou que haveria comida de graça em todos os refeitórios. Considere as conquistas precoces um investimento no futuro moral e apoio da equipe.

Estabelecer indicadores-chave de desempenho

Como um novo líder, você também quer garantir vitórias antecipadas para as pessoas que você lidera, de modo que elas possam se sentir parte de uma equipe vencedora. Para isso, é essencial vincular suas contribuições individuais aos objetivos gerais que você tem junto à equipe, projeto ou empresa que agora está liderando. Uma maneira muito conhecida de medir o progresso é estabelecer indicadores-chave de desempenho (KPIs, na sigla em inglês) para cada pessoa. Os KPIs são os resultados que mais importam para sua equipe ou empresa. Por exemplo, se você executa um serviço de tutoria, seus KPIs podem incluir a porcentagem de melhora das médias dos seus alunos. Se você liderar uma organização sem fins lucrativos que distribui livros para crianças carentes, um KPI pode ser o número de crianças que você atingiu em um ano. Estabelecer KPIs ajudará os membros da sua equipe a ter uma visão mais ampla do que vocês querem alcançar e como cada um deles pode contribuir. Confira esses KPIs regularmente para garantir que todos estejam avançando na mesma direção.

Lembre-se de que liderar é tarefa sua...

Particularmente nos primeiros meses de seu novo papel de líder, você vai passar muito tempo lidando com os problemas de outras pessoas e, como no caso dos KPIs, ajudando-as a executar bem as suas funções. Isso pode ser frustrante se você estiver acostumado a cumprir muitas tarefas ou alcançar muitos resultados no decurso de um dia comum. Dr. Woody diz: "Conheci muitos novos líderes que não viam a "liderança" como parte do seu trabalho. Eles sentiam que essa era uma parte periférica ou complementar, quando na realidade era seu foco principal. Seu papel como líder é desenvolver os membros da sua equipe e levá-los ao sucesso. Trata-se de trabalhar *através* dos outros, influenciando a ação". Se você passou um dia inteiro conversando com os membros da sua equipe, reunindo-se com ela e respondendo a seus e-mails, tenha a certeza de ter feito o seu trabalho — e você tem feito muito.

...Mas não deixe de reservar tempo para o restante do seu trabalho

É claro que, na maioria dos cargos de liderança, você também terá relatórios para fazer, planilhas para revisar, negociações a fazer, clientes para conquistar e muitas outras responsabilidades, além de liderar sua equipe. Até mesmo um líder da Geração do Milênio, de espírito colaborativo e defensor da política das portas abertas, ainda precisará dedicar algum tempo ao seu trabalho individual. Como você consegue fazer isso? Kate White, ex-chefe de redação da *Cosmopolitan* e autora do livro de aconselhamento profissional *I Shouldn't Be Telling You This*, recomenda duas estratégias específicas que ela implementou com sucesso ao longo de sua carreira. Primeiro, ela me disse: "Na minha carreira em revistas, quando eu precisava realmente me concentrar, deixava a porta da minha sala fechada por uma hora todos os dias — ou seria melhor dizer "quase fechada", para que as pessoas pudessem ver que eu estava trabalhando e não trocando a meia-calça ou algo assim". Segundo: "Eu sempre, sempre chegava antes de todo mundo. Isso, para mim, é um segredo crucial para o sucesso, porque lhe dá uma vantagem fabulosa".

Concordo com Kate em ambos os pontos. Você tem que ter momentos no seu dia em que não será interrompido. Se você for firme com relação aos seus limites, independentemente de quais sejam, sua equipe vai se acostumar com seus hábitos e respeitar sua necessidade de espaço. Se simplesmente não conseguir que uma determinada pessoa pare de interromper você, diga que falará com ela dali a alguns minutos... na sala dela. Então você pode concluir o que está fazendo, ir até a sala da outra pessoa no horário que determinou e sair quando quiser. (A propósito, se você precisar demitir alguém, deve fazer isso na sala da outra pessoa e não na sua.)

DE OLHO NOS NÚMEROS:

TRABALHANDO PARA UM VENCEDOR

Assim como seus funcionários (ou voluntários, colaboradores e outros interessados) querem fazer perguntas ou saber sua opinião, eles também querem que você seja bem-sucedido. Por quê? Porque querem trabalhar para um vencedor. De acordo com um estudo realizado em 2013 pelo Instituto Kronos em homenagem ao Dia Nacional dos Patrões (que nos Estados Unidos é comemorado dia 16 de outubro), se pudessem escolher entre um gerente que é um grande realizador mas exigente ou um gerente que é agradável mas ineficaz, 75 por cento dos empregados escolheriam o grande realizador.

Teste: Qual é o seu estilo de gerenciamento?

Nos primeiros capítulos deste livro, discutimos a importância de conhecer a si mesmo e solidificar a sua marca pessoal. Depois de supervisionar pessoas por algum tempo, sua marca pessoal irá evoluir até você assumir um estilo de gerenciamento, que basicamente significa a maneira como interage com as pessoas que lidera. Vale a pena fazer uma pausa por um instante e refletir se o estilo de liderança que está desenvolvendo é o que você realmente deseja.

Por que o fato de conhecer seu estilo faz de você um chefe melhor? Eu formulei essa pergunta para outro de meus mentores de liderança, Carol Frohlinger, diretora administrativa da Negotiating Women, Inc. "O benefício de ter um estilo de gerenciamento e conhecê-lo", ela me disse, "é que isso lhe dá uma base. Dá um ponto de vista. Você continuará a encontrar situações que nunca enfrentou antes, e seu estilo lhe dará uma bússola".

Por exemplo, se seu estilo consiste em fazer muitas perguntas, quando se encontrar diante de uma situação de crise, você poderá lembrar a si mesmo de que se sai melhor quando faz uma pesquisa antes de saltar direto para uma conclusão. Seu estilo de gerenciamento também indica onde você poderá enfrentar desafios. Por exemplo, se você é do tipo questionador, pode achar difícil parar de fazer perguntas e começar a tomar decisões. Se souber disso sobre si mesmo, pode limitar essa tendência, talvez fixando um prazo para parar de questionar as pessoas e começar a pensar na resposta final. Conhecer seu estilo também o ajuda a criar a equipe certa ao seu redor: se você conhece suas tendências, pode determinar com mais precisão quais outros tipos podem complementar melhor o seu. (Pense: introvertido/extrovertido, cooperativo/individualista.)

Qual é o seu estilo de gerenciamento e como isso pode ajudá-lo a tomar decisões como líder? Faça este teste para descobrir.

Você precisa decidir se deve cortar a festa de final de ano da sua empresa ou fazer uma mais modesta, para caber no seu orçamento. O que você faz?

a. Corta a festa. A maioria das pessoas não morre de medo mesmo de ir nesse tipo de evento?

b. Pede ao responsável pelos eventos da empresa para dar algumas ideias sobre como vocês podem comemorar sem gastar demais. Se aceitarem as sugestões, a festa está de pé!

c. Deixa sua equipe decidir se quer uma festa de final de ano e aceitam cortes em outros aspectos. O que vale é a opinião da maioria.

d. Delega a decisão ao segundo no comando. Ele é muito mais próximo da equipe e saberá como a decisão vai afetar o moral de todos.

Quando se trata de tomar decisões difíceis, você:

a. Sempre confia nos seus instintos. Eles nunca falham.

b. Conversa com a sua mentora de longa data antes de dar um passo. Ela tem uma experiência profissional diferente da sua e sempre lhe dá boa ideias.

c. Pergunta para pelo menos três pessoas o que acham que você deve fazer.

d. Passa algum tempo pesando todas as suas opções antes de tomar uma decisão.

Você é o presidente de um comitê beneficente. Um dos membros muitas vezes insulta os outros e é difícil trabalhar com ele. O que você faz?

a. Pede que ele saia do grupo. Não há lugar para a negatividade num trabalho beneficente.

b. Tem uma conversa com essa pessoa sobre como sua atitude está afetando os outros membros. Se ela não mudar seus modos, convida-a a sair do grupo.

c. Realiza uma votação para saber o que os outros membros acham sobre tirar essa pessoa do grupo.

d. Atribui a essa pessoa uma das tarefas mais maçantes com a esperança de que fique farta e saia por conta própria.

Como chefe, você quer ser:
a. Temido.
b. Respeitado.
c. Justo.
d. Um meio termo entre amigável e reservado.

Você conseguiu de graça três ingressos para o show da Beyoncé, um para você e os outros para dois amigos. Como você decide quem levar?
a. Você pergunta a cada pessoa o que ela estaria disposta a lhe dar em troca. As que fizerem uma oferta melhor ganham o ingresso.
b. Você dá os ingressos aos amigos que são mais fãs da Beyoncé.
c. Você decide no Cara ou Coroa.
d. Você deixa que seus amigos se virem para decidir quem vai. Você irá de qualquer jeito.

Você está pensando em começar um grupo de corrida para ajudá-lo a ficar mais motivado. Qual é a primeira coisa que faz?
a. Manda um e-mail para as pessoas que você acha que gostariam de participar, com um cronograma detalhado do lugar, horário e duração de cada treino.
b. Envia um e-mail para avaliar o interesse das pessoas e depois manda algumas ideias sobre como começar.
c. Manda um e-mail para os seus amigos que já correm e pergunta se eles podem dar uma dica sobre como iniciar um grupo.
d. Deixa seus amigos saberem que você estará correndo às 19 horas toda noite no parque, para o caso de desejarem se juntar a você para treinarem.

É o aniversário de 60 anos da sua mãe e sua família decidiu fazer uma festa surpresa. Qual é seu papel no planejamento?

a. Está brincando? Se não fosse por você, essa festa nunca aconteceria.

b. Você faz uma lista de tudo o que precisa ser feito e então deixa seus irmãos escolherem o que querem fazer.

c. A decoração. Seu irmão é muito melhor para decidir sobre os comes e bebes, então você deixa isso para ele.

d. Você está esperando sua irmã lhe dizer. Você a deixou no comando de tudo.

Quando você delega uma tarefa a um colega de trabalho, você:

a. Não delega. Nada sairá direito se não fizer você mesmo.

b. Dá instruções explícitas a ele sobre como quer que o trabalho seja feito e deixa que ele se vire.

c. Explica o que você precisa que seja feito e se mantém aberto às ideias dele.

d. Dá a ele uma ideia do que você quer e deixa que ele encontre a melhor maneira de executá-la. Você não gosta de microgerenciar.

Resultados

Embora as pessoas sejam diferentes, os estilos de gerenciamento podem ser divididos em quatro categorias. Com base nas suas respostas às perguntas anteriores, qual deles descreveria melhor o seu estilo?

A maioria As

Seu estilo é autoritário. Você simplesmente gosta de ser o chefe e tomar todas as decisões. Este estilo é eficiente, mas saiba apenas que pode às vezes alienar seus colegas de trabalho, limitar a inovação e baixar o moral do grupo. Se você tem este estilo, tenha em mente que — como já vimos — a maioria das pessoas prefere líderes inclusivos e transparentes. Para ser o líder mais forte que você pode ser, equilibre sua natureza autocrática, buscando a opinião dos outros e permitindo que eles surpreendam você mostrando o quanto são capazes de demonstrar excelência em seus trabalhos.

A maioria Bs

Seu estilo é tradicionalmente conhecido como paternalista, mas eu prefiro dizer que ele é inclusivo e compassivo. Você ainda gosta de ser o mandachuva, mas reflete muito os pensamentos e as ideias das outras pessoas antes de fazer alguma coisa. As pessoas costumam ser leais a você e sentem que procura fazer o melhor por elas. Se está com dificuldade para tomar uma decisão e tende para esse estilo, lembre--se de que você trabalha melhor quando faz as coisas com base numa caixa de ressonância confiável.

A maioria Cs

Seu estilo é democrático. Você acredita que todos merecem que seu ponto de vista seja ouvido e gosta de fazer muitas perguntas.

Se você se considera um líder servo, provavelmente se identifica com esta categoria. Embora isso promova a justiça, tenha consciência de que também pode retardar o processo de tomada de decisão. Você já ouviu o ditado "muitos cozinheiros na cozinha estragam a sopa"? Se você se inclina para este estilo, certifique-se de definir sempre um prazo para terminar a sua fase de planejamento e passar para a ação.

A maioria Ds

Seu estilo é *laissez-faire*, ou seja, "deixar fazer". Você não gosta de ser microgerenciado e não vai sujeitar outras pessoas a isso. Você se envolve com pessoas altamente competentes, inteligentes, e deixa que façam o que fazem melhor. Isso faz com que elas se sintam altamente valorizadas, mas, se você se afasta muito delas, então a sua eficácia muitas vezes se afasta junto com você. Lembre-se de sempre reconhecer as pessoas pelas suas contribuições e deixá-las saber que você está prestando atenção em tudo o que fazem.

VOZES DOS LÍDERES DA GERAÇÃO DO MILÊNIO

A lição mais difícil que tive de aprender foi que o tipo de liderança de que gosto nem sempre é o tipo que a minha equipe aceita bem. Acho que é um problema comum dos líderes seguir um estilo de liderança que eles próprios admiram e nem sempre dar um passo para trás e descobrir se precisam ser mais passivos ou atentos.

— Jada A. Graves, editor sênior, carreiras,
U.S. News & World Report

Regras gerais da gestão de personalidade

Quando eu peço aos jovens profissionais para me contar quais são as suas maiores dúvidas sobre liderança e gestão, as preocupações mais comuns giram em torno de pessoas problemáticas — demonstrar autoridade com funcionários mais velhos, supervisionar amigos, lidar com os superiores, liderar pessoas com uma personalidade difícil e simplesmente se dar bem com todo mundo no dia a dia.

O que mais quero transmitir com relação a este tópico é que os relacionamentos com as pessoas, sejam pessoais ou profissionais, muitas vezes são confusos, difíceis e nunca perfeitos. Isso é simplesmente da natureza do ser humano, algo que somos mesmo quando estamos no trabalho. Uma lição que aprendi ao longo dos anos é que toda e qualquer interação — seja ela uma negociação, uma revisão de desempenho ou mesmo uma reprimenda ou demissão — nunca transcorre exatamente como você pensou, não importa o quanto tenha planejado (embora, como vamos discutir, você sem dúvida precise planejar). Você pode dizer algumas coisas que gostaria de não ter dito ou se esquecer de dizer algo que na verdade queria dizer. Tudo bem. Na maioria dos casos, contanto que não diga algo extremamente ofensivo ou potencialmente ilegal, você deve julgar só o resultado global da situação. E saiba que, na maioria dos casos, você em geral pode ter outra conversa e revisar quaisquer problemas que teve por não ter tratado uma questão da maneira que gostaria.

Mesmo que nenhuma interação seja perfeita, aqui estão algumas estratégias para enfrentar com elegância e eficácia as questões mais comuns ligadas às pessoas.

Como eu lidero as pessoas de que não gosto?

De acordo com Carol Frohlinger, da Negotiating Women: "Uma das coisas realmente importantes que os líderes fortes precisam perceber é que nem todos com quem você trabalha têm que ser grandes amigos seus. Se eles forem competentes (e esse é um grande "se" — vamos falar de liderar pessoas com desempenho ruim um pouco mais adiante), então descubra como vocês podem ser corteses um com o outro e concentre-se no resultado que estão tentando atingir. Às vezes você pode estar esperando demais dessa pessoa: ajuste suas expectativas para perceber que não vai gostar de todo mundo e tudo bem. Não se martirize por causa disso! Se você é justo e está dando às pessoas o apoio de que precisam para fazer o seu trabalho, isso é o suficiente. Você não deve amizade a eles; você lhes deve orientação e imparcialidade, e é aí que o papel de líder termina".

Esse é um sábio conselho, mas mais fácil de dar do que de fazer, certo? Em especial se você trabalha num ambiente particularmente casual ou social. Ou se a pessoa de quem você não gosta vive ansiosa pela sua atenção e aprovação. Aqui estão algumas dicas mais específicas:

Trate a pessoa que o incomoda como seu professor

Este é o meu truque favorito para lidar com pessoas difíceis em todas as áreas da vida (desde parentes irritantes até vendedores de loja rudes), e ele vem de um *coach* com quem trabalhei uma vez. Toda vez que sinto aquele nó no estômago provocado pelo aborrecimento devido ao comportamento ou palavras de alguém, eu me pergunto: "O que posso aprender com isso?" É um lembrete para eu ser mais paciente? Para lembrar que as pessoas se comunicam de maneiras diferentes? Para parar de julgar?

Eu sei que isso pode parecer um conselho típico de um livro de autoajuda, mas a realidade é que sempre haverá pessoas neste mundo que serão um incômodo para você (e elas vão encontrar muitas maneiras diferentes de lembrá-lo disso), então você tem que descobrir um modo de lidar com elas. Essa é também uma parte essencial do seu crescimento como líder. Como escreveu a minha amiga Christine Hassler, *coach* de qualidade de vida e autora de *Expectation Hangovers*: "Qualquer empresário de sucesso deve aprender a lidar com uma infinidade de personalidades e problemas de trabalho diferentes. Se chegar ao topo é o seu objetivo, aprenda essa lição agora. Eu aposto que a energia mental que você está investindo quando pensa em como essa pessoa o incomoda está causando muito mais distração e perda de tempo do que o comportamento real dela, então tire esses pensamentos inúteis da sua cabeça".

Mude sua perspectiva

E se você considerar uma coisa boa o fato de não "adorar" algumas pessoas da sua equipe? Alguns especialistas dizem que isso na verdade é melhor para o desempenho da equipe como um todo. Os funcionários em torno dos quais você gravita podem ser aqueles que são simpáticos, não dão más notícias e bajulam você. É frequentemente as pessoas que o provocam ou desafiam que o induzem a novos *insights* e ajudam a impulsionar o grupo para o sucesso. "Você precisa de pessoas que têm diferentes pontos de vista e não têm medo de argumentar", diz o autor e professor da Stanford Robert Sutton. "Esse é o tipo de pessoa que impede que a sua empresa faça besteira". Veja se você consegue mudar sua perspectiva com relação a pessoas irritantes ou difíceis e passar a sentir, em vez de irritação, gratidão.

Foco no positivo

Se a pessoa que o incomoda apresenta um bom desempenho, mas só tem o azar de irritar você, então outra estratégia pode ser se concentrar nas melhores qualidades dela, particularmente aquelas que ajudam a sua equipe a ter sucesso. Por exemplo, se a sua gerente de mídia social está se esforçando para divulgar seu produto no Twitter e no Instagram, mas suas conversas fúteis enlouquecem você, será que não pode deixar essa implicância de lado ou parar de dar tanta importância a isso? Uma tática é limitar suas conversas aos aspectos positivos do trabalho dessa pessoa e evitar situações (como comentários na hora do café) que tragam à tona as qualidades dela que o incomodam.

UMA VISÃO DE CIMA

Sim, eu tenho meus preferidos. Mas eles sempre são as pessoas que fazem o melhor trabalho — nunca é uma coisa pessoal — e é para elas que vão os elogios, os bônus e os aumentos.

— Kate White, ex-editora chefe, revista *Cosmopolitan*, e autora de *I Shouldn't Be Telling You This*

Como lidero pessoas que parecem não gostar de mim?

Assim como há pessoas que são uma pedra no seu sapato, também é provável que você seja uma pedra no sapato de outras pessoas. O que você faz quando sente que alguém da sua equipe não é seu fã?

"Primeiro", diz Carol Frohlinger, "eu me pergunto por quê. Se sente que uma pessoa não gosta de você, isso é uma coisa. Se sente que mais de uma pessoa não vai com a sua cara, então esse é um padrão que você precisa levar em conta". O dr. Woody, que já foi *coach* de muitos executivos, concorda: "Uma boa liderança começa com a introspecção. Você realmente precisa compreender como os outros reagem e respondem a você, e precisa buscar esse duro *feedback* das pessoas que você lidera diretamente e dos seus colegas. Precisa estar sempre disposto a ouvir esse *feedback* e a fazer ajustes. Podemos estar agindo de forma bem diferente do que pensávamos e isso pode dificultar a coesão do grupo.

Em outras palavras, cultive o hábito de questionar as pessoas, assim como o ex-prefeito da cidade de Nova York Ed Koch costumava fazer. "Como estou me saindo?", ele perguntava. Só deixe claro que você está genuinamente interessado em receber tanto *feedbacks* positivos quanto negativos e que não haverá retaliação em caso de críticas negativas. "Pode dizer que eu aguento", você pode dizer. "Gostaria muito de saber em que áreas posso fazer um trabalho melhor." (Se para você é difícil ouvir críticas negativas, então talvez possa dizer: "Sei que sou um pouco sensível, então por favor vá devagar, mas quero mesmo saber como posso ser um líder melhor".) Você não tem de acusar a outra pessoa de não gostar de você. Só peça o *feedback* dela e ouça o que ela tem a dizer com a mente aberta. Você pode obter informações extremamente úteis ou pode vir a descobrir que a outra pessoa não tem nada contra você, como estava pensando.

EXISTE UM APLICATIVO PARA ISSO:

TESTES DE PERSONALIDADE

Se você tiver dificuldade para falar sobre problemas de personalidade, então considere a possibilidade de fazer uma avaliação de personalidade. Dr. Woody, que é um grande fã dessas avaliações, diz: "Elas vão lhe dar ideias e ajudá-lo a expressar questões das quais não é fácil falar".

Seu teste de avaliação favorito é o Hogan Development Survey (HDS), que deve ser administrado por um profissional certificado. O mesmo se aplica à bem conhecida Classificação Tipológica de Myers-Briggs (MBTI, na sigla em inglês), que, como vim a descobrir, foi muito útil para eu entender o meu estilo de personalidade, assim como o de outras pessoas. (Eu sou uma ENFJ, a propósito.)

Para você ter uma amostra do que é o mundo das avaliações de personalidade, eis aqui dois recursos recomendados.

O Teste das 9 Personalidades: Descubra seu Eneagrama

Este aplicativo para iPhone, que foi baixado mais de um milhões de vezes (itunes.apple.com/us/app/9-personalities-teste-discover/ld386312239), realiza

> uma avaliação de personalidade que irá identificar o seu tipo de Eneagrama, um dos nove tipos específicos, mas inter-relacionados, de personalidade. Responda várias perguntas de múltipla escolha, cada uma com nove respostas possíveis, e o aplicativo lhe revela qual é o seu tipo, juntamente com uma descrição de suas virtudes, falhas, desafios e motivações.
>
> **41 Perguntas. 1 Personalidade.**
> Esta avaliação (41Q.com) é exatamente o que parece — quarenta e uma perguntas com duas opções de resposta, e você leva cerca de cinco minutos para fazer o teste. Os resultados são apresentados num formato semelhante ao da Classificação Tipológica de Myers-Briggs, e você receberá uma descrição de sua personalidade juntamente com as escolhas de carreira que combinam mais com ela. Só para acrescentar uma brincadeira divertida, o relatório gratuito também diz quais celebridades tem o mesmo tipo de personalidade que você.

Embora seja uma boa ideia estar a par dos sentimentos das outras pessoas com relação a você e avaliar a sua personalidade global, gostaria de alertá-lo para não dedicar muito tempo a isso. Num certo ponto, você tem que aceitar que nem todo mundo vai adorar você ou seu estilo, e isso faz parte da questão de ser um líder. Mais prejudicial do que não gostarem de você é ter muita necessidade de que gostem.

Estou entre as muitas pessoas que sofrem com a necessidade de agradar, e descobri que essa é uma característica particularmente proeminente nas mulheres. Talvez seja porque as meninas muitas vezes são socializadas para ser agradáveis, recatadas e simpáticas, ou porque nos preocupamos com a possibilidade de os outros nos acharem muito agressivas e nos chamarem de mocreias. Claro, muitos homens têm medo de ser vistos com antipatia também.

Deixando de lado a razão por trás de qualquer necessidade que você tenha de agradar as outras pessoas, o mais importante é que perceba essa tendência quando ela se manifestar e cortá-la pela raiz. Você simplesmente não pode agradar a todos o tempo todo e ao mesmo tempo ser um líder eficaz. (Acredite, eu tentei!) Pela sua própria natureza, a liderança exige que você tome decisões difíceis. Encarar essa realidade com naturalidade é parte do processo de transição de subordinado para líder. Se você definiu o padrão de ser uma pessoa afável, será ainda mais árduo fazer aqueles inevitáveis telefonemas difíceis, porque você vai aparecer inconsistente.

Por mais que pareça um clichê, muitas vezes tenho que me lembrar: "Não é pessoal; é profissional". Isso não significa que você tenha licença para ser um babaca; significa que você como pessoa não tem a ver com as decisões que toma como líder. Se você está com frequência coletando *feedback* sincero sobre sua liderança e acredita genuinamente nas decisões que está tomando e nas ações que está empreendendo, então não se martirize se alguém lhe der um gelo ocasionalmente ou mesmo se sentir a raiva de alguém da sua equipe.

Como lidar com conflitos?

Como você não pode evitar desagradar às pessoas às vezes, outra realidade de ser um líder é que você terá que se tornar hábil em lidar com conflitos. Tenho notado que esse é outro desafio particular para muitos jovens líderes que conheço, tanto do sexo feminino quanto masculino. Um dos resultados de se crescer num mundo de alta tecnologia é que você pode não ter muita experiência em lidar com conflitos cara a cara. Recentemente observei jovens líderes repreendendo seus empregados por meio de mensagens instantâneas, entrar em grandes debates de estratégia por mensagem de texto e até mesmo pedir demissão por e-mail. Fico preocupada com a possibilidade de essas práticas se tornarem normas à medida que mais e mais pessoas da Geração Y conquistam posições de liderança no futuro. Mas, agora, a questão mais importante é que você perderá credibilidade rapidamente com seus colegas da Geração X e *baby boomers* se for incapaz de ter conversas difíceis em pessoa ou por telefone.

Então, como você passa a se sentir mais confortável com o conflito? Aqui estão algumas recomendações:

Não se precipite

Embora possa nunca se sentir totalmente pronto para ter uma discussão potencialmente acalorada, você tem todo o direito de se preparar, organizar seus pensamentos e aumentar sua autoconfiança. Aconselha Trudy Steinfeld, da NYU: "Dê a si mesmo o direito de dizer: 'Eu ainda estou pensando a respeito' e de se dar um tempo. Então pense na pessoa com quem você tem um conflito, tal como na personalidade dela e em como ela reagiu em suas interações anteriores com ela. Você na verdade tem que pensar sobre o estilo e o ego dela". Quando fico nervosa antes de alguma conversa, faço algumas anotações, repito-as em voz alta algumas vezes e assim me sinto mais calma. As conversas de que mais tarde me arrependo costumam acontecer quando eu pego o telefone com raiva, em vez de parar primeiro para pensar na resposta que darei.

Se você tem o hábito de se envolver em conversas difíceis por e-mail ou outro método escrito, quero mais uma vez encorajá-lo a começar a resolver esses conflitos *off-line*. Chamadas telefônicas e conversas presenciais podem ser desconfortáveis, mas são quase sempre mais eficazes, mais eficientes e mais capazes de resolver qualquer problema. Consulte as dicas do Capítulo 4 sobre como lidar com conversas difíceis (lembre-se de que eu melhorei minha habilidade observando as técnicas de uma chefe altamente qualificada).

Traga soluções

Seu objetivo ao enfrentar qualquer conflito profissional não é vencer uma batalha, mas encontrar uma solução viável seja qual for o problema. Em outras palavras, pense numa conversa difícil como uma negociação e não como uma disputa. Sugerir soluções não só fará a conversa chegar a um desfecho mais rapidamente, como também traz a você o benefício de ganhar o respeito da outra pessoa.

Seja como um disco quebrado

Este conselho veio da minha mãe quando eu estava prestes a romper com um namorado muitos anos atrás. Ele é particularmente bom quando a outra pessoa não está sendo razoável ou não quer a mesma coisa que você (neste caso, eu queria romper e ele não). A ideia é apresentar o seu argumento mais importante ou mais convincente e repeti--lo, não importa quais sejam os contra-argumentos da outra pessoa.

Para dar um exemplo profissional, se um funcionário júnior que você supervisiona passou muito tempo enviando mensagens de texto para os amigos e fazendo compras *on-line* durante o horário do expediente, sua frase repetida como um disco quebrado pode ser "passar tanto tempo em atividades pessoais não é aceitável e está prejudicando a imagem que a diretoria tem de você". Não grite nem fique irritado, basta expor seu argumento de forma clara e marcante. Continue expondo seu argumento, mesmo se a pessoa disser: "Mas você também dá uma olhadinha no Tumblr de vez em quando!" ou "Eu estava mandando uma mensagem para a minha mãe perguntando sobre a cirurgia cardíaca do meu pai!" ou "Mas eu já terminei todo o meu trabalho!" Você pode reconhecer brevemente cada argumento da pessoa, se desejar (por exemplo, "Sinto muito em saber do seu pai"), e você sem dúvida quer ter uma conversa e não *literalmente* parecer um disco quebrado. Mas não hesite na sua mensagem principal. A chave é ser firme em seu argumento, não se demorar em detalhes ou tangentes e continuar repetindo o que é mais importante para você.

Busque apoio

Esta é outra grande dica da minha mãe (que, como você pode suspeitar, não é apenas a minha mãe, mas também uma *coach* de pequenas empresas). Antes e depois de ter uma conversa difícil, busque o apoio de um amigo ou colega em quem você confie (ou o apoio da sua mãe). Isso significa que você vai ligar ou falar com essa pessoa antes de entrar num confronto para assim aumentar a sua autoconfiança. Depois vai ter a interação e então ligar para essa mesma pessoa, para pedir a opinião dela. Se você está nervoso, é realmente útil saber que existe alguém lá fora, torcendo por você e que estará ao seu lado quando precisar.

À medida que você progredir em sua carreira como líder, provavelmente não precisará mais de artifícios como esse, mas de vez em quando eles ainda virão a calhar.

Como liderar a sua mãe
(ou alguém com idade para ser a sua mãe)

Uma das questões da gestão que é única da Geração do Milênio é que você provavelmente estará liderando pessoas mais velhas do que você, às vezes muitas pessoas, e às vezes pessoas duas gerações mais velhas do que você. Como já mencionamos, essa é uma simples questão demográfica: *baby boomers* estão ficando mais tempo no mercado e os milênios estão sendo promovidos a cargos de liderança mais cedo. Não há nada inerentemente problemático no fato de se liderar alguém mais velho do que você, mas é uma questão sobre a qual muitos membros da Geração Y expressam desconforto. Por isso vamos desmistificá-la.

DE OLHO NOS NÚMEROS: CHEFES MAIS NOVOS

Trinta e quatro por cento dos funcionários dizem que têm um chefe mais jovem do que eles e 15 por cento dizem que trabalham para alguém que é pelo menos dez anos mais jovem. *CareerBuilder.com, 2012*

Não pressuponha que a idade é um problema

Não conclua que alguém se sente desconfortável com a sua idade ou pensa que você é jovem e inexperiente se essa pessoa não der sinal de que se sente de fato dessa maneira. O ambiente de trabalho é tão dinâmico nos dias de hoje que a maioria das pessoas aprendeu a seguir com o fluxo e espera trabalhar com membros de todas as gerações. Então, certifique-se de fazer o mesmo: não suponha que os funcionários mais velhos se encaixem em estereótipos comuns, tais como ser menos esclarecidos, do ponto de vista técnico, ou não entenderem nada de cultura pop. Se você não quer ser julgado pela sua idade, tenha cuidado para não julgar os seus colegas pela idade deles.

Ganhe respeito demonstrando respeito

Quando perguntei a profissionais de todas as idades o que eles mais esperavam dos colegas, pessoas de 18 a 80 anos mencionaram o desejo de serem respeitados. Por exemplo, os mais velhos queriam ser respeitados pelos anos de experiência e os mais jovens queriam ser respeitados pelas suas habilidades técnicas. Mesmo se você sentir que um funcionário mais velho é lento, desatualizado ou antiquado, você ainda pode mostrar respeito pela sua longevidade na empresa (muitas vezes chamada de conhecimento institucional) e outros ativos. Você pode mostrar seu respeito fazendo com que os colegas mais velhos se sintam valorizados: pedindo a opinião deles, solicitando sua ajuda, elogiando as suas ideias, dizendo que você aprecia o ponto de vista deles. Um pouco de humildade sempre ajuda, especialmente porque a mídia deu aos jovens de hoje a fama de serem pouco reconhecidos, ingratos e céticos com relação a quem não é fã de tecnologia. Quando você mostra a outras gerações que as valoriza, elas quase sempre retribuem respeitando você também.

Amigos com salários: como liderar seus pares

Outra preocupação comum entre os jovens líderes envolve as pessoas que um dia estiveram no mesmo nível que você ou aquelas que você conhece socialmente. Em outras palavras: como você se torna chefe dos seus amigos?

Lori High, da The Hartford, tem muita experiência com essa situação potencialmente problemática. "Depois de deixar de ser uma simples colega e passar a liderar todos eles", ela me disse, "meu conselho é que reconheça que o relacionamento existe, mas esteja ciente de que, como um novo líder, tudo mudou e aceite essa mudança".

"Seus colegas", ela continuou, "tenderão a fazer com que o relacionamento pareça igual, porque é assim que se sentem mais confortáveis. A realidade é que o relacionamento não é o mesmo. Você tem que respeitar o relacionamento que tiveram antes, mas, como um novo líder de um grupo de ex-colegas, você é agora o responsável e quem toma as decisões. A pessoa que o promoveu acredita na sua capacidade de tomar decisões. No final, quem será responsabilizado pelos resultados é você.

"Por exemplo, se você for a uma festa com um monte de amigos do trabalho que são supervisionados por você e à certa altura a reunião social sair um pouco do controle e virar uma 'confusão', saiba quando é melhor se despedir de todo mundo e tenha consciência de que você está sempre representando a empresa. Isso significa que não é o momento de dar informações aos seus amigos ou ter um comportamento que mais tarde poderia afetar você e seu relacionamento com eles ou com a empresa."

Então, como você segue o conselho de High e sai dessa situação com elegância? Você pode dizer algo como: "Eu adoraria ir à festa com vocês, mas infelizmente não vou poder por causa do meu cargo. Eu não quero ver nem ouvir nada que não deveria. Você entende, né?" Agora que é um líder, você tem que estar consciente de quando é inadequado fazer parte de uma conversa ou atividade. Mesmo se você só ficar sentado lá em silêncio, por ser o líder do grupo, você está implicitamente fechando os olhos para qualquer comportamento que testemunhar.

Zoë Ruderman, diretor adjunto de estilo e beleza da revista *People*, acrescenta este conselho sobre como liderar amigos: "Sinta-se à vontade com a sua posição e autoridade. Por mais tentador que seja, nunca diga coisas como: "Eu não sei por que consegui esse cargo" ou "não me sinto qualificado", porque poderia dar a impressão de que você está apreensivo com a sua posição, que ainda sente a necessidade de provar o seu valor para o seu próprio superior ou que você está competindo com os outros". Não há nada de errado em sentir essas emoções, mas, embora você possa ter discutido sobre esses sentimentos com seu amigo quando vocês eram colegas, agora que você é o chefe, precisa ser discreto com relação aos seus sentimentos. Isso irá prejudicar sua credibilidade e também dificultar a sua vida quando precisar dar ordens ou *feedback* no futuro ao seu amigo/subordinado.

MAIS, POR FAVOR: VOCÊ DEVE SER AMIGO DOS SEUS FUNCIONÁRIOS NO FACEBOOK?

A questão de ser amigo das pessoas que você lidera é bem complicada. Torna-se ainda mais complicada quando você acrescenta a isso a questão de ser amigo delas no Facebook ou em outras redes sociais. Quais são os limites certos quando se trata de relacionamentos de trabalho e mídias sociais?

Essa questão fica ainda mais complexa pelo fato de as culturas corporativas variarem muito, assim como as normas dos ramos de atividade, os estilos de cada geração e os tipos de personalidade de cada indivíduo. Você pode trabalhar numa *startup* onde todo mundo segue todo mundo no Instagram e não é nenhum crime escrever um post no Tumblr no meio do expediente de trabalho. Ou você pode trabalhar numa conservadora financeira, que bloqueia o acesso dos funcionários a sites de mídia social e você nunca nem mesmo considerar a hipótese de ter alguém do seu departamento como amigo numa rede social. Se você se sentir confortável em ter todos da sua equipe como amigos no Facebook ou em outro lugar, apenas lembre-se de que você ainda é o chefe. Sua reputação profissional será afetada (para o bem ou para o mal) pelas fotos e informações que você postar, e você pode descobrir coisas sobre seus funcionários que talvez não soubesse (e nem quisesse saber) de outro modo. Todo cuidado é pouco.

Se você ainda não sabe muito bem como lidar com esse problema — particularmente se lidera pessoas de outras gerações, que não são ligadas em mídias sociais como os milênios —, então a atitude mais segura e ética é fazer o melhor para garantir o mesmo patamar de igualdade para as pessoas que se reportam a você. Regras justas. Se você for se conectar numa mídia social com alguém que você lidera, então deve dar a todos da sua equipe essa mesma possibilidade de se conectar com você. Se zela muito pela sua privacidade e não quer que nenhum dos seus funcionários seja seu amigo no Facebook, então deve colocar todos a par dessa sua preferência, para que não se sintam rejeitados se você ignorar sua solicitação de amizade.

Eis uma verdade sobre liderar amigos que muitos jovens líderes aprenderam do jeito mais difícil: mesmo que você faça tudo certo, alguns dos seus ex-colegas de trabalho que eram seus amigos poderão nunca se sentir à vontade com o fato de você estar acima deles. Se sentir que esse é justamente o caso com alguns dos seus atuais funcionários e quiser fazer algo a respeito, você precisará ter uma conversa sincera com essas pessoas. Essa conversa deve acontecer em território neutro, como uma cafeteria, e não no local de trabalho, e tudo que você precisa dizer é: "Estou sentindo que você não está se sentindo muito confortável com o fato de eu ser o líder da equipe. Gostaria de conversar a respeito?" Você pode descobrir que não é tão humilde como líder quanto pensava ou que seu amigo não se deu conta de como está se comportando. No final, se essa pessoa for amiga de fato, ela vai entender as exigências do seu novo cargo e vai mudar de comportamento durante o expediente de trabalho. Caso isso não aconteça, então esse laço de amizade talvez não seja tão forte assim.

O frenesi do *feedback*: Quanto? Que tipo? Para quê?

Feedback é um tema quente no momento, no mundo das teorias do ambiente de trabalho. Quanto é demais e quanto não é suficiente? Existe muita preocupação, entre líderes *boomers* e da Geração X, de que os jovens profissionais de hoje tenham recebido elogios demais quando crianças e agora exigem palmadinhas nas costas simplesmente por aparecer no escritório todos os dias. "Essa Geração Y quer *feedback* o tempo todo!" Essa é uma queixa comum dos meus clientes de consultoria corporativa.

Tomando por base a minha experiência de trabalho com a Geração do Milênio e os estudos que fiz dessa geração nos últimos quinze anos, tenho que concordar com os meus clientes. Muito mais do que os *baby boomers* ou a Geração X, os milênios receberam mais orientações e elogios de pais, professores, mentores e *coachs*, ao longo da vida, de modo que entram no local de trabalho esperando a mesma atenção e incentivo de seus empregadores.

E, como eu digo aos meus clientes — que muitas vezes se surpreendem —, eu acho essa característica fabulosa!

Os funcionários que querem *feedback* estão mostrando que querem melhorar. Querem contribuir. Querem fazer um bom trabalho. Nós devemos celebrar isso e dar aos milênios o *feedback* que os ajudará a fazer isso! Enquanto outras gerações podem não exigir a mesma dose de atenção, a maioria quer saber até que ponto está fazendo um bom trabalho, então por que não dar a todos mais *feedbacks*? Se você concorda comigo, então vai querer se tornar um especialista em dar *feedbacks* às pessoas que lidera, não importa de que geração elas sejam. Aqui estão minhas principais dicas:

Como dar feedback positivo

Minha abordagem favorita ao *feedback* positivo vem do livro *O Gerente Minuto*, que recomenda que os líderes prestem muita atenção no trabalho da sua equipe, para "pegá-los fazendo algo certo". Então, quando você faz essa observação positiva, imediatamente lhes concede um "elogio de um minuto", olhando essa pessoa diretamente nos olhos e dizendo a ela com clareza o que ela fez bem. Por fim, diga-lhe o quanto você se sente bem como líder ao ver como ela está se saindo bem. Mesmo que essa pessoa em particular não esteja indo tão bem em todos os aspectos do seu trabalho ou contribuindo com cada projeto, ela saberá que você tem o hábito de elogiar um bom trabalho quando o vê. Isso mostra que você está prestando atenção e se importa com seus funcionários, e isso vai inspirá-la a fazer o melhor possível em outras áreas também. Essa estratégia é particularmente eficaz com os funcionários novos ou com aqueles que estão com dificuldade para concluir uma tarefa difícil. E como prometido, leva só um minuto.

Outro elemento-chave de um elogio valioso é ser muito específico em seu *feedback*. É muito simpático dizer "Bom trabalho!", mas esse tipo de reação genérica não ajuda ninguém a se desenvolver e crescer.

O elogio específico é muito mais significativo e eficaz. Por exemplo, "Eu estou realmente impressionado com a criatividade do seu plano de vendas de final de ano. Gostei particularmente do alcance da mídia social e dos métodos de *follow-up* que você propôs".

Quando o seu elogio é específico, é mais provável que seu destinatário se lembre dele e o aplique no futuro.

Por fim, quando se trata de *feedback* positivo, não me oponho ao elogio acompanhado de algo tangível, como uma recompensa ou prêmio. (Os prêmios são, naturalmente, um tópico preocupante para os milênios, que são estereotipados como crianças mimadas, que recebiam prêmios por apenas participar quando criança — disputar jogos de futebol, fazer aulas de balé ou até mesmo ir ao dentista.) Embora você não queira exagerar e tornar o reconhecimento algo sem sentido, considere maneiras pequenas de reconhecer a realização, como prêmios trimestrais, cartões-presente, flores, um almoço em homenagem a um dos membros da equipe ou mesmo algo tão simples como um bilhete escrito a mão (Jack Welch era famoso por reconhecer o sucesso de seus empregados com bilhetinhos quando era CEO da GE). O que é mais importante é que o prêmio seja significativo e desejável para a pessoa que o recebeu, então pense seriamente numa recompensa que o empregado de sucesso realmente valorize.

DE OLHO NOS NÚMEROS: ONDE ELOGIAR

Quando dá um *feedback*, o que você diz é importante. Aparentemente, "onde" você diz é importante também. De acordo com um estudo realizado em 2013 pela Kronos, a maioria dos funcionários prefere receber *feedback* positivo em particular do que em público:

- 43 por cento preferem o elogio individual direto do seu superior.
- 25 por cento preferem ser elogiados na frente dos colegas.

Isso significa que é aconselhável perguntar aos membros da sua equipe qual a preferência deles ou observar sua linguagem corporal quando você elogiá-los num ambiente em particular, para saber quando serão mais bene-

> ficiados com suas palavras gentis. Para uma pessoa extremamente tímida, por exemplo, um elogio público pode parecer mais uma repreensão, enquanto um gesto discreto de aprovação com a cabeça e um sorriso podem deixar essa pessoa muito mais feliz.

Como dar um feedback negativo

Dar *feedback* positivo é agradável para a maioria dos líderes. Mas e quando se trata de dar um *feedback* negativo por mau desempenho ou atitudes inadequadas? Ao fazer uma crítica ou correção, você tem melhores resultados quando a sua intenção é de fato ser construtivo. Se você realmente acredita, lá no fundo, que está dando um *feedback* negativo para ajudar a outra pessoa (e não apenas para descarregar sua irritação), então há uma chance muito maior de que sua mensagem seja bem recebida e promoverá uma melhoria.

O truque, é claro, é ter certeza de que os membros da sua equipe sentem que seu *feedback* negativo é genuinamente construtivo. Liam E. McGee, da The Hartford, diz que os líderes precisam criar um ambiente onde o *feedback* e o *coaching* sejam uma rotina. Você também tem que fazer valer o que disse por meio das suas atitudes, especialmente quando é o chefão. McGee avalia rotineiramente o desempenho de todos os funcionários da empresa (o que inclui *feedback* dos seus subordinados diretos e dos seus colegas membros do conselho e uma autoavaliação), além de compartilhar resultados de alto nível publicamente em reuniões informais com todos os funcionários.

Assim como no caso do *feedback* positivo, ao fazer a crítica, seja específico e, mais importante ainda, apenas critique a questão em pauta em vez de mencionar tudo o que a pessoa faz de errado. Você também deve estar consciente de que vai criticar o comportamento e não a pessoa propriamente dita. Por exemplo, se você é editor de uma revista e precisa dar um *feedback* negativo a um redator, por entregar um artigo com vários erros de digitação, você deve dizer: "Fiquei desapontado com o seu artigo. Havia vários erros". Você não deve dizer: "Você é muito desleixado!"

COMO POSSO DIZER...: DANDO UM *FEEDBACK* NEGATIVO
(ISTO É, CONSTRUTIVO)

De acordo com a especialista em comunicações Jodi Glickman, se alguém que você lidera está ficando abaixo das suas expectativas ao cumprir suas funções, primeiro tem que destacar o que não está indo bem ou não está atendendo às suas expectativas. Tenha cuidado para não falar num tom acusatório ou irritado; simplesmente exponha os fatos. Depois dê orientações específicas sobre como você gostaria que as coisas fossem feitas, ou como você teria feito. Por fim, deixe claro para essa pessoa que você está dando um *feedback* (isto é, fazendo uma crítica construtiva) porque se importa com ela, quer que ela tenha sucesso e acredita nos seus talentos e habilidades. Você está dando um *feedback* porque quer que ela se aperfeiçoe, não porque quer que ela se sinta mal.

Frases úteis para incluir em seu *feedback* negativo:

- "Estou dizendo isso porque sei que você pode fazer melhor e porque quero que você seja um sucesso."
- "Meu mentor (ou ex-gerente) me disse algo semelhante no início da minha carreira e nunca me esqueci, porque realmente me ajudou a me sobressair em meu trabalho."

A propósito, não há problema em ficar nervoso ao dar um *feedback* negativo. Um CEO Fortune 500 compartilhou comigo que muitas vezes não consegue dormir à noite quando sabe que tem uma avaliação de desempenho negativa para entregar no dia seguinte. Mas eis por que ele sabe que a insônia é um sinal de boa liderança: "Isso significa que eu me importo com a pessoa".

Por fim — e isso pode ser um desafio quando você está realmente irritado ou decepcionado com alguém —, quando você acabou de repreender a pessoa, esqueça a coisa toda e siga em frente. A vida é muito curta e o local de trabalho é um lugar com pessoas muito ocupadas para se guardar rancor. Depois que você der seu *feedback* e ele for ouvido, ponto final. Quanto mais pessoas perceberem que uma reprimenda não afeta as suas relações de trabalho, mais abertas elas estarão ao seu *feedback* no futuro.

O líder virtual

Outra situação que você enfrentará como um líder moderno é liderar pessoas que não trabalham no mesmo local ou no mesmo horário que você. Como líder virtual, você poderá aplicar muitas das táticas e estratégias que já mencionamos neste capítulo. Mas outras situações pelas quais passam os líderes virtuais podem exigir uma abordagem diferente e, quando pensei num tema mais abrangente para essa abordagem, a palavra que me veio foi "empatia".

A empatia — a capacidade de compreender os sentimentos de outra pessoa — é uma das características que eu mais admiro nos líderes (aliás, em qualquer profissional). Admiro pessoas que reconhecem que seus colegas estão ocupados e têm trabalho a fazer e uma vida pessoal fora da empresa, e que conseguem se colocar no lugar do outro. Se quando estiver liderando sua equipe, você não as encontrar pessoalmente todos os dias, pode ser mais fácil negligenciar os sentimentos, as opiniões e as contribuições dessas pessoas. Para ser bem-sucedido como líder virtual, você não pode deixar que isso aconteça.

Às vezes a empatia exigida de um líder virtual é mais genérica, tais como a definição de políticas que garantam que os funcionários recebam os mesmos *feedbacks*, benefícios, oportunidades e orientações que os outros. Às vezes isso é feito nos pequenos detalhes, como lembrar que essas pessoas estão participando por telefone durante a reunião da equipe e dirigir algumas perguntas a elas. Meu conselho sobre ser um líder virtual forte focalizará os detalhes menores porque eles são os mais fáceis de implementar e podem fazer diferença muito rapidamente.

DE OLHO NAS TENDÊNCIAS: COMO LIDERAR UM ROBÔ

Pode ser desafiador aprender a trabalhar com diferentes tipos de pessoas, especialmente se forem funcionários virtuais. Num futuro próximo, você provavelmente vai gerenciar funcionários literalmente virtuais: robôs. Se faz perguntas à Siri ou reserva voos conversando com um serviço de atendimento computadorizado, você já está aceitando essa tendência.

Não está convencido? Quem conhece crianças que frequentam escolas no sul da Califórnia sabe que elas já podem ter professores robôs. Graças a um subsídio da National Science Foundation, robôs portáteis estão ensinando hábitos de vida saudáveis às crianças de Los Angeles. E se seus parentes idosos precisam de um cuidador para lhe ministrar medicamentos na hora certa ou apenas para conversar, os robôs também podem fazer isso.

É só uma questão de tempo até que robôs humanoides de grande inteligência (e até mesmo senso de humor) tornem-se mais comuns nos locais de trabalho. Ache esse futuro de ficção científica assustador ou emocionante, você deve começar a se preparar para isso. Os *baby boomers* adaptaram-se a vidas profissionais computadorizadas. A Geração do Milênio vai inevitavelmente se adaptar a futuros robotizados também.

A professora da Escola de Administração de Columbia, Angela Lee, usa o termo "voltado para os outros" na tentativa de descrever a empatia que um líder virtual precisa demonstrar. O objetivo de ser orientado para as outras pessoas é pensar a comunicação do ponto de vista da outra pessoa e eliminar tanta ambiguidade das suas comunicações quanto possível. O objetivo não é apenas evitar a incerteza ou falta de comunicação com os membros da sua equipe virtual, mas também obter o melhor desempenho de pessoas que você não vê pessoalmente com frequência. Aqui estão algumas dicas para você se tornar mais voltado para os outros:

Defina expectativas extremamente claras sobre quais necessidades precisam ser atendidas

Segundo a minha observação, a maioria dos patrões da Geração do Milênio não se importa tanto com o modo como as pessoas fazem seu trabalho, contanto que o produto final seja excelente. (Isso, é claro, é bem diferente da atitude das gerações anteriores, que faziam questão de ter contato direto com as outras pessoas.) No entanto, visto que você não terá chance de observar ainda que minimamente o trabalho de um funcionário virtual, precisará ser mais específico sobre exatamente o que essa pessoa precisa fazer e qual o nível de qualidade que você espera. Você pode fazer isso realizando telefonemas de checagem mais frequentes ou definindo prazos em projetos de larga escala ou incentivando os funcionários virtuais a sempre pedir esclarecimentos quando tiverem dúvida quanto ao que fazer.

Explique qual é o seu estilo de gerenciamento de tempo e de comunicação

Pode ser difícil para as pessoas que não o veem diariamente (e não podem entrar no seu escritório) saber como falarem com você, por isso deixe que saibam qual a melhor maneira e o melhor horário para entrar em contato com você e que tipo de expectativa você tem em relação a elas no que diz respeito à comunicação. Ofereça, proativa-mente, orientações sobre perguntas como:

- Geralmente, qual é a melhor maneira de entrar em contato com você — celular, telefone, mensagens de texto, e-mail, mensagens instantâneas?
- Quando você espera que o funcionário virtual esteja disponível e por meio de que métodos? Como é provável que você entre em contato com ele?
- Qual é geralmente a melhor hora do dia para ele entrar em contato com você? Você não se importa que ele entre em contato fora do horário comercial tradicional em seu fuso horário?
- Quanto tempo você costuma demorar para responder aos e-mails ou mensagens dos seus funcionários virtuais ?
- Haverá momentos em que você *não* estará de modo algum dispo-nível?

Definir limites pode ser particularmente difícil para os líderes mais jovens, que tendem a querer ser o mais acessível e colaborativo possí-vel. Eu acredito que essa tendência seja positiva, mas como um líder ocupado você provavelmente vai descobrir que tem que definir alguns limites em seu tempo e acessibilidade. Você também precisa saber que os membros da equipe de diferentes gerações podem ficar meio confusos com um estilo do tipo "sinta-se à vontade para me enviar e-mails a qualquer hora do dia ou da noite, sete dias por semana". Aqui está um exemplo do que pode dar errado:

Dr. Woody me contou a história de um de seus clientes, um alto executivo que enviava e-mails aos membros da sua equipe sempre que uma ideia lhe ocorria, o que muitas vezes acontecia tarde da noite ou nas manhãs de sábado ou domingo. Ele não tinha nenhuma expectativa de que alguém respondesse de volta; só queria registrar suas ideias no momento em que elas lhe ocorriam. Claro que seus funcionários, ansiosos para impressionar o chefe, se esforçavam para responder imediatamente quando recebiam um e-mail dele e muitas vezes reclamavam de estresse e exaustão. Muito drama poderia ter sido evitado se o executivo tivesse explicado que não esperava respostas imediatas às mensagens enviadas em suas horas de folga.

Então, se você gosta de ficar acordado à noite e responder e-mails às três da manhã, apenas certifique-se de que sua equipe sabe desse seu particular e não entre em pânico quando o celular vibrar com uma nova mensagem no meio da noite. Diga-lhes que você não espera respostas fora do horário comercial. Isso é ainda mais importante quando se trata de mensagens instantâneas: diga para os membros da sua equipe definirem seu *status* como *off-line* se não quiserem receber suas mensagens em determinados momentos do dia.

Quando estiver viajando, especialmente para locais com fusos horários diferentes, seja "voltado para os outros" assegurando que sua equipe esteja a par do seu itinerário básico (incluindo quando você está no avião e provavelmente inacessível, embora com o Wi-Fi isso não seja um problema) e quando, ou se, você estará disponível por e--mail, mensagem ou celular durante toda a viagem. Se está planejando participar de reuniões o dia todo e checar suas mensagens à noite, informe as pessoas que você pode receber uma enxurrada de mensagens de uma só vez — e esclarecer quando pretende responder a essas mensagens.

Adapte-se às diferenças internacionais e culturais

Se você está liderando pessoas de outros países, é especialmente importante procurar descobrir como elas costumam conduzir os negócios, bem como quaisquer outras nuances culturais. Por exemplo, como diz Stéphanie Villemagne, do INSEAD: "Entenda que, dependendo de como você escreve, um e-mail pode ser interpretado de modo diferente por dez pessoas diferentes". (Isso é verdade também nos Estados Unidos, é claro.)

Villemagne recomenda que você faça uma pesquisa sobre os países onde moram os membros da sua equipe internacional. Por exemplo, você pode descobrir que, num país em particular, os funcionários nunca discordam de seus patrões na frente de outras pessoas. Portanto, se você quiser um *feedback* sincero de um funcionário dessa nacionalidade, sempre precisará solicitar uma reunião em particular. Em outros países, as pessoas ficam extremamente ofendidas se você não iniciar ou não permitir um agradável bate-papo antes de começar a trabalhar. Como você aprende esse tipo de coisa? Basta perguntar. "As pessoas ficam extremamente felizes com a oportunidade de lhe contar como fazem negócio em seus países", Villemagne me disse. "Basta fazer perguntas simples, como 'Como devo me dirigir a alguém mais velho do que eu?' Geralmente elas ficam felizes em compartilhar esse tipo de informação com você".

Num nível ainda mais básico, sempre conheça os fusos horários dos seus funcionários internacionais, bem como os feriados públicos que eles comemoram. Tente variar o horário das suas videoconferências, de modo que os membros da sua equipe cujo fuso horário seja muito diferente do seu não tenham que sempre participar de reuniões virtuais no meio da noite.

> ### MAIS, POR FAVOR: FALE OUTRAS LÍNGUAS
>
> O ápice da atitude de "ser voltado para os outros" é falar no idioma da pessoa com quem você está se comunicando. Ao fazer negócios com alguém de outro país, não existe maior sinal de respeito e de desejo de se conectar. Eu não estou dizendo que você não possa ser um excelente líder sem ser poliglota, mas, como mostrou um recente estudo internacional, "A capacidade de se comunicar em várias línguas no trabalho pode diferenciar um executivo eficaz de outro meramente capaz".
>
> Uma vez que o inglês ainda é considerado a língua dos negócios dominante no mundo todo, acho que é ainda mais impressionante quando os americanos falam (ou mesmo sabem algumas palavras) o idioma dos clientes e parceiros. Naturalmente, como a China, a Índia e outros países continuam a aumentar seu poderio, o domínio do inglês pode declinar (razão por que as escolas particulares mais sofisticadas oferecem agora o mandarim até para as crianças do jardim da infância). Mesmo que não seja fluente em outra língua, você pode e deve aprender os costumes, as práticas de comunicação e a etiqueta de seus colegas internacionais.
>
> Para mais informações sobre práticas de negócios internacionais, leia o livro *Kiss, Bow, or Shake Hands*, de Terri Morrison e Wayne A. Conaway, que tem edições especiais para a Ásia, Europa e América Latina.

Motivação: Oito maneiras de inspirar as tropas

Seja onde estiverem os membros da sua equipe, outra das suas responsabilidades como líder é elevar e manter o moral. Liam E. McGee, da The Hartford, diz: "Eu acredito que todo mundo venha todos os dias para fazer um bom trabalho. É responsabilidade do líder se não fizerem isso. A grande liderança é a capacidade de inspirar e motivar as pessoas a fazer o que acham que não é possível". Aqui estão oito maneiras de se fazer exatamente isso:

1. Faça o oposto do que fez cada líder ruim que você já teve

A maioria de nós já teve líderes ruins no passado, e isso é bom. Agora todos sabemos o que nós mesmos não devemos fazer na posição de líder. Por exemplo, Trudy Steinfeld, da Universidade de Nova York, já teve um gerente que reivindicava a autoria de todo o seu trabalho, de modo que Steinfeld hoje sempre faz questão de dar também o crédito aos funcionários que contribuem com o sucesso do departamento. Quanto a mim, aqui está uma lista de algumas das coisas que meus piores chefes fizeram:

- Enviar mensagens instantâneas tirando sarro do modo como outros funcionários que trabalhavam no mesmo escritório estavam vestidos ou falavam ao telefone.
- Decidir muitas vezes na última hora não participar de uma reunião e enviar qualquer funcionário disponível, sem nenhum preparo, sem avisar da substituição.
- Perguntar-me o quanto eu pesava e depois dizer: "Ah, que bom. Eu peso menos que você". (Sério!)
- Convidar os participantes da reunião a fazer um *brainstorm* e depois descartar suas várias sugestões, dizendo o quanto são "horríveis", "impraticáveis" e "a pior ideia que ele já ouviu".

Eu aqui me comprometo a nunca, nunca mesmo, fazer nada parecido com o que esses chefes faziam. Eu até sou a favor do gerenciamento da mentalidade de vingança, mas desde que as intenções sejam positivas.

2. Gerencie dando voltas por aí

Este conceito motivacional, apelidado de MBWA (sigla de *manage by walking around*, ou algo como: "gerenciar dando voltas por aí"), remonta aos executivos da Hewlett-Packard na década de 1970 e foi popularizada por nossos amigos do capítulo 0,5, Tom Peters e Robert Waterman Jr., em seu livro *In Search of Excellence*. É também uma das razões da fama de Steve Jobs (embora, para ser sincera, a maioria das pessoas elogiava Jobs pela sua visão e poder, muito mais do que pela sua habilidade para lidar com as pessoas). Quando Jobs estava planejando a sede da Pixar, ele projetou o edifício para ter um átrio central pelo qual todos os funcionários tinham de passar para chegar a qualquer outro lugar do prédio, incluindo a lanchonete e os banheiros. Seu objetivo era incentivar as conversas que levariam a mais inovação e melhores ideias. Isso funcionou. Um produtor da Pixar disse: "Eu produzo mais com uma xícara de café na mão e batendo papo ou andando até o banheiro e topando com pessoas inesperadas do que sentado na minha mesa". O mesmo provavelmente vale para você. Se quer motivar as pessoas, você tem que vê-las, conversar com elas e entender as suas experiências diárias. Se seus funcionários trabalham fora do escritório, a técnica do MBWA pode exigir bate-papos pelo Skype ou trocas de mensagens instantâneas ao longo do dia.

3. Explique por quê

Como já foi mencionado, a mais notável característica dos funcionários da Geração do Milênio é o desejo de saber por que eles têm de realizar uma determinada tarefa. Eles querem saber como sua contribuição específica — seja ela uma planilha para um cliente, um folheto para um candidato político ou um dia de telefonemas de *follow-up* para clientes em potencial — afeta a empresa como um todo. Alguns *baby boomers* e membros da Geração X queixam-se dessa tendência, considerando-a uma forma de prerrogativa da Geração Y ("Quem pensam que são? Nunca ninguém me disse por que eu estava fazendo um trabalho quando comecei. 'Porque eu disse que é pra fazer!' era a única razão que eu tinha..."). Mas, de acordo com a minha experiência, os membros de outras gerações realmente gostam de saber por quê, também. Todo mundo quer sentir que seu trabalho está fazendo diferença. Eu sei que leva tempo para explicar a conexão de cada tarefa com um objetivo maior, mas isso gera uma tremenda boa vontade. Se você quiser ser um motivador melhor, então coloque seu pessoal continuamente a par dos seus grandes objetivos e de como cada pessoa está ajudando a realizá-los.

4. Mostre interesse pelo desenvolvimento pessoal de cada funcionário

Outro traço comum entre os milênios é o desejo de autoexpressão e de desenvolvimento pessoal no trabalho. Como líder, você pode motivar seus companheiros da Geração Y, ajudando a apoiar e incentivar isso. (Como eu já disse, você verá que a maioria dos *boomers* e membros da geração X também se preocupa com a autoexpressão no ambiente de trabalho, eles só não verbalizam tanto isso.) Como Zoë Ruderman, da *People*, me disse: "A única chefe da Geração do Milênio que eu tive era muito favorável à ideia de que eu me concentrasse em mim no trabalho e tentasse tirar o máximo proveito disso. Ela também estava aberta à ideia de que eu trabalhasse em projetos fora da empresa. Eu definitivamente também respeito e apoio essa atitude autofocada nos membros da minha equipe".

Mostrar interesse pelo autodesenvolvimento das pessoas significa fazer a pergunta clássica nas entrevistas de trabalho: "Onde você se vê daqui a cinco anos?", e genuinamente querer saber e apoiar a resposta. (Algumas empresas mais progressistas agora oferecem *coachs* internos para ajudar os funcionários a tomar decisões em sua carreira, mesmo que isso signifique deixar a empresa.) Significa reservar tempo para entender os principais pontos fortes de cada pessoa e dar a elas mais trabalhos em que possam se sobressair. Significa apoiar as pessoas em seu desejo de fazer cursos dentro ou fora da empresa para aumentar suas habilidades. Como a líder da Geração do Milênio Katia Beauchamp, cofundadora e uma das executivas da empresa de beleza Birchbox, diz a seus funcionários, "Esta vida é sua. Esta carreira é sua. Estou aqui para prepará-los para o sucesso, mas são vocês que estão no comando".

5. Motive pessoas diferentes de maneiras diferentes

Evidentemente, apoiar o desenvolvimento pessoal de cada funcionário não significa tirar sua atenção do sucesso do grupo ou da organização que você está liderando. Líderes fortes encontram maneiras criativas de correlacionar os objetivos de cada indivíduo com o quadro maior. Jeremy Lade faz isso em seu papel como treinador de jogadoras de basquetebol em cadeira de rodas. Ele diz: "Eu preciso descobrir a força de cada indivíduo para obter o máximo proveito deles, de modo que ajude melhor a nossa equipe. Isso exige muita comunicação. Antes de cada temporada, eu me sento e tenho uma conversa com cada uma das jogadoras. Elas vão me dizer o que é melhor para elas. Algumas me diziam: 'Meus treinadores sempre gritavam comigo e eu respondia com um pouco de irritação'. Outras respondiam melhor com uma conversa". Como Lade aponta, motivar as pessoas é muito parecido com se comunicar com elas: você tem que conhecer o seu público.

E tenha em mente que as outras pessoas podem não se sentir motivadas pelas mesmas recompensas que o motivam pessoalmente. Uma questão que eu vejo com frequência com os meus clientes do setor financeiro é que os chefes dos *baby boomers*, que lançaram suas carreiras na Wall Street na década de 1980, tendem a ver o dinheiro como o grande motivador para se trabalhar duro. Quando começaram a carreira, eles estavam dispostos a renunciar à sua vida pessoal para ganhar mais dinheiro. Os seus empregados mais jovens, no entanto, nem sempre se sentem da mesma maneira. Muitos banqueiros de investimento da Geração Y dizem que ficariam felizes em desistir de parte do seu salário ou bônus para trabalhar menos horas ou ter mais tempo livre. Isso é absolutamente desconcertante para seus colegas mais velhos. Francamente, se não se pode mais presumir que o dinheiro é o maior motivador dos jovens banqueiros da Wall Street, então voltamos à estaca zero quando se trata de saber o que motiva as pessoas no local de trabalho hoje em dia. Sempre pergunte.

6. Incentive a excelência

Um dos maiores motivadores que encontrei é também um dos mais simples. Ele vem da líder da Geração do Milênio Jess Lively, que conheci quando ela frequentou um dos meus cursos na Universidade de Michigan, muitos anos atrás. Naquela época, Lively tinha seu próprio negócio, que iniciou quando era caloura na faculdade. Agora ela dirige um tipo de consultoria em que ensina as pessoas a projetarem suas vidas e empresas com intenção. Quando requisitei seu melhor conselho motivacional, ela me disse uma única frase que usa com seus funcionários. Sempre que atribui um projeto a alguém, ela diz: "Torne isso tão grandioso quanto quiser".

De acordo com Lively, esse pequeno convite à excelência funciona como mágica. Por exemplo, ela me disse: "Eu queria ter um itinerário das viagens que faço dando cursos, então pedi a uma das minhas funcionárias para fazer um planejamento de tudo que preciso quando viajo — e para torná-lo tão grandioso quanto ela quisesse ou tão grandioso quanto pudesse. Além de fornecer informações claras sobre voos e hotéis, ela criou um código de cores para todas as minhas listas de transporte e bagagem e projetou tudo de acordo com a minha marca pessoal. Eu adorei! Se você dá autonomia a uma pessoa, é incrível o que ela pode realizar!".

7. Proporcione uma rede de segurança

A maneira mais rápida de perder a motivação é ter medo de receber uma bronca por cometer algum tipo de erro. Portanto, assegure a seus funcionários que eles podem fazer perguntas e, ocasionalmente, meter os pés pelas mãos. "É importante ser uma pessoa acessível", diz Julie Daly Meehan, da Hartford Young Professionals and Entrepreneurs. "Você pode estabelecer expectativas e estipular prazos bem definidos, mas as pessoas precisam se sentir à vontade para se aproximar de você se tiverem perguntas, sem receio de que sua reação seja negativa. Prepare as pessoas para o sucesso e ajude-as a chegar lá."

James Duffy, representante dos funcionários de uma grande empresa de alimentos, me disse: "Muitas vezes ouço que os funcionários ainda querem, independentemente da idade, o que eu chamo de 'autonomia amparada'. Eles querem se sentir empoderados, mas saber que podem contar com uma rede de segurança, disponibilizada pelo seu líder ou gerente".

Na SIB Development & Consulting, os líderes da empresa fazem uma festa do sorvete quando um funcionário comete um grande erro (proporcional ao cargo, é claro). Qual é a justificativa? O fundador e CEO Dan Schneider explicou sobre uma festa em particular para um membro da equipe que se esqueceu de fazer *backup* do seu disco rígido e perdeu um projeto importante de um cliente: "Eu percebi que, se gritasse com todo mundo, eles só iriam achar que sou um babaca. Mas, se estamos todos sentados tomando sorvete, todo mundo sabe por que estamos tomando sorvete — é porque o cara fez uma besteira. Isso vai ficar na memória, e eles vão se lembrar da ocasião e então talvez pensem 'Ah, sim. Tivemos sorvete na semana passada. Talvez seja melhor fazermos *backup* do nosso trabalho'".

8. Surpreenda

Você se lembra daquela onda de pura alegria que sentiu quando entrou numa sala de aula na escola e viu um daqueles carrinhos com uma TV em cima — o que significava que seu professor passaria um filme aquele dia? Por que não proporciona às pessoas que você lidera algumas surpresas como essa? Bônus aleatórios, não planejados, podem ser incrivelmente motivadores em todos os tipos de situação. Pense na possibilidade de surpreender sua equipe com uma tarde de sexta-feira livre antes de um fim de semana prolongado ou com o mais recente sucesso de bilheteria no meio do dia, ou contratando um carrinho de sorvete para dar picolés grátis no estacionamento, no primeiro dia da primavera (mesmo que ninguém tenha se esquecido de fazer *backup*). Um pouco de diversão pode ajudar muito!

MAIS, POR FAVOR: COMO MOTIVAR VOLUNTÁRIOS OU PESSOAS QUE NÃO SE REPORTAM A MIM?

Essa pergunta pode estar dando voltas na sua cabeça se você conduzir uma organização de estudantes, uma associação beneficente, uma organização sem fins lucrativos ou outras equipes compostas de voluntários. Minha resposta é a seguinte: como você não tem uma autoridade direta — você não está pagando ou avaliando-os formalmente —, talvez precise ser mais criativo para descobrir o que motiva as pessoas que está liderando. Determine sua resposta a esta pergunta: "Por que eles devem me ouvir?" e comunique suas razões para a sua equipe. Não presuma que eles o seguirão só porque você tem um título ou está dizendo o que eles devem fazer.

Algumas razões ou recompensas que podem motivar os voluntários:

- Um título que eles podem incluir em seu currículo e perfil do LinkedIn, como presidente do comitê, membro da diretoria ou editor.
- Encarregar-se de um projeto, liderar uma equipe ou fazer parte de um projeto que não teriam chance de participar de outro modo.
- Acesso a pessoas que passarão a fazer parte das suas redes pessoais.
- Recomendações profissionais ou referências.
- Prêmios ou reconhecimentos pelo trabalho que realizaram.

Como disse Tammy Tibbetts: "Na She's the First, nossos voluntários podem usar toda a sua criatividade e ter a oportunidade de gerenciar outras pessoas. Eles adquirem prática em gerenciamento de projetos e têm autonomia para tomar decisões. Não recebem pagamento, mas têm uma grande experiência para incluir em seus portfólios, e eu ofereço muitas recomendações, citando os projetos que eles fizeram para nós. E, em alguns casos, essas experiências e recomendações ajudam esses voluntários a conseguir bons empregos".

Dez dicas clássicas de gerenciamento que são clássicas por uma razão

Para concluir este capítulo sobre gerência, aqui estão alguns lembretes finais de dicas clássicas de gerenciamento que você deve considerar quando é um líder. Elas podem parecer clichês às vezes, mas esses velhos adágios ainda são válidos por uma razão: eles funcionam.

"Um por todos e todos por um"

Embora você não queira cultivar o hábito de encobrir qualquer grande problema em sua equipe, não há dúvida de que protegê-la da raiva ou da crítica de um superior é muito bom para elevar o moral do grupo. Por exemplo, se alguém da sua equipe perde um prazo importante, assuma a responsabilidade e diga aos seus superiores que não vai acontecer novamente. Não há necessidade de apontar qual funcionário não cumpriu o prazo. Ele ficará grato de não ser chamado na sala do diretor e provavelmente vai trabalhar duas vezes mais da próxima vez.

"O primeiro a entrar e o último a sair"

Funcionários de todos os níveis (até mesmo seus colegas da Geração do Milênio que não se importam muito em contabilizar quantas horas passam trabalhando dentro da empresa) tendem a tomar nota mentalmente de quem está em seu posto de trabalho quando chegam e vão embora ou quem está atendendo ao telefone depois das cinco da tarde e quem não está. Isso não significa que você tenha que ter um colchão de ar em seu escritório, mas, se está no meio de um grande projeto ou se preparando para uma reunião importante, convém fazer algumas horas extras ao lado de sua equipe. Seus funcionários vão apreciar um chefe que não fica com os pés sobre a mesa enquanto os asseclas trabalham.

"Contrate pessoas mais tarimbadas que você"

Se você tem alguma influência sobre as decisões relacionadas a contratações, saiba que é sempre bom recrutar talentos que complementem suas habilidades e talentos naturais. É comum que líderes inexperientes, em particular, se sintam intimidados ou ameaçados por pessoas com mais habilidades ou currículos mais longos, mas vale a pena um pouco de desconforto para ter esses pontos fortes ao seu lado.

"Pratique o que prega"

Se você está constantemente estimulando sua equipe a ser mais acessível aos clientes, não deixe de cumprir seus turnos na central de atendimento ao cliente. Se você não suporta erros gramaticais, certifique-se de verificar a ortografia dos seus e-mails. Se você não viver de acordo com os seus próprios padrões, não pode esperar que ninguém mais faça isso.

"Pense fora da caixa"

O uso excessivo dessa frase já a deixou meio banal, mas de fato há algo a se dizer sobre as pessoas que trazem ideias e soluções criativas e originais. (Que tal começarmos a pensar fora da caixa para criar uma nova maneira de descrever a capacidade de pensar fora da caixa?)

"Faça a sua lição de casa"

Esteja sempre preparado — e isso tanto se você estiver sendo entrevistado para um novo cargo de gerente quanto se já estiver na liderança há anos. Conhecer as respostas antes que alguém faça a pergunta é uma habilidade altamente valorizada.

"Não chore sobre o leite derramado"

Às vezes, quer queiramos quer não, só nos resta aceitar que uma situação não vai mudar. Saber quando seguir em frente, em vez de desperdiçar tempo tentando corrigir algo ou reclamando, é algo que ajuda você e a sua equipe.

"Melhor pedir desculpas depois do que permissão primeiro"

Obviamente, isso depende da situação (se 10 milhões de dólares estão em jogo, você pode preferir obter o aval de outra pessoa além do seu), mas superiores, clientes e outras partes interessadas nem sempre querem saber dos detalhes. Eles estão interessados no resultado (de preferência que seja bom) e, se você puder tomar decisões eficazes, passarão a vê-lo como alguém que pode arcar com uma responsabilidade e cargo de confiança ainda maior.

"Alguns sacrifícios valem a pena"

O mais provável é que a sua chefe não tenha conseguido um cargo de liderança logo no início da carreira e com certeza se lembre do sacrifício que era assistir a todas as reuniões de clientes e passar semanas a fio negociando cláusulas de contrato em salas de conferências sem janelas de hotéis de aeroporto. Em outras palavras, ela não vai lhe dar os parabéns se você simplesmente fizer o mesmo. Mas, se além de cumprir suas funções, você ainda se oferecer para assumir um projeto para sua gerente (de preferência um que ela nem sabia que era necessário) ou der uma solução inovadora para um problema de orçamento, seus superiores logo notarão sua boa vontade e verão que tem capacidade para ocupar cargos ainda mais altos.

"Esforce-se sempre um pouco mais"

Se, depois de um longo dia no escritório, você chegar em casa e descobrir que a sua cara-metade já se incumbiu de preparar o jantar, você vai ficar muito feliz, não vai? E será que não vai se sentir mais inclinado a concordar em assistir a um show do OneRepublic, mesmo que não suporte essa banda? O mesmo vale no trabalho. De vez em quando, esforce-se para encantar as pessoas com quem você trabalha e as que lidera. Faça a si mesmo a pergunta que eu recomendei que faça aos seus funcionários: "O quanto eu posso tornar isso grandioso?"

Como você viu, gerenciar pessoas é uma arte complexa, sutil e em constante mudança. Se você tiver uma pergunta sobre gerenciamento que não foi respondida neste capítulo, pode enviá-la, em inglês, para o meu blog no endereço LindseyPollak.com/blog e vou fazer o possível para responder numa futura postagem do blog. No capítulo seguinte, falaremos sobre como gerenciar algo ainda mais assustador do que pessoas: um recurso que você não pode motivar, com que não pode negociar e nem pode contratar. Estou falando do... tempo.

Capítulo 6

Priorize

Corra a maratona, delegue sem ser um ditador e lide com o estresse como uma monja budista

Nos velhos tempos (tipo, vinte anos atrás), a maioria das pessoas se conectava à internet por acesso discado, usávamos aparelhos de fax para enviar documentos página por página e esperávamos dias para receber uma encomenda importante pelo correio. As únicas comunicações instantâneas eram o telefone e o tapinha no ombro. Havia muito poucos telefones celulares, então, se você ia e voltava do trabalho todos os dias, geralmente ouvia rádio no carro ou lia um livro no trem ou no ônibus. Se você quisesse concluir um trabalho no final de semana, tinha de voltar para o escritório.

Acredite ou não, as pessoas achavam que eram muito ocupadas nessa época.

Hoje passamos o tempo todo enviando, recebendo e processando informações por e-mail, mensagens de texto, mensagens instantâneas, telefone, correio de voz, Messenger, correio noturno, FTP, LinkedIn, Twitter, Facebook, comentários de blogs, reuniões ao vivo, teleconferências, videoconferências, Skype, pastas compartilhadas, *wikis* e qualquer tecnologia inventada amanhã que eu vou ficar chateada por não ter tido tempo de incluir neste livro.

Além disso, quando é o chefe, você está exposto ao estresse e à agitação de todas as pessoas que supervisiona, além dos seus próprios.

Gerenciar as prioridades da sua equipe agora faz parte das suas funções.

Como você lidera num mundo onde o ritmo de trabalho é tão acelerado, a quantidade de informação é tão maior e o nível de estresse de todo mundo aumenta a cada dia? Este capítulo aborda a administração do tempo e da energia para a geração mais estressada da história (sim, estou falando de você). Vamos falar sobre como lidar com uma carga de trabalho sem fim, conciliar trabalho e vida pessoal, priorizar quando tudo é uma prioridade, lidar com o estresse e muito, muito mais.

VOZES DOS LÍDERES DA GERAÇÃO DO MILÊNIO

Saiba que não importa o que esteja fazendo, isso nunca vai ter fim. Você nunca vai sentar no final do dia e dizer: "Consegui acabar tudo!" Aprenda quando basta para você naquele dia e quando terminou o trabalho que estabeleceu para si mesmo.

— Jimmy Lepore Hagan, diretor de mídia digital, Nanette Lepore

---

Estar ocupado não é motivo para ganhar nenhuma medalha de honra, e cinco mantras da administração do tempo

Quando comecei minha carreira, eu me lembro de que ficava realmente impressionada com as pessoas que viviam "detonadas", "enterradas até o pescoço no trabalho", "sobrecarregadas", "mortas" ou "completamente esgotadas". "Elas devem ser muito importantes!", eu pensava, enquanto tomava minha terceira Diet Coke da manhã e digitava no meu PalmPilot. Mas agora eu sei e você deve saber também. Estar ocupado não é motivo para você ganhar nenhuma medalha de honra. Sim, o mundo gira muito mais rápido hoje, e sim, os líderes têm muito mais tarefas. Mas administrar isso faz parte do seu trabalho. Se você é um líder e está o tempo todo "detonado", então você: (1) não delega o suficiente, (2) é desorganizado ou (3) é muito dramático. Eu tive a oportunidade de conhecer algumas pessoas bem-sucedidas

— cirurgiões, juízes, políticos, celebridades, ativistas e CEOs de empresas Fortune 500 — e, por mais ocupadas que sejam, raramente demonstram isso e certamente não reclamam por causa disso.

Não estou dizendo que você nunca vá se sentir sobrecarregado; o truque é aprender como enfrentar uma agenda cheia sem perder a serenidade. E, à medida que você se tornar cada vez mais bem-sucedido em todas as áreas da vida — amigos, família, animais de estimação, passatempos, cursos, filantropia e sua carreira —, você vai precisar de mais estratégias de administração de tempo e de energia. Aqui estão cinco dos meus lembretes favoritos:

A liderança é uma maratona, não uma corrida de curta distância

Este é um conselho que recebi sobre a maternidade, mas adoro citá-lo quando faço aconselhamento profissional. Se você está realmente empenhado em ser um líder em qualquer instância, então sabe que está nisso a longo prazo. Lembre-se de que um dia ruim não vai acabar com você, não terminar a sua lista diária de afazeres não é o fim do mundo e perder uma reunião não intencionalmente não vai destruir a sua reputação (confie em mim, eu dormi demais na minha primeira teleconferência com um dos meus maiores clientes. Como consertei as coisas? Pedi desculpas o mais rápido possível e com sinceridade, e então me empenhei ao máximo para atender a todos os pedidos desse cliente dali em diante). Você não vai ser perfeito todos os dias e, quando para de tentar ser perfeito, você acaba sendo melhor no longo prazo.

Cuide das pedras grandes primeiro

O guru da administração Stephen Covey conta uma história muito conhecida de um professor que dá uma palestra sobre o tempo. Ao começar, ele coloca uma jarra de boca larga na mesa à sua frente. Coloca três pedras do tamanho de um punho dentro da jarra, que enchem o recipiente, e pergunta aos alunos se ela está cheia. Eles dizem que sim. Ele então pega de debaixo da mesa um balde de cascalho. Despeja o cascalho na jarra e preenche todos os espaços deixados pelas grandes pedras. Mais uma vez, ele pergunta se a jarra está cheia e a classe diz que sim. Ele traz um balde de areia e preenche com ela os vazios entre as pedras e o cascalho. Agora a classe está mais atenta e diz não quando ele pergunta se a jarra está cheia. Por fim, ele traz um recipiente com água e coloca a água na jarra também.

Qual é a lição? Muitos alunos acham que o professor está tentando demonstrar que sempre podemos acrescentar mais um compromisso no nosso dia. Mas não se trata disso. A verdadeira lição é: se você não colocar as pedras grandes primeiro, não vai sobrar espaço para elas no final. Se quer realizar grandes coisas na vida — construir uma empresa sólida, ter uma família feliz, lançar um novo produto ou escrever um romance de sucesso, você tem que reservar um horário na sua agenda para as etapas relacionadas a isso, antes de qualquer outra coisa. Quando planeja coisas grandiosas, você está tão focado e comprometido com seus principais objetivos que as coisas menores tendem a se encaixar por conta própria.

Laura Vanderkam, autora de *168 Hours: You Have More Time Than You Think*, concorda. "As pessoas estão sempre buscando maneiras de poupar tempo", ela diz. "Talvez estejam respondendo e-mails com mais eficiência ou terminando reuniões mais cedo ou planejando um trajeto de carro que lhes permita terminar de cumprir seus afazeres em menos tempo. Não há nada de errado nisso, mas não é o suficiente. Quando se trata de tempo, você tem que jogar no ataque. Construa a vida que você quer. Coloque em primeiro lugar as coisas que têm significado e são importantes para você, sua empresa e as pessoas que você ama, e então o tempo se encarregará do resto. Quando você está trabalhando num projeto que acha instigante, liderando pessoas para obter grandes resultados, é incrível o pouco tempo que gasta em e-mails aleatórios".

Um grama de planejamento vale um quilo de trabalho

Isso pode não parecer verdade, mas nos dias em que a sua vida está um pandemônio —você tem várias reuniões consecutivas, precisa cumprir um prazo superapertado, os funcionários estão fazendo fila para falar com você e há cinco incêndios urgentes para você apagar —, a atitude mais importante que você pode tomar é sentar e planejar. Aprendi isso com Dan Black, que não é apenas o diretor de recrutamento da EY

Americas, mas também o atual presidente do National Association of Colleges and Employers, marido, pai e bombeiro voluntário (portanto, ele tem fogos *reais* para apagar). "Nos dias mais movimentados", diz ele, "tenho que determinar quais são as reais prioridades do dia. Isso pode levar uns quinze minutos, que, no calor do momento, eu não acho que tenha. Eu penso: "Tenho que começar logo a agir!". Mas, em vez disso, os quinze minutos se passam e eu digo: "Este com certeza é um dia maluco que vai me levar ao limite se eu não planejar. Planejar é um tempo tão bem gasto e um tempo que as pessoas muitas vezes não têm por causa dessa reação imediata de precisar responder a um e--mail ou telefonema. Não importa o quanto tudo pareça urgente, você não pode saltar a etapa crucial que consiste em pensar cuidadosamente no que realmente precisa ser feito".

Kate White, ex-editora-chefe da revista *Cosmopolitan,* oferece um conselho semelhante. Segundo ela, nos dias mais agitados: "Eu faço uma triagem assim como se faz no pronto-socorro dos grandes hospitais. Descubro o que tem de ser tratado imediatamente e o que pode esperar e o que não tem mais remédio e pode ser deixado de lado... Também aprendi isso com um policial que lida com situações de crise: muitas vezes você tem mais minutos do que imagina para lidar com uma situação, então dê um passo para trás e reserve um tempo para realmente pensar em qual seria o melhor curso de ação".

Isso significa que, às vezes, você terá que deixar um e-mail importante sem resposta por algumas horas, a fim de participar de uma reunião de negócios, ou deixar um funcionário frustrado de um dia para o outro, enquanto você vai ao hospital com sua mãe, que tem um importante exame a fazer. Parte de ser um líder é tomar decisões difíceis sobre onde sua atenção é mais necessária num dado momento. Nas palavras de Stephen Covey: "A maioria de nós gasta tempo demais no que é urgente e pouco tempo no que é importante".

Nunca verifique os e-mails pela manhã

Este é o título de um livro da guru da organização Julie Morgenstern e também uma das dicas mais populares de produtividade sobre e-mails. Provavelmente posso contar nos dedos o número de vezes em que não verifiquei os e-mails pela manhã, mas tento seguir a ideia por trás dele, ou seja, que você deve concluir a tarefa mais importante do seu dia quando chegar ao trabalho pela manhã e não se deixar envolver pelos muitos afazeres da sua rotina. Você provavelmente tem mais energia pela manhã, tem menos probabilidade de ser perturbado por questões urgentes, que costumam surgir mais tarde, e será preenchido por uma sensação de tamanha realização depois de redigir um relatório difícil ou ter terminado as especificações de um projeto que passará o resto do dia mais animado. Se deixar esse importante trabalho para depois, vai ficar preocupado o dia inteiro e provavelmente acabará ficando até mais tarde para fazê-lo.

O estresse na verdade não é contagioso

Ao contrário da crença popular, o fato de estar cercado de pessoas estressadas não significa que isso necessariamente afetará o seu nível de ansiedade. Você está no controle das suas emoções e reações, e pode e deve permanecer tão sereno quanto possível quando as pessoas que você lidera estão estressadas. Quando se trata de controlar o estresse, eu sei que é mais fácil falar do que fazer, mas sou inspirada todos os dias pelas professoras de pré-escola da minha filha. Elas permanecem completamente calmas apesar das birras, das mordidas, dos surtos de "Eu quero a minha mãe!" e muito mais. Como uma das professoras observou: "É fácil ficar calma quando você sabe que aquele é só um momento e a birra vai passar. Além disso, as crianças precisam saber que há um adulto no comando".

Como líder, você é o "adulto no comando" (não importa a idade dos seus funcionários), então precisa ser o exemplo do comportamento que quer ver na sua equipe. A histeria é um desperdício de tempo e pode deixar os membros da sua equipe ainda mais ansiosos e preocupados, o que faz com que todos percam ainda mais tempo e energia.

Teste: Como você administra o seu tempo?

Agora que já tratamos de administração do tempo em geral e a ideia da priorização, reserve alguns minutos para conhecer melhor o modo como você se relaciona com o tempo e se familiarizar com seus pontos fortes e vulnerabilidades. Eis um teste simples para ajudá-lo:

Você está na fila do seu restaurante favorito para almoçar. Quando é a sua vez no balcão você:

a. Faz o seu pedido rapidamente e pergunta quanto tempo vai demorar para ficar pronto.
b. Interrompe um telefonema para pedir o almoço e, em seguida, volta a conversar com seu amigo.
c. Diz à pessoa atrás de você para ir na sua frente. Você ainda está pensando nas suas opções.
d. Pergunta ao caixa o que ele acha da sopa de abóbora. Está melhor do que a salada de espinafre?

Você se junta a um grupo de estudos para fazer uma prova importante no mês que vem. Na primeira reunião você:

a. Já vem preparado com a lista de toda a matéria que quer estudar. Há muito a fazer e pouco tempo para isso.
b. Estuda algumas páginas de cada seção do seu livreto de teste. Você aprende melhor se digerir a informação em pequenas doses.
c. Passa um bom tempo ajudando os outros membros do grupo a se prepararem.
d. Concentra-se num capítulo de cada vez. Depois que decorou tudo, passa para o seguinte.

Nos finais de semana você geralmente:

a. Vai para a academia quando acorda, depois cuida de alguns afazeres e se encontra com os amigos se sobrar tempo.
b. Dorme e depois vê o que o dia lhe reserva.
c. Vai ajudar um amigo com alguma tarefa. Você simplesmente não consegue dizer não!
d. Reserva um tempo para trabalhar em seu último projeto.

Você vai encontrar uma amiga para tomar café às três horas da tarde. São 3h15 e ela não apareceu ainda. O que você faz?

a. Vai embora. O tempo dela não é mais importante do que o seu.
b. Dá mais alguns minutos a ela. É um milagre que você mesma tenha chegado na hora certa.
c. Manda uma mensagem para ver se ela está bem e dizer que não precisa se apressar.
d. Telefona e manda mensagens várias vezes. Talvez você tenha marcado o encontro no lugar errado.

Seu forte é:

a. Sua capacidade de permanecer focado.
b. Propor ideias originais.
c. Sua disposição para colocar os outros em primeiro lugar.
d. Sua atenção aos detalhes.

Sua chefe joga nas suas mãos um grande projeto. Detalhe: ela precisa que ele esteja concluído até o dia seguinte. Você:

a. Começa no mesmo instante. Você se dá melhor quando tem prazos apertados.
b. Chama um colega de trabalho para discutir algumas ideias antes de começar. Você tem a noite toda para se dedicar ao projeto.
c. Aceita de bom grado, embora tenha dito a três outros colegas de trabalho que os ajudaria com seus projetos.
d. Entra em pane. Como ela pode esperar que você termine isso num único dia?

Você não conseguiria trabalhar com alguém que:

a. Nunca é pontual.
b. Tem a mente fechada.
c. É egoísta.
d. É impulsivo.

Um compromisso foi cancelado, por isso você tem um tempo livre antes da próxima reunião. O que você faz?

a. Dá uma fugidinha e vai treinar na academia.
b. Senta-se com uma xícara de café e sua revista favorita.
c. Liga para a sua mãe.
d. Põe em dia todo o trabalho que está atrasado.

Resultados

Salary.com, a ferramenta popular para pagamentos e busca de empregos, divide o estilo de administração do tempo em quatro categorias, das quais adaptei as descrições a seguir. Determine qual estilo descreve melhor você e tome nota das vantagens e desvantagens que pode ter com base no seu tipo.

A maioria As

Seu estilo de administração do tempo é direto. Você toma decisões com rapidez e eficiência e não gosta de desperdiçar nem um segundo. Embora consiga fazer muita coisa quando segue à risca sua programação, perde um pouco da espontaneidade que pode estimular a criatividade. Como líder de pessoas que nem sempre têm o mesmo estilo que o seu, você pode correr o risco de se indispor com algumas delas por causa da sua falta de tolerância com relação à indecisão ou procrastinação.

A maioria Bs

Seu estilo é livre. Você faz com alegria malabarismos, equilibrando muitas coisas ao mesmo tempo. Você é criativo e adora ficar pensando na sua próxima grande ideia. No entanto, você se distrai com muita facilidade e muitas vezes assume novos projetos antes de ter terminado os antigos. Como líder, esteja ciente de que prazos e decisões podem ser um desafio para você, mas alguns membros da sua equipe podem ajudá-lo nisso.

A maioria Cs

Seu estilo é atencioso. Não é de admirar que você tenha tantos amigos: você é extremamente generoso com o seu tempo e muitas vezes coloca as necessidades dos outros acima das suas. Embora admirável, sua incapacidade de dizer não pode às vezes sair pela culatra, levando-o a fazer promessas que não pode cumprir e definindo expectativas irrealistas quanto ao que você e sua equipe podem de fato realizar.

A maioria Ds

Seu estilo é sistemático. Você é um funcionário excelente e consciencioso — quando tem tempo e orientação suficientes para concluir uma tarefa. Às vezes você tem uma tendência para ficar muito preso aos detalhes, o que significa que prazos apertados ou solicitações inesperadas podem deixá-lo em pânico. Para superar essa tendência, se dê permissão, ocasionalmente, para não revisar um documento pela quarta vez, mas em vez disso descansar, certo de que sua destreza e habilidade são suficientes.

Como lidar com o estresse como uma monja budista

Durante anos guardei o recorte de revista de uma entrevista da Oprah Winfrey com Pema Chödrön, uma monja budista, autora de vários *best-sellers* sobre espiritualidade. Nascida Deirdre Blomfield-Brown, mãe de dois filhos e com diploma de professora primária, Chödrön decidiu, depois do seu segundo divórcio, converter-se ao budismo e se mudar para um mosteiro no Canadá, para se dedicar ao caminho espiritual.

Winfrey, como de costume, fez a Chödrön exatamente a pergunta que eu queria fazer: "Será que até uma conhecida monja budista pode ter um mau dia e ficar irritada com as pessoas?" Chödrön respondeu:

Você quer saber se posso me dar a esse luxo, porque minha reputação estaria em jogo? Bem, tanto quanto valorizo meu mestre [Buda], valorizo meus filhos, minha família e um velho amigo porque eles não acham que eu seja... tudo isso. Eles me veem como a pessoa que eu sempre fui. Pouco tempo atrás, meu filho me disse muito docemente: "Mãe, me diga com franqueza: o que seu budismo tem a ver com o fato de você ficar tão nervosa com as coisas?" Eu só caí na gargalhada. E disse: "Não tem nada a ver com o meu budismo a não ser que eu não me flagelo por isso".

Adorei ler que mesmo uma monja budista nem sempre é tão calma quanto uma... monja budista. O que significa que aqueles de nós que tentam liderar equipes e organizações no atual mundo global 24 horas por dia, 7 dias por semana e 365 dias por ano têm muito trabalho pela frente. Aqui estão várias estratégias de gerenciamento do estresse — algumas micro, algumas macro — para ajudá-lo a lidar com a tensão inevitável:

"Não se flagele por isso"

Tal como disse Chödrön, a forma budista de lidar com o estresse é aceitá-lo e não desperdiçar energia preciosa tentando resistir a ele. O sentimento de raiva ou irritação por se sentir estressado só deixa sua ansiedade pior e atrasa qualquer uma das ações que farão você se acalmar. (Experimente não se flagelar por nada, aliás. Ficar com raiva ou frustrado com você mesmo em qualquer aspecto da vida só cria mais ansiedade e compromete sua capacidade de liderar.)

Reduza as decisões

Nem posso dizer o quanto fiquei aliviada quando aprendi que existe uma coisa chamada fadiga de decisão. Após um dia típico fazendo grandes e pequenas escolhas — o que vestir, quais imagens usar na minha nova palestra, que telefonemas retornar primeiro, se tomo o metrô ou um táxi para o centro da cidade, quais cláusulas de um contrato estou disposta a negociar, que plano de hospedagem na web escolher, quais frases excluir do projeto de um artigo etc. etc. etc. —, eu muitas vezes me sinto completamente exausta e incapaz de fazer até a menor das escolhas, como decidir o que comer no jantar. Felizmente, não sou a única a sentir isso.

De acordo com uma pesquisa divulgada pelo colunista de ciências John Tierney, "Não importa o quanto você tente ser racional e ter ideias elevadas, não pode tomar decisão após decisão sem pagar um preço biológico por isso. Isso é diferente da fadiga física comum — você não está consciente de que está cansado —, mas fica com pouca energia mental. Quanto mais escolhas faz ao longo do dia, mais difícil cada uma delas se torna para o seu cérebro". É por isso que Barack Obama diz que só veste ternos cinzas ou azuis e um assistente escolhe seu almoço todos os dias: para que ele possa concentrar sua energia em decisões muito mais importantes.

Mesmo que você não seja o presidente dos Estados Unidos, pode reduzir o estresse e a fadiga da decisão "rotinizando" algumas escolhas triviais. Por exemplo, tome a mesma refeição no café da manhã todos os dias da semana, vista roupas mais práticas, verifique os e-mails no mesmo horário ou, como Barack Obama, peça que alguém escolha o que você vai comer no almoço.

DE OLHO NAS TENDÊNCIAS: DETOX DIGITAL

De acordo com a Experian, os proprietários de smartphones dos Estados Unidos com idade entre 18 a 24 anos enviam em média 2.022 mensagens de texto por mês — isso significa 67 mensagens por dia! Outro relatório revelou que 81 por cento dos trabalhadores consultados dizem que verificam seus e-mails de trabalho nos finais de semana. Essa conectividade constante pode ser a norma, mas não há dúvida de que está aumentando os níveis de estresse.

Dado o aumento contínuo das máquinas, presumo que haverá um contrapeso igualmente forte para esse estresse e conectividade: um desejo ardente de se desconectar dessa vida eletrônica e saturada de mídia. Quanto mais onipresentes os computadores e robôs se tornam, mais será um luxo se desconectar. Preste atenção ao aumento da desintoxicação digital como o novo sonho de consumo, talvez na forma de spas urbanos ou férias em lugares exóticos. E eu acho que surgirá um novo campo de especialistas para ensinar aos nativos digitais da Geração Y como desplugar da tomada. *Coach* de desintoxicação digital pode se tornar uma nova carreira.

Respire

Eu costumo ficar irritada quando estou surtando por causa de alguma coisa e alguém chega e diz: "Respire". O que é mais irritante é que isso normalmente funciona. Alguns ciclos de respirações calmas e profundas podem pelo menos desacelerar o batimento cardíaco e nos dar um instante para acalmar o fluxo de pensamentos. Quando as crianças na pré-escola da minha filha começam a pegar fogo, as professoras mostram a elas como fazer respirações profundas dizendo: "Cheire a flor, depois sopre a vela de aniversário". Quando penso nessas instruções durante momentos estressantes, respiro... E também sorrio.

Faça pausas

Se os exercícios de respiração não são, para você, o mesmo que uma xícara de chá descafeinado orgânico, então descubra o que o ajuda a se desestressar. Pode ser ouvir música, telefonar para um amigo, jogar Tetris, receber uma massagem, fazer uma aula de kickboxing ou simplesmente olhar pela janela. Não importa o que seja, faça vários ciclos de respiração ao longo do dia, por pelo menos alguns minutos, mesmo nos dias mais cheios, só para dar à sua mente e ao seu corpo a chance de se recarregar.

DE OLHO NOS NÚMEROS: AS MULHERES SÃO MAIS ESTRESSADAS DO QUE OS HOMENS?

Se é que serve de ajuda, saiba que pesquisas recentes indicam que as profissionais do sexo feminino precisam mais de aconselhamento sobre a administração do estresse do que os homens. Uma enquete realizada pelo Captivate Office revelou que os homens são 25 por cento mais propensos a fazer pausas durante o dia para se dedicar a atividades pessoais, 7 por cento a dar uma volta, 5 por cento a sair para almoçar e 35 por cento a fazer pausas "apenas para relaxar".

O mito da multitarefa

"Os seres humanos, na verdade, não são capazes de multitarefas", concluiu um inovador estudo de 2009 realizado na Universidade de Stanford.

Esses cientistas devem estar brincando, certo? Estou fazendo várias tarefas enquanto escrevo esta frase! Bebendo café, enviando mensagens de texto para o meu marido e pensando sobre a hora que preciso sair para ir à minha reunião da tarde. E estou supondo que você provavelmente esteja fazendo multitarefas enquanto lê isso, também.

Bem, aparentemente isso não significa que sejamos multitarefas. De acordo com o estudo de Stanford, a multitarefa (definida como fazer duas coisas simultaneamente) não é possível. O que realmente acontece é que nosso cérebro se alterna incrivelmente rápido entre as tarefas que achamos que estamos fazendo ao mesmo tempo. Como resultado, é preciso muito mais tempo para fazer qualquer uma dessas tarefas, porque o cérebro tem que ficar deslocando sua atenção. Então se você realmente deseja concluir um e-mail, um projeto, uma proposta ou o primeiro rascunho daquele tratado de paz internacional, então é melhor fechar a porta, desligar o telefone e pôr de lado todas as distrações, para se concentrar completamente na tarefa à mão.

EXISTE UM APLICATIVO PARA ISSO: FREEDOM

Se você não tiver força de vontade para se concentrar numa única tarefa sem dar uma olhadinha no Instagram, nos resultados da loteria da noite anterior ou no caderno de finanças, você pode literalmente pagar por isso. Por cerca de 10 dólares, um aplicativo chamado Freedom — disponível para Mac, PC e Android — corta seu acesso à web por um período de tempo que você determinar (Macfreedom.com). Escritores como Zadie Smith e Dave Eggers adoram.

"Mas espere aí", você diz, "eu preciso da internet para fazer o meu trabalho!" Não tema: há um aplicativo para isso, também. Se você quiser apenas desativar a potencial distração de sites de mídia social, confira os aplicativos adequadamente nomeados Anti-Social (Anti-social.cc) ou SelfControl (Selfcontrolapp.com).

Ou, como a especialista no uso do tempo Laura Vanderkam sugere: "Use as mídias sociais conscientemente, como uma recompensa. Se você conseguir se concentrar por trinta minutos [ou qualquer período de tempo específico] num problema difícil que está tentando resolver ou num memorando difícil que está tentando escrever, pode dar a si mesmo uma recompensa: dez minutos no Facebook. Isso é na verdade muito mais eficiente do que dar uma olhadinha furtiva aqui e ali e depois perder mais tempo em todas as transições de uma página para outra".

Curiosamente, quando perguntei aos membros da Geração Y que entrevistei para este livro qual seria, na opinião deles, a maior força de sua geração de líderes, muitos identificaram a multitarefa. Mas quando fui um pouquinho mais fundo, vi que sua definição de multitarefa não era a que eu mencionei acima: fazer duas (ou mais) coisas simultaneamente. Ela parece ser mais sobre ser capaz de absorver e processar várias informações diversas num ritmo muito mais rápido do que as gerações anteriores. Talvez uma palavra melhor para isso seja "sintetizar" em vez de fazer múltiplas tarefas.

Os milênios em geral cresceram com várias telas (desde *video games* até telefones celulares e computadores) e sobrecarregados de atividades (aulas de futebol, línguas, guitarra...), então talvez seja daí que venha a habilidade da sua geração para a síntese. Muitos jovens também têm um saudável FOMO (sigla de "fear of missing out", ou "medo de ficar por fora") e mais medo de perder uma oportunidade do que perder o foco numa tarefa. Isso não é nem bom nem ruim; é apenas algo diferente das gerações anteriores de líderes. Eu, no entanto, incentivo você a sempre ter em mente que seus colegas mais velhos podem precisar de mais tempo e foco nos projetos, o que para você pode parecer só enrolação. Em vez disso, tente aceitar essa característica só como um estilo diferente de trabalho. E se os colegas mais velhos questionarem por que você tem quatro monitores sobre a mesa, explique que você processa informações de um jeito diferente. Espero que você possa tanto aprender com as práticas das outras pessoas quanto conviver com elas.

Como delegar sem ser um ditador

Uma das muitas vantagens de ser um líder (e, infelizmente, um dos desafios também) é que você não está sozinho. Mesmo que seja agora o único proprietário ou fundador de um movimento *on-line*, sem equipe, ainda assim você pode se beneficiar do próximo tópico: delegar tarefas.

Demorei muito tempo para me tornar razoavelmente eficiente na arte de delegar. Como um membro do Clube dos Perfeccionistas, sempre achei muito difícil confiar a outras pessoas o meu trabalho, quer seja responder a solicitações de informações de possíveis clientes, negociar o preço de palestras ou mesmo reservar passagens aéreas para viagens de negócios. Por exemplo, eu costumava me preocupar demais com coisas banais, como se a minha assistente virtual se despedia nos seus e-mails com "Atenciosamente", "Um abraço" ou "Com meus melhores cumprimentos". (Cary, se você estiver lendo isto: por favor, aceite minhas sinceras desculpas.)

O que eu aprendi — lentamente e às vezes a duras penas — é que, quanto mais eu me concentrava nas pequenas coisas, menos eu me concentrava nas grandes, que realmente importavam (lembre-se das pedras de Stephen Covey). Embora eu ainda acredite que as "pequenas" coisas, como não cometer erros de gramática, responder prontamente às mensagens e confirmar todas as reservas, sejam essenciais para manter a marca do meu negócio, aprendi a me preocupar menos com o modo pelo qual essas tarefas são realizadas.

Eis uma coleção de alguns dos melhores conselhos que reuni sobre a arte e a ciência de delegar:

Faça uma lista das coisas que "só você" pode fazer

Esta dica é da empresária da Geração do Milênio Jess Lively, que você conheceu no capítulo anterior. Ela usa essa estratégia e recomenda para seus clientes: anote num papel o que você tem que fazer pessoalmente para que o seu negócio, a sua empresa ou a sua equipe tenha sucesso. Delegue tudo que não está nessa lista. Isso vai deixar mais claro quais são os seus deveres diários como chefe e também irá ajudá-lo a evitar o erro comum de jogar qualquer tipo de trabalho nas costas da sua equipe sempre que se sentir sobrecarregado. Quanto mais tempo dedicar ao planejamento do que você e sua equipe precisam fazer, melhor fluirá o trabalho de todos.

Passe mais tempo mostrando com clareza o que quer

Como você está aprendendo a delegar, vai demorar muito mais tempo para ensinar alguém a realizar uma tarefa do que seria necessário se você mesmo a realizasse. Não fique frustrado. Responda a todas as perguntas, dê detalhes e esclareça cada expectativa que você tem. Quanto mais tempo passar ensinando e estabelecendo expectativas, melhores serão os resultados a longo prazo. Quando estava dirigindo sua joalheria, Lively trabalhou com os membros da sua equipe para criar um livro de gerência que documentava cada tarefa-chave e como fazê-la. Novos funcionários ou estagiários poderiam então consultar o livro quando tinham dúvidas para que não tivessem que pedir a Lively para explicar como executar cada tarefa.

Você também deve instilar nos membros da sua equipe a ideia de que, se eles precisarem lhe perguntar sobre algo que não conseguem resolver sozinhos, devem procurá-lo com sugestões de solução. Por exemplo, se você atribui a uma pessoa da equipe júnior a tarefa de entrar em contato com várias agências de notícias para tentar conseguir uma notícia sobre o seu novo cliente e ela não tiver sucesso, incentive-a a não voltar dizendo: "Infelizmente ninguém postou nenhuma notícia sobre o nosso cliente. O que devemos fazer?" Em vez disso, você deve ensiná-la a voltar e dizer: "Infelizmente entrei em contato com dez meios de comunicação locais e ninguém quis postar uma notícia sobre o nosso cliente. Como alternativa, poderíamos (1) fazer um plano de mídia que cubra uma área geográfica com um raio ligeiramente maior, (2) entrar em contato com blogueiros independentes que falem sobre assuntos relacionados às atividades do nosso cliente, ou (3) pensar em mudar o *pitch* para enfocar uma área diferente dos negócios do nosso cliente. Me diga como você gostaria que eu procedesse ou qual outra estratégia gostaria que eu adotasse".

Defina prazos claros e faça checagens regulares

A maioria dos líderes sabe que é importante estabelecer prazos quando se delega uma tarefa, mas também é importante definir quando serão as checagens dos trabalhos em andamento, quando se tratar de projetos mais longos. Tammy Tibbetts, da She's the First, define datas de checagem específicas, quando atribui tarefas para seu pessoal e para os voluntários (e para mim, como membro do conselho!). Depois marca essas datas no calendário como itens da sua lista de tarefas a fazer. Nessas datas, ela envia um e-mail ou mensagem de texto que diz: "Hoje é dia 8 de julho e nós concordamos que eu verificaria seu trabalho nessa data, para ter certeza de que você tem tudo de que precisa..." Essas checagens breves vão poupar enormes quantidades de tempo, que você poderia ter de gastar se houvesse atrasos no projeto sem o seu conhecimento ou se um membro da equipe não admitisse que está com dificuldade para cumprir uma tarefa que você delegou. Como mencionado anteriormente, a checagem é um imperativo principalmente quando você está gerenciando funcionários virtuais.

Ensine as pessoas a quem você delegou tarefas a avisar quando concluírem uma tarefa

Certa vez, trabalhei com uma assistente que me deixava louca porque eu nunca sabia o que ela estava ou não fazendo. Depois de um tempo eu me sentia como se estivesse enviando e-mails para um buraco negro. Quando me sentei para conversar com ela sobre esse assunto, ela me disse: "Ah, se eu não falei nada, você já pode deduzir que terminei a tarefa".

Isso, eu disse a ela, não ia funcionar para mim. Como eu saberia a diferença entre ela não me falar nada porque a tarefa tinha sido concluída e ela não me falar nada porque nem sabia que a tarefa deveria ser executada? Ou porque ela estava fora do escritório? Ou por qualquer motivo que não me ocorre agora? Como líder, eu precisava saber que tudo estava em perfeita ordem. E como eu aprendi, se você não explicar direitinho o que quer saber, seus funcionários não vão dizer isso a você. (Alguns funcionários acham que fazer relatórios sobre conclusão de tarefas é "incomodar" o chefe.) Embora cada líder prefira uma dose diferente de informação, é essencial comunicar aos seus assistentes diretos quando e como você gostaria que eles o comunicassem a respeito dos trabalhos concluídos. O membro da Geração do Milênio James Duffy, representante dos funcionários de uma empresa da área de alimentação, gosta de "bater bola" com os membros da sua equipe pelo menos uma vez por dia. "Eu só quero saber que vocês e eu fizemos contato", ele diz a eles. "Quero que a gente se veja todos os dias. Talvez eu tenha uma pergunta que vocês precisem me responder. Talvez eu tenha uma sugestão que vocês precisem avaliar. Mesmo que a resposta seja não, quero fechar esse capítulo na minha mente".

Aborde o ato de delegar como um empoderamento

Alguns líderes, particularmente os mais novos, temem que, ao delegar uma tarefa, as pessoas achem que eles estão na verdade "empurrando" trabalho. Katharine Golub era especialmente sensível a essa percepção porque, como presidente de classe em Bucknell, ela era líder de seus colegas de classe. Mas ela rapidamente percebeu o quanto as pessoas tinham êxito quando lhe davam autonomia ao cumprir uma tarefa. "Delegar é realmente importante", ela me disse. "Quando você está trabalhando com um grupo, as pessoas se sentem mais engajadas quando são responsáveis por algo. Quando nosso grupo estava vendendo bonés de beisebol para os estudantes, dividi as tarefas para garantir que todos contribuíssem. Por exemplo, alguns alunos reservaram a mesa para vender os bonés, enquanto outros ficaram responsáveis pelo design do boné. Você como líder está no controle do projeto global, mas deixe que todos tenham um papel importante no projeto completo. Quando o projeto estiver concluído, eles terão um sentimento de satisfação".

MAIS, POR FAVOR: COMO DELEGAR SEM MICROGERENCIAR?

Alguns líderes, inclusive eu, têm dificuldade para delegar. Pessoas como nós precisam ser especialmente cuidadosas para não microgerenciar. Você não está realmente delegando se fica vigiando o tempo todo as pessoas enquanto cumprem a tarefa que atribuiu a elas.

No entanto, como aponta Carol Frohlinger, do Negotiating Women, gerenciar pessoas de perto nem sempre é ruim; há, sim, pontos a favor. Mas, como já mencionei, você tem de conhecer o seu público. Ela explica: "Você tem que considerar cada situação. Existem pessoas que querem se sentir direcionadas, que preferem que você acompanhe o trabalho delas de perto. Nesse caso, você pode microgerenciar, porque elas pedem por isso. Com elas, parte do seu trabalho como um bom líder é ajudá-las a "desmamar" depois de um tempo, e aos poucos deixar de ser tão dependentes da sua constante orientação. Dê a elas apoio para obter os resultados que você está buscando, mas confiança de que precisam tomar decisões por conta própria também".

Com pessoas menos dependentes, a melhor maneira de evitar a microgerência é marcar as checagens regulares descritas anteriormente, para que ambos tenham as mesmas expectativas sobre como muitas vezes você como líder terá de se envolver no trabalho delas. Não deixe que o medo de microgerenciar faça com que você se torne quase negligente. Carol me contou a história de uma cliente que estava liderando um grupo de estagiários. Ela deu a eles uma tarefa e um prazo, mas não acompanhou o trabalho. A cliente ficou

> chocada e consternada, no final do prazo, ao ver que os estagiários não tinham cumprido o prometido. Carol lembrou à cliente que é sempre preciso checar o trabalho das pessoas, especialmente quando se trata de estagiários ou novos funcionários. Isso não é microgerência; é apenas gerência.

Trabalho *versus* vida pessoal

Durante meu período na WorkingWoman.com, o tópico mais quente do nosso site era o equilíbrio entre trabalho e vida pessoal. Todos os artigos pareciam mencionar algum aspecto do conceito de "se ter tudo na vida", que na época era definido pelas mulheres como ter um parceiro, filhos e uma carreira gratificante. Como o talento era o que falava mais alto na década de 1990, os grandes empregadores estavam dispostos a oferecer licença-maternidade, licença-paternidade, creche, salas de lactação e o Dia Anual de Levar os Filhos ao Trabalho, para atrair os melhores talentos.

Na época, eu tinha vinte e poucos anos e, para ser sincera, me sentia excluída. Todas as vantagens do equilíbrio entre trabalho e vida pessoal só pareciam se aplicar às pessoas com filhos, e eu não estava nem namorando ainda. Além disso, o profundo e sombrio segredo que ouvíamos dos funcionários de muitas empresas era que a maioria das pessoas não tirava realmente proveito desses benefícios até que tivessem cargos altos o suficiente na empresa para não temer as repercussões disso. (O que, por sinal, era particularmente verdadeiro no caso da licença-paternidade.)

Os tempos mudaram. O equilíbrio entre trabalho e vida pessoal é agora chamado de "integração trabalho e vida pessoal" — ou, melhor, simplesmente "vida" —, pois viemos a perceber que o problema não é equilibrar vida pessoal e profissional, mas integrá-las para que formem um único todo. Essa mudança no século XXI é atribuída a dois principais fatores:

- Demografia: O número crescente de mulheres em posições de liderança e o aumento de milênios entrando no mercado de trabalho mudaram o diálogo sobre o tema trabalho/vida pessoal. A Geração Y são os filhos da primeira grande geração de mães que trabalhavam (mulheres *boomers* que lideraram o movimento feminista dos anos 70) e, portanto, cresceram sabendo por experiência própria o quanto é difícil conciliar trabalho e família. Eles querem algo melhor. Havia estudantes universitários já no primeiro ano de faculdade assistindo aos meus workshops e perguntando como podiam construir uma carreira que lhes permitisse ter felicidade pessoal e profissional.

- Tecnologia: A onipresença das tecnologias que permitem às pessoas conduzir seus afazeres pessoais ou profissionais a qualquer hora e em qualquer lugar tornou quase impossível separar a vida pessoal em duas categorias, "trabalho" e "casa". Se a tecnologia nos fornecer mais opções para o trabalho flexível, não devemos tirar vantagem disso?

No passado, quando a separação entre trabalho e vida pessoal era a norma (em teoria pelo menos), os funcionários consideravam uma vantagem trabalhar em casa ou fazer um telefonema pessoal no trabalho. Na maioria das vezes, os dois domínios eram mantidos separados. Hoje em dia, quase todo mundo trabalha em casa pelo menos ocasionalmente e espera algum nível de flexibilidade. A Geração do Milênio, em particular, abraçou totalmente o estilo de vida em que casa e trabalho estão constantemente ligados. A maioria dos jovens profissionais que conheço não tem nenhum problema em responder a um e-mail de trabalho às 10 horas da noite da sexta-feira, mas também não hesitará em dar uma olhada no Facebook às 10 da manhã da terça-feira.

Essa é uma boa coisa em muitos aspectos (especialmente para aqueles que são profundamente beneficiados com a possibilidade de trabalhar em casa e com horários flexíveis, como as pessoas com necessidades especiais), mas pode tornar mais difícil estabelecer políticas justas de RH. Por exemplo, líderes da Geração do Milênio como você serão os únicos a enfrentar, no futuro, problemas como:

- Haverá um conceito de "horas de trabalho regulares" no futuro?

- Em caso afirmativo, os trabalhadores assalariados devem ser remunerados quando respondem a e-mails depois dessas horas? (Algumas empresas agora desligam automaticamente as contas de e-mail dos funcionários durante o período em que não estão trabalhando para evitar o pagamento de horas extras).
- Será legal repreender ou demitir um funcionário por algo pessoal que ele tenha compartilhado num site de mídia social, protegido por termos de privacidade?
- Será permitido que os funcionários "tragam seus próprios dispositivos" (BYOD, ou "Bring Your Own Device", na sigla em inglês) ao trabalho, e em caso afirmativo, como você protegerá seus dados sensíveis ou confidenciais?

DE OLHO NAS TENDÊNCIAS: TRABALHO/VIDA PESSOAL 3.0

Quando a The Hartford me pediu, pela primeira vez, para escrever previsões de tendências, exemplos do que você leu ao longo deste livro, decidimos que o primeiro tópico do primeiro relatório precisava mencionar a maneira como a Geração do Milênio estava mudando a discussão trabalho/vida pessoal. Determinamos que, nos anos seguintes, a conversa iria mudar novamente, de 1.0 (equilíbrio trabalho/vida pessoal) para 2.0 (integração trabalho/vida pessoal) e daí para a interação 3.0: bem-estar no trabalho.

"Bem-estar no trabalho", um conceito adotado integralmente no Vale do Silício, é a ideia de empregadores apoiando seus empregados em todos os aspectos de suas vidas, como parar de fumar, comer de forma saudável, exercitar-se regularmente, cuidar da manutenção da casa e investir. À medida que mais funcionários permitem que seu trabalho invada o tempo e o espaço pessoal, para o bem ou para o mal, mais os empregadores se interessam por questões pessoais no escritório.

Agora vamos levar o tópico trabalho/vida pessoal de volta a você, como indivíduo. Mesmo que você alegremente descreva a si mesmo como um "ocasional viciado em trabalho" e se sinta muito confortável integrando "trabalho" e "casa", haverá inevitavelmente momentos em que as questões pessoais entrarão em conflito com as profissionais.

Como chefe, o seu modo de lidar com tais momentos será observado de perto. Aqui estão algumas estratégias de enfrentamento:

Não se desculpe pelo modo como você passa seu tempo

Um atributo admirável que observei em muitos líderes de sucesso é que eles não sentem necessidade de explicar seus horários e seus limites. Muitas pessoas dão muitos detalhes sobre onde e como gastam seu tempo, o que pode prejudicar sua credibilidade profissional. É direito seu acrescentar na sua agenda um "tempo para você", de modo que possa colocar em dia o seu trabalho, pensar ou mesmo tirar uma soneca. (Eu reconheço que ocasionalmente — em geral por volta das 4 horas de um dia chuvoso e nublado —, eu tiro um cochilo. Essa é uma das razões pelas quais adoro ter um escritório em casa.)

Jeff Weiner, CEO do LinkedIn, compartilhou publicamente que reserva algumas horas por dia em sua agenda para o pensamento estratégico. Ele chama esses espaços vazios em seu dia de *buffers** e diz que são "a ferramenta de produtividade mais eficaz" que ele usa. Eu adoro que Weiner fale sobre seus intervalos agendados, mas você não tem que fazer isso. Uma vantagem de ser líder, especialmente se você é o mandachuva, é que não precisa explicar a ninguém por que está fechando sua porta, indo embora do escritório, saindo mais cedo ou recusando uma reunião. Você pode explicar se quiser (e a crescente importância da transparência dos líderes de hoje em dia sugere que é melhor não manter tudo muito confidencial), mas só quando sentir que isso é realmente importante.

Além de não sentir necessidade de explicar, nunca se desculpe pelas escolhas que está fazendo — contanto que não seja irresponsável, é claro. Por exemplo, se você recusar um convite de um membro da diretoria para uma reunião às 17h30 porque não quer se atrasar para a festa de aniversário da sua melhor amiga aquela noite, você pode simplesmente dizer que não está disponível ou que já marcou um compromisso. Não há necessidade de dizer: "Eu lamento não poder ir

---

* *Buffer*, na computação, memória do computador utilizada para armazenar temporariamente os dados. (N.T.)

a essa reunião! É a festa de aniversário da minha melhor amiga e eu realmente preciso ir para casa e tomar um banho primeiro!"

Adquira todas as ferramentas disponíveis

Eu não gosto de aconselhar ninguém a gastar muito dinheiro, mas acredito que vale a pena gastar um pouco para adquirir qualquer ferramenta que vá ajudar você a administrar melhor todos os vários elementos da sua vida como líder. Não economize para depois ficar estressado porque não tem um computador ou acesso à internet rápido quando precisa. Se você trabalha para alguém, pode pedir ao seu empregador que pague a conta, convencendo-o de que você precisa do melhor equipamento para fazer o melhor trabalho. Se você é autônomo ou tem um negócio próprio, a maioria desses itens pode ser declarada como despesa no imposto de renda. Não importa como você vai adquirir esses itens para economizar tempo e energia, eu recomendo que não economize no seguinte:

- Um celular, um tablet e/ou um laptop realmente rápido e de qualidade, com uma bateria extra para cada um e o maior plano de dados que possa pagar.
- O nível "prioritário" de atendimento ao cliente, se isso vai garantir que seu dispositivo seja consertado o mais rápido possível se quebrar.
- Uma rede sem fio ou um carregador de celular movido a energia solar para que o seu telefone nunca fique sem bateria (o Mophie Juice Pack é o meu favorito).
- O seu próprio cartão MiFi ou outro método de banda larga móvel para criar um Hotspot em qualquer lugar no qual você precise se conectar.
- O passe de um dia para a sala VIP de uma companhia aérea durante uma longa escala no aeroporto ou atraso no voo, para que tenha a garantia de uma mesa, uma tomada e Wi-Fi (e, se possível, também um drinque gratuito).
- Um táxi ou serviço de motorista, para que não tenha de dirigir até uma reunião ou evento e possa trabalhar enquanto se locomove.

- Espaço extra para as pernas e Wi-Fi para que você possa trabalhar confortavelmente enquanto voa. (Eu estava tão estressada e necessitada de um tempo para trabalhar — ah, e grávida — que paguei uma exorbitante quantia para fazer um *upgrade* para a primeira classe num voo internacional. Valeu cada centavo.)

Depois de adquirir todas as ferramentas de que precisa, use-as sempre que precisar trabalhar remotamente ou não puder estar em dois lugares ao mesmo tempo. Já enviei e-mails profissionais de cafeterias, bares, restaurantes, supermercados, vestiários, salas de espera, cabeleireiros, manicures, banheiros, banheiras e minha própria cama. Ninguém nunca desconfiou. (Dica: excluí a mensagem "Enviado do meu iPhone" da minha assinatura, o que poderia me entregar.)

Terceirize o que puder

Se você pode delegar tarefas de trabalho, não há motivo para não delegar tarefas pessoais também. Se isso lhe poupar tempo para prioridades pessoais ou profissionais, por que não contratar um assistente virtual ou estagiário para cuidar de tarefas como compras do supermercado, agendar o cabelereiro e consultas médicas, anotar recados, mandar pendurar suas cortinas novas ou até fazer compras de Natal?

EXISTE UM APLICATIVO PARA ISSO: TASKRABBIT*

No TaskRabbit (TaskRabbit.com), você simplesmente descreve uma tarefa que precisa fazer (como levar alguns itens grandes no correio ou mandar consertar a sua impressora), define o preço que está disposto a pagar para que alguém faça isso por você e depois paga apenas quando o trabalho estiver concluído. TaskRabbit pode até selecionar a pessoa que cumprirá a tarefa, se você quiser — todos os TaskRabbits têm seus antecedentes verificados —, e seu pagamento é transferido com segurança através do site deles.

---

* O TaskRabbit só está disponível no território norte-americano. No entanto, o modelo de negócios do TaskRabbit serviu de inspiração para projetos brasileiros como a Servz, Servicili e *GetNinjas*. (N.T.)

Acorde mais cedo

Esse truque é simples, mas nada fácil. Óbvio, mas inteligente. Se você não tem tempo suficiente em seu dia para fazer tudo que precisa fazer, então faça com que seu dia dure mais tempo. Coloque o alarme para uma hora mais cedo. (O ideal é que você vá para a cama uma hora mais cedo, também.) Sempre que estou muito ocupada, eu recorro a essa estratégia para ter um tempo extra na parte da manhã, para escrever uma postagem no blog, ler as notícias, fazer exercícios ou ler um romance que eu não consigo largar. O resto do meu dia é sempre melhor quando acordo cedo

"Essa é, definitivamente, a coisa mais incrível sobre as manhãs", diz Laura Vanderkam, autora de um e-book chamado *What the Most Successful People Do Before Breakfast*. "Elas sempre parecem uma nova chance para fazer as coisas direito. Uma vitória conquistada então gera uma cascata de sucesso. As horas cheias de otimismo antes de a maioria das pessoas tomar o café da manhã são muito preciosas para serem gastas com atividades semiconscientes. Você pode aproveitar de muitas maneiras essas horas. Sempre que fico tentada a dizer que não tenho tempo para algo, eu me lembro de que, se quisesse me levantar cedo, poderia. Essas horas estão à disposição de todos nós, se optarmos por usá-las".

Melhor dizer não

Por que dizer sim — mesmo quando isso significa mudar totalmente a sua programação, cancelar outros planos ou fazer algo totalmente desagradável — é muito mais fácil do que simplesmente dizer não? Se dizer não o deixa nervoso, então você vai adorar essa história de Dan Black, da EY: "Alguns anos atrás, fui convidado para liderar uma equipe de recrutamento no Canadá. Eu teria que deixar Nova York todas as segundas-feiras e voar para casa todas as noites de quinta-feira. Era uma grande oportunidade, mas, mesmo que tenha sido antes de eu ter filhos, parecia muito tempo longe da minha esposa e dos meus amigos. Eu disse não. Acontece que a oportunidade seguinte para liderar um recrutamento era nos Estados Unidos! Claro que você nem sempre pode dizer não — é preciso entender esse equilíbrio —, mas se algo é realmente importante para você, você tem de permanecer fiel a isso e confiar que haverá mais oportunidades no futuro. Uma boa lição para um jovem líder é aprender que dizer "não" não significa que esse "não" seja para sempre; pode significar um não agora. Ter isso em mente lhe dá o poder e a confiança necessários para às vezes dizer não.

Para mim, dizer sim era um hábito cultivado ao longo da vida e estava causando mais estresse na medida em que meu negócio crescia. Eu finalmente percebi que precisava ter aumentado meu quociente de nãos alguns anos antes, quando minha *coach* de negócios me pediu para trazer a minha agenda a uma das nossas sessões. Juntas analisamos o número de reuniões, telefonemas, eventos de *networking*, compromissos pessoais, prazos e afazeres domésticos que eu tentava encaixar a cada semana.

"Hum, tem algum palpite da razão por que está tão estressada?" Ela perguntou com um sorriso. De repente, pareceu tão óbvio! Minha agenda estava lotada. Transbordante. Como muitas pessoas, eu estava tentando fazer coisas demais. Eu ia dizendo sim a absolutamente todos os convites e projetos. Ao mesmo tempo, estava dizendo não à minha própria sanidade e me dividindo a ponto de não conseguir me concentrar em nenhum projeto ou meta.

Por acaso esse exercício aconteceu em outubro, então minha *coach* me desafiou a dizer não com mais frequência na esperança de desafogar a minha agenda. Decidi declarar o décimo primeiro mês do ano o mês do NÃO-vembro e recusar cada atividade ou obrigação não essencial que surgisse durante esses trinta dias. Minha resposta padrão para cada convite ou tarefa tornou-se "não", "não agora" ou "posso procurar você daqui um tempinho?" (Claro que isso não incluía os prazos dos projetos já iniciados e as solicitações dos clientes.)

Saiba o que eu descobri nesse mês de novembro — e agora a cada novembro desde então — e conheça as regalias de que você vai desfrutar se começar a dizer não:

Primeiro, passei a ver com muito mais clareza o que eu realmente queria fazer. Como eu me desafiava a dizer não com mais frequência, mesmo quando queria desesperadamente dizer sim a uma oportunidade, percebi o que eu realmente queria — quais projetos me davam mais entusiasmo, quais eventos de *networking* eram mais valiosos para mim, quais atividades realmente faziam a minha carreira avançar, com quais amigos eu queria passar mais tempo. Se você não souber muito bem que direção dará à sua carreira ou vida pessoal, tente dizer não com mais frequência e verá que as oportunidades certas ficarão mais claras e se tornarão, como diz a minha *coach*, um "sim absoluto".

Em segundo lugar, realizei mais alguns dos meus grandes objetivos. (Pense nas pedras de Stephen Covey novamente.) Ao desafogar a minha agenda, passei a ter tempo para concluir tudo e começar projetos que estavam na minha lista de afazeres há muito tempo. Eu terminava cada dia com um verdadeiro sentimento de realização. Sei que isso parece óbvio — quando você tem mais tempo, pode realizar mais —, mas muitas vezes esquecemos que, se queremos fazer uma coisa, temos que encontrar tempo para fazê-la.

Em terceiro lugar, aprendi que as pessoas preferem ouvir um não sincero do que um sim desonesto. No passado, quando na verdade eu queria dizer não, muitas vezes dizia sim primeiro, na esperança de que o golpe fosse mais suave se eu cancelasse no último minuto. Engano meu! Aprendi que uma resposta sincera logo de cara é o melhor caminho. Como minha *coach* me disse: "É como arrancar um esparadrapo. É melhor dizer um não rápido e definitivo". Por fim, comecei a entender que é mais gentil com as outras pessoas quando você diz um não sincero. Isso as ajuda a seguir em frente e encontrar alguém que possa lhe dar um sim verdadeiro.

Quarto, eu tinha mais energia. Quando trabalha demais e corre de reunião em reunião, de telefonema em telefonema, de *happy hours* para jantares e daí para a cama, você não tem tempo para parar, refletir e se reabastecer. Eu realmente adoro o entusiasmo e a energia que sinto quando estou ocupada, mas a verdade é que, quando estou sobrecarregada de compromissos, não me sinto nem entusiasmada nem cheia de energia; eu me sinto esgotada.

E aqui está a minha revelação final e mais surpreendente sobre dizer não com mais frequência: ninguém percebeu! Pensei que todos os meus amigos, familiares e colegas de profissão reagiriam negativamente aos meus nãos. Achei que perderia várias oportunidades. Achei que começaria a receber e-mails irritados ou telefonemas de pessoas que se sentiram ignoradas ou rejeitadas. Em vez disso, quase sempre que eu dizia não, recebia como resposta algo como "Tudo bem". Essa foi uma completa revelação. Eu pensava que tinha de dizer sim o tempo todo para ser um sucesso. O que aprendi no meu primeiro mês anual de NÃO-vembro era que não há nenhum problema em dizer "não", "agora não" ou "preciso pensar" em qualquer mês do ano. São só três letrinhas, mas o "não" causou um impacto incrível na minha vida e no meu trabalho. Eu recomendo muito.

Agora que você tem mais controle sobre o seu tempo, vamos passar para a seção final deste livro e o tópico do *networking* profissional. O *networking* é crucial para novos líderes e é um modo divertido e profícuo de passar as muitas horas que você liberou em sua agenda.

Parte III

Persevere

Capítulo 7

Conecte-se

Encontre seus campeões, turbine seu networking e sempre compareça às reuniões

Liam E. McGee, agora presidente da The Hartford, iniciou sua carreira como vendedor júnior em Wells Fargo, basicamente prospectando clientes. Descrevendo-se como uma pessoa tímida, ele ficou tão apavorado na ocasião da sua primeira venda que voltou para o carro e dirigiu para longe antes de voltar e caminhar até a porta do cliente! Aos poucos começou a vencer o medo — ele sabia que não iria manter o emprego se não fizesse isso — e conquistou cargos cada vez mais altos. Um dia, a caminho de uma reunião com seu mentor, ouviu-o dizer a um colega: "Acho que esse garoto McGee um dia vai ter uma sala no décimo segundo andar", referindo-se ao andar em que ficavam os altos executivos.

"Ouvir isso mudou a minha vida", me contou McGee. "Confirmou que meus objetivos eram possíveis".

Ele continuou a contar sua história e mencionou "cinco mentores muito importantes que foram muito duros comigo e me deram *feedbacks* muito sinceros. Eles viram algo em mim e eu confiei neles".

Como você, assim como McGee, encontra pessoas que verdadeiramente o apoiem? Como atrai o interesse daquelas que tomam decisões e podem acelerar a sua escalada até a liderança? E como constrói uma autêntica e valiosa rede de contatos profissional (mesmo odiando *networking*)? É disso que se trata este capítulo.

Encontre seus campeões: as cinco pessoas que você precisa no seu Conselho Consultivo Pessoal

Vamos começar descobrindo a sua versão dos cinco mentores mais importantes de McGee. Vou sugerir que você encare esse grupo mais como um conselho consultor rotativo, com algumas relações constantes e outras que desempenham diferentes papéis em diferentes situações. Cinco não é um número mágico, mas uma boa estimativa do número de pessoas e da diversidade de perspectivas que você quer ter no seu radar de liderança em qualquer momento da sua vida. Vamos descobrir quem eles são:

Um mentor tradicional

O conceito tradicional de mentor remete a um profissional mais velho, que carrega uma pessoa mais jovem e menos experiente sob as suas asas. As duas pessoas geralmente trabalham na mesma organização ou profissão e se encontram ou se falam regularmente. Em geral trata-se de um acordo oficial, no qual o mentor concorda em disponibilizar seu tempo e dar conselhos com frequência. Isso pode parecer um pouco antiquado no mundo mais *ad hoc* de hoje, mas ainda é extremamente válido cultivar um relacionamento com alguém que tenha mais sabedoria e queira compartilhar isso com você de uma maneira focada e formal.

Como você é um líder inexperiente, é melhor que encontre um mentor com grande experiência em liderança e disposição para compartilhar esse conhecimento. Você pode estar assumindo um papel de liderança com muito menos idade do que muitos *baby boomers* que assumiram um cargo parecido, então provavelmente terá muita conversa para pôr em dia. Um mentor não pode fazer seu trabalho por você, mas pode ajudá-lo a ponderar sobre as suas decisões, entender melhor questões complexas com relação ao gerenciamento de pessoas e antecipar desafios de liderança que você pode um dia enfrentar. Os melhores mentores são os que estão sempre prontos para dar conselhos, responder às suas perguntas mais difíceis, oferecer um *feedback* sincero e incentivar de fato o seu sucesso.

Não descarte essa característica final — incentivar de fato o seu sucesso. Eu encontrei uma vez uma mulher que achei que era uma mentora e pedi o conselho dela na negociação dos direitos autorais de um livro. Quando eu lhe disse a quantia em dinheiro que estava planejando pedir — que eu tinha pesquisado exaustivamente através de associações da área e conversas com outros autores —, ela me disse: "Ah, não. Você precisa pedir menos. Você é muito jovem para conseguir tanto dinheiro". Desnecessário dizer que passei a pedir conselho a outras pessoas que podiam me incentivar mais.

Um comentor

Escrevi pela primeira vez sobre comentores em 2007, no meu livro *Getting from College to Career*, e o conceito tornou-se ainda mais popular desde então. Comentores, às vezes conhecidos como mentores inversos, é um conceito mais bidirecional do que o tradicional. Neste caso, o comentor, que é uma pessoa mais velha e experiente, também procura os conselhos da pessoa mais jovem — talvez sobre tecnologia, mídia, hábitos de compras da Geração Y ou qualquer outra área de especialização que a pessoa mais jovem possua. Basicamente, o comentor reconhece o fato de os jovens terem sua própria sabedoria, que é valiosa para os colegas mais velhos. Uma das coisas mais legais sobre o comentor é que ele lhe dá uma ótima perspectiva das questões e preocupações que as gerações mais velhas possam ter sobre você e seus colegas da sua geração e, por sua vez, fornece uma perspectiva melhor sobre como gerenciar e se envolver com seus colegas de mais idade.

> ### COMO *NÃO* DIZER...: VOCÊ SERIA O MEU MENTOR?
>
> Quando se trata de encontrar um mentor tradicional ou um comentor, não começe a perguntar às pessoas: "Ei, você seria o meu mentor?", pois esse é o tipo de relacionamento que tem de se desenvolver naturalmente, ao longo do tempo. Isso porque as pessoas são tão ocupadas nos dias de hoje que perguntar: "Você seria meu mentor?" pode parecer o tipo de compromisso que exige tempo demais da pessoa de sucesso e ocupada que você vai querer como mentor. Em vez disso, peça primeiro à pessoa para aconselhá-lo sobre um projeto específico ou sobre um problema em particular. E se você demonstrar através dessa interação que respeita o tempo dela e que levou seu conselho a sério, é provável que ela concorde em aconselhá-lo novamente no futuro. O relacionamento como mentor crescerá naturalmente dali em diante. Eu tenho me referido a várias pessoas neste livro como meus mentores, mas não me lembro de ter um dia pedido a elas que representassem esse papel.
>
> Dito isto, se você é tímido ou novo na sua empresa, ou tem dificuldade para encontrar mentores por qualquer motivo, os programas formais de mentoria podem ser uma boa opção. Verifique com a sua empresa, qualquer que seja o seu ramo de atividade, ou com a sua universidade ou associação de ex-alunos da sua graduação se podem encontrar para você um bom mentor. Se, depois de uma ou duas reuniões, você achar que o seu mentor não está sendo muito útil, não hesite em procurar outro.

Um patrocinador

Embora os mentores possam aconselhar e apoiar você, em geral eles não podem lhe proporcionar uma promoção ou outra oportunidade profissional. Para isso, você precisará de um "patrocinador". O conceito de patrocinador ganhou notoriedade nos últimos anos, particularmente entre as mulheres da América corporativa. Kate White descreve o conceito desta maneira: "O patrocinador tem muitas vezes mais anos de casa do que o mentor e, em vez de simplesmente oferecer *feedback*, ele (ou ela) usa a influência que tem com os executivos mais graduados para interceder por você. O patrocinador abre portas e se esforça para conseguir a promoção do seu candidato". "As mulheres", acrescenta White, "infelizmente tendem a ter muitos mentores e poucos patrocinadores".

Um patrocinador pode ser seu chefe, o chefe do seu chefe ou outra pessoa. E White aponta uma diferença muito importante entre o modo como você interage com um patrocinador *versus* com um mentor: "*Não peça conselhos a um patrocinador da maneira como pede a um mentor. Você não vai querer que ele saiba sobre qualquer dilema de trabalho que esteja enfrentando ou dúvidas que possa ter. Você quer que ele veja apenas os seus pontos fortes, porque o papel dele é "vendê-lo" como profissional*".

Um colega

O próximo membro do conselho consultivo que você precisa arranjar é alguém que seja como você: pode ser um colega que gerencie um departamento do tamanho do seu ou alguém que possua um negócio similar ao seu, ou que esteja no comando de uma filial em outra cidade. Eu não estou falando em fazer amizade com um concorrente direto que pode não ser confiável, mas alguém que realmente entenda as experiências e desafios diários que você enfrenta. Às vezes não há ninguém mais valioso a quem recorrer para obter ideias, recomendações ou apenas para conversar num dia difícil.

Se você não tem um *network* profissional composto de colegas de profissão, então as associações de classe, os eventos de *networking* e as conferências podem ser bons lugares para encontrá-los. No início da minha carreira eu ia a todos os eventos de *networking* que podia e, embora nem todos os eventos fossem úteis para mim, nessas ocasiões eu encontrei muitos dos meus amigos atuais e pessoas que me apoiam profissionalmente. Sobre as associações de classe e eventos de *networking*, as pessoas os frequentam porque querem conhecer outras pessoas. A maioria dos participantes é amigável, acessível e está ansiosa para conhecê-lo.

Mamãe e/ou papai

Outra crítica com relação à Geração do Milênio é o constante deboche da mídia pelo fato de essa geração ser tão próxima e tão dependente dos pais. (Embora eu tenha que rir dessa manchete do jornal *The Onion*: "Estudo descobre que milênios ficam o dia inteiro no telefone com os pais".) Talvez seja porque eu sou mãe agora, mas acho que é uma coisa boa quando os pais estão a par da vida dos filhos e querem apoiá-los ao longo da vida. Isto é, contanto que seus pais permaneçam nos bastidores da sua carreira, no papel de conselheiros e líderes de torcida, e não extrapolem seus limites, ligando para o chefe dos filhos, por exemplo, para negociar o salário deles (sério, os profissionais de RH sempre me contam histórias sobre pais que fazem esse tipo de coisa). Então vá em frente e peça a seus pais para lhe dar aconselhamento profissional, apoio e *retweets*, especialmente se você tiver a sorte de ter um pai que trabalha ou trabalhou numa área semelhante à sua.

DE OLHO NOS NÚMEROS: LEVANDO SEUS PAIS AO TRABALHO

De acordo com uma enquete de 2013, realizada pelo LinkedIn, 35 por cento dos pais admitiram que não sabiam muito bem de que modo os filhos ganhavam a vida. LinkedIn, Google, Deutsche Bank e outras empresas tomaram medidas para suprir essa lacuna instituindo o "Dia de Levar os Pais ao Trabalho". Presumo que essa prática será muito mais habitual no futuro. E por que não? Quanto mais souberem sobre o trabalho dos filhos, mais os pais poderão apoiá-los, aconselhá-los e incentivá-los.

Networking no século XXI, Parte 1: Onze maneiras de fazer contato

Quando eu estava na faculdade, um amigo muito bem-sucedido da minha família me disse que a coisa mais importante que eu poderia fazer pela minha carreira era nunca deixar de fazer novos contatos. Eu segui esse conselho simples, mas profundo desde então. Naqueles dias, é claro, o *networking* consistia num telefonema, num encontro presencial ou, como você verá a seguir, numa morosa e antiquada carta. Como líder, hoje você tem inúmeros recursos — LinkedIn, Twitter, Facebook,

Skype, FaceTime, Hangouts do Google+ etc. — para estender a sua rede de contatos. A maioria dos profissionais bem-sucedidos do século XXI usa todas as ferramentas disponíveis — *on-line* e *off-line*. Minha amiga Diane K. Danielson chama isso de abordagem de *networking "clicks and mix"*.

Não importa de onde sejam suas conexões, o importante é cultivar e manter uma rede de relacionamentos diversos e autênticos com pessoas de quem você realmente gosta ou que respeita, inclusive algumas que aparentemente não têm ligação com o seu cargo atual ou futuros planos de carreira. Você nunca sabe que pessoas poderão lhe encaminhar clientes, candidatos a emprego e oportunidades, e quem pode apoiá-lo em tempos difíceis e acabar tornando sua carreira mais significativa e agradável.

Isso é especialmente importante hoje, uma época em que é raro alguém, até mesmo altos executivos, permanecer numa mesma empresa ou até na mesma profissão a vida toda. Eu conheço uma especialista em *networking* que uma vez propôs um programa de treinamento corporativo para um executivo de uma das maiores instituições do país. "Nós não precisamos de um workshop de *networking* profissional", disse o executivo à minha amiga. "Somos uma das maiores empresas do país. Nossos funcionários só precisam conhecer uns aos outros".

Essa empresa era o banco de investimentos Lehman Brothers, que quebrou em 2008.

DE OLHO NAS TENDÊNCIAS: REDE RETRÔ

Alguns dizem que, no futuro, o local de trabalho vai ser mais ou menos como Hollywood: em vez de ter um emprego numa empresa (ou estúdio de cinema), as pessoas serão mais como agentes autônomos, atuando com suas redes de contato para formar alianças de longa data que trabalhem em conjunto num projeto ou ideia específica. (Pense nas filiações de longo prazo entre os produtores, a equipe técnica e os atores que criaram os três filmes de *O Senhor dos Anéis*, por exemplo.) Se isso provar ser o caso, então seus relacionamentos serão de longe o seu maior ativo como futuro líder.

A propósito, sei que muitas pessoas não gostam do termo *networking*. Portanto, você pode chamar as atividades recomendadas nesta seção como quiser. O importante é que se comprometa a iniciar, cultivar e manter relacionamentos profissionais ao longo da sua jornada de liderança. Em última análise, são pessoas que vão contratá-lo, promovê-lo, investir em você, comprar de você e apresentá-lo a outras pessoas. Aqui estão minhas onze melhores estratégias para cultivar relacionamentos que farão diferença.

1. Saia. Da. Frente. Do. Computador.

É muito fácil, nos dias de hoje, passar a vida inteira na frente de um monitor. Mas você terá um aumento exponencial no cultivo dos seus relacionamentos se sair da frente do computador e realmente for aos lugares. Com a maior frequência possível, vá a conferências, degustação de vinhos, feiras, workshops, eventos beneficentes, almoços, jogos de futebol, academias ou onde quer que possa travar uma conversa interessante com uma pessoa interessante.

Comece, principalmente, a pesquisar em que lugares outros líderes da sua área de atividade ou comunidade vão. Vá a restaurantes, bares e cafés que pessoas mais experientes frequentem. Desafie-se a participar de comitês, conselhos sem fins lucrativos ou organizações profissionais em que você estará entre as pessoas menos especializadas na sala. Entre as organizações norte-americanas estão a Young Presidents's Organization (YPO.org), a Entrepreneurs' Organization (EONetwork.org), o Young Entrepreneur Council (YEC, TheYEC.org) e Summit Series (Summit.co). Eu sei que grandes encontros de altos executivos e empresários podem ser intimidadores, mas sair da sua zona de conforto com relação ao *networking* é crucial nesta fase da sua carreira e irá expandir seus horizontes exponencialmente.

À medida que você se sentir mais à vontade participando de eventos, procure encontrar uma maneira de ser um palestrante em tais encontros. Não há maneira melhor de se tornar conhecido em seu campo de atuação do que ser a pessoa que todo mundo está assistindo no palco. Como você é convidado a falar? O que eu aprendi é que, quanto mais você fala, mais você é convidado a falar. Então, mexa-se! Como sabe, comecei no pódio dos Rotary Clubs da minha cidade. Além disso, enquanto eu estava construindo minha carreira, praticamente aceitava falar em qualquer evento ou comitê em que me convidassem, inclusive em encontros sobre escolha profissional nas escolas secundárias, nas sedes da Junior Achievement, nos comitês de ex-alunos para futuros candidatos a cargos na minha universidade e até mesmo em sedes de escoteiras (onde falei sobre como fazer planos de negócios para a venda de biscoitos daquele ano). Eu também dei palestras para minhas colegas da WorkingWoman.com, a quem eu ficaria feliz em dar a oportunidade de falar que outras pessoas não quiseram dar. (E como falar em público é um medo muito comum, acabava surgindo muitas oportunidades que outras pessoas não queriam.) A maioria desses eventos envolvia ficar sentada, respondendo a perguntas sobre meu trabalho, que é algo que qualquer jovem líder é capaz de fazer. Então, faça isso!

2. Pegue. O. Telefone.

Deixar o escritório e participar de eventos ajuda você a cultivar relacionamentos; o telefone garante que não vá perdê-los. Como já mencionamos, é inevitável que você e um colega, um cliente ou um amigo tenham algum tipo de mal-entendido (ou pior). Quando isso acontecer, lembre-se de tirar os dedos do teclado e pegar o telefone. Você vai resolver as coisas mais rapidamente e não correrá o risco que a outra pessoa interprete mal suas palavras ou seu tom. Mesmo que não haja nenhum equívoco, ocasionalmente conversar com alguém, em vez de sempre escrever e-mails ou mensagens, pode fazer uma grande diferença, no sentido de aprofundar o relacionamento.

3. Cultive os relacionamentos antes de precisar deles

Assim como acontece nos relacionamentos pessoais, você não pode estalar os dedos e evocar um grupo de colegas profissionais, leais e solidários, quando precisa deles. Você tem que construir continuamente esse alicerce para que essas pessoas estejam ao seu lado quando procurá-las. Isso é verdade em todos os níveis da sua carreira, mas particularmente quando você está num cargo de liderança. O congressista Aaron Schock me disse uma vez: "Passei uma grande parte do meu primeiro ano no Congresso conhecendo os colegas da minha turma de calouro e os membros mais experientes do Congresso que entendiam como funcionava a Casa. Esse esforço para entrar em contato com meus colegas ajuda quando eu preciso de apoio para um projeto de lei que estou propondo, então sei quais membros podem estar interessados em se juntar a mim e sei também que não é a primeira vez que ouvem falar de mim. Estabelecer uma conexão pessoal é, em grande parte, persuadir as pessoas a apoiar os objetivos que você quer alcançar".

4. Ofereça ajuda primeiro

O especialista em mídia social Gary Vaynerchuk começa o dia postando a pergunta "O que posso fazer por você?" para suas centenas de milhares de seguidores nas mídias sociais. Sua abordagem, verdadeira para a *persona* de Gary Vee, é bem extrema (e ele adiciona a ressalva "seja razoável, por favor"), mas o conceito é perfeito. Defendo plenamente o hábito de oferecermos algo de nós às pessoas tanto quanto possível. Mesmo "oferecer" pouco faz uma grande diferença: conselhos, elogios, referências, ideias, mensagens de feliz aniversário, "curtidas" e qualquer outra coisa que a pessoa precise. Reid Hoffman, cofundador do LinkedIn, chama isso de fazer um "pequeno bem" aos outros, e ele diz que esse é um dos seus usos favoritos do site de *networking* profissional. Na maioria dos casos, as pessoas pedem apenas coisas ocasionalmente e a boa vontade que você demonstra provavelmente será devolvida multiplicada por dez se você precisar de alguma coisa dessas pessoas no futuro.

Uma das dicas que compartilho com frequência com jovens profissionais é perguntar às pessoas que encontra: "Posso ajudá-lo em alguma coisa?" Uma estudante universitária que participou de uma das minhas palestras no campus uma vez me enviou um e-mail, algumas semanas depois, para me dizer que ela tinha usado esse conselho durante uma entrevista informativa com uma ex-aluna de sua universidade que já era CEO. Ela me disse: "Eu me lembrei do que você disse sobre oferecer algo de mim primeiro, mas pensei, 'O que eu poderia oferecer a uma CEO? Claramente preciso muito mais dos conselhos e conexões dela do que ela precisa de mim'. Mas segui o seu conselho no final do encontro e disse: 'Você tem sido tão útil e eu sou muito grata. Sei que sou apenas uma estudante, mas há alguma coisa que eu possa fazer para ajudar você?'"

Os olhos da CEO se iluminaram e ela respondeu à estudante: "Sério? Sim! Acabei de receber o meu novo iPhone e não consigo encontrar nada". A aluna disse: "Eu posso te ajudar!" E ela passou mais trinta minutos dando a CEO um tutorial sobre como usar seu novo dispositivo. Foi só uma pequena ajuda, mas naquele momento era o que a CEO mais precisava e realmente ajudou. Ela provavelmente nunca se esquecerá da estudante e sua generosidade. Eu não ficaria surpresa se esse incidente do iPhone marcasse o início de um importante relação de mentoria.

5. Peça ajuda, também

Admiro a aluna que se ofereceu para ajudar e também admiro a CEO que admitiu que precisava de ajuda para usar seu novo celular. Faz parte do bom cultivo de um relacionamento pedir ajuda quando você precisa. Eu conheci muitos jovens líderes que se preocupam com a possibilidade de parecer inseguros ou folgados, particularmente quando pedem que alguém os apresente à outra pessoa que lhes interessa profissionalmente. Eu juro a você que isso não é inadequado; é assim que o mundo funciona e é o que faz com que as pessoas se sintam bem ajudando os outros — contanto que o pedido seja apropriado. A chave para fazer um pedido apropriado é ser específico sobre a ajuda que você precisa e ser cortês ao fazer esse pedido.

Angela Lee é professora da Columbia Business School e fundadora da 37 Angels, uma rede de investidores-anjo dedicada à capacitação de investidores do sexo feminino. Ela muitas vezes recebe pedidos de seus alunos de MBA para que os apresente a pessoas de sua extensa rede de investidoras. Perguntei a Lee como ela se sente com relação a tais pedidos e o que aconselha para outros jovens líderes que estão tentando fazer contato de forma semelhante. Ela disse: "Isso não me incomoda quando sinto que eles são verdadeiramente apaixonados pelo que fazem e sei que pesquisaram a meu respeito e estão fazendo esse pedido porque acreditam na minha competência. Isso tem a ver com conhecer seu público, pesquisar e fazer com que a pessoa se sinta um indivíduo e não uma agenda de telefones ambulante. Os investidores não gostam quando os empreendedores olham para eles como se fossem um grande saco de dinheiro".

Concordo com Lee. Se alguém me procurar e travar uma conversa amigável, mutuamente benéfica sobre nossos negócios, eu geralmente fico feliz em ajudar, se essa pessoa mais tarde solicitar que eu a apresente a alguém da minha rede profissional. Por outro lado, quando um total estranho me escreve um e-mail a partir do nada, pedindo para ter acesso à minha rede, eu me sinto como aquela agenda de telefones ambulante que Lee mencionou, e quase sempre digo não.

COMO POSSO DIZER...: PEDINDO AJUDA

Quando se trata de pedir alguma coisa a um contato profissional — conselho, informação, a apresentação a um dos contatos dessa pessoa —, você primeiro precisa se certificar de que o pedido é proporcional ao seu relacionamento com a pessoa. Se não conhece muito bem o contato, então peça algo mais simples (por exemplo, peça para que essa pessoa o apresente ao seu web designer). Se você é próximo da pessoa e trabalhou com ela durante anos, então não há problema em fazer uma grande solicitação (por exemplo, fazer parte do conselho da sua organização sem fins lucrativos). Não importa qual seja o seu relacionamento, verifique o perfil ou website da pessoa no LinkedIn antes de entrar em contato para saber o que é importante para essa pessoa — como um projeto atual ou interesse de longa data. (Por exemplo, quando eu convido pessoas para assistir a eventos do She's the First, procuro descobrir se, no passado, elas demonstraram interesse por questões ligadas à educação.) Seja conciso no seu pedido, mas forneça informações suficientes para que a pessoa possa tomar uma decisão bem fundamentada sobre como ajudar. E não importa qual seja o seu pedido, sempre dê a ela a possibilidade de dizer não, caso se sinta pouco à vontade atendendo ao seu pedido. Aqui está um exemplo do que eu consideraria um pedido de médio porte:

Olá, Valerie,
Foi muito bom revê-la no mês passado, no evento beneficente. Espero que esteja bem e quero lhe dar os parabéns pela sua recente promoção! Estou escrevendo para lhe pedir um favor: notei no LinkedIn que você tem contato com George Lamont, que é um grande patrocinador das artes em Dallas. Gostaria de convidar George para ser o nosso principal palestrante em nossa próxima conferência e gostaria de saber se você estaria disposta a me apresentar a ele. Claro que vou entender se isso não for possível.

Muito obrigada por considerar o meu pedido e, como sempre, por favor me avise se houver algo que eu possa fazer por você.

Um abraço,
Vivian

6. Sempre* compareça aos processos seletivos

Esta dica é de Zoë Ruderman, da revista *People*, e é mais relevante quando você está em busca de uma nova posição ou promoção. "Vá a entrevistas [de emprego], mesmo que não esteja muito interessado no cargo", diz ela. "Não vá até o fim do processo seletivo nem desperdice o tempo das pessoas se você souber que nunca aceitará o emprego, mas estude a situação primeiro. Os recrutadores podem perceber que você está mais talhado para um cargo mais alto (o que aconteceu com uma amiga que acabou conseguindo o emprego!). E, óbvio, se depois da entrevista você deixar claro que a vaga não é bem o que queria, poderão chamá-lo em alguns meses com um trabalho que seja mais a sua cara".

Como eu já disse, aconselho a dizer não a solicitações que não sejam um "sim absoluto" (veja o quadro a seguir), mas concordo com o conselho de Ruderman com relação a situações envolvendo uma oportunidade instigante, como um novo emprego em potencial, mesmo que você esteja feliz em sua atual posição. Se você não estiver interessado na oportunidade que a pessoa está oferecendo, mas sente que ela própria pode ser uma boa conexão de qualquer maneira, então não há nenhuma razão para não abordá-la.

---

*MAIS, POR FAVOR: QUANDO *NÃO* COMPARECER

Como discutimos no último capítulo, uma das maneiras de manter a sanidade como líder moderno é ser cuidadoso com relação ao seu tempo. Quanto maior o sucesso e mais alto o seu nível na empresa ou no seu ramo de atividade, mais pedidos para que compareça a eventos você receberá. Alguns desses pedidos valerão muito a pena. Outros não. Uma ótima maneira de saber a diferença é fazer o que eu chamo de bumerangue. Quanto mais alto você chegar na sua carreira, mais pessoas vão querer se conectar com você, pedir sua opinião ou requisitar um pouco do seu tempo de alguma outra forma. Algumas dessas conexões serão mutuamente benéficas, mas muitas serão pura perda de tempo. Você pode determinar a diferença enviando uma mensagem de volta para a pessoa, pedindo que ela seja mais clara. Pessoalmente, uso as respostas prontas do Gmail (um documento simples em que você corta e cola também funciona bem) e salvo as respostas-modelos para esses tipos de pergunta. As minhas respostas são mais ou menos assim:

> Obrigada pelo seu interesse na [reunião/conexão/vaga]. Você pode enviar mais informações ou uma breve proposta delineando [a sua ideia/a razão pela qual gostaria de se conectar/ trabalhar conosco] e algumas informações adicionais sobre [você/sua empresa]?

As pessoas sérias vão responder com ponderação e detalhes, e, se a proposta delas não corresponder aos seus objetivos, você terá uma razão mais específica para dizer não. As demais simplesmente sumirão.

---

7. Diversifique

Se você só se conectar com pessoas que estão no mesmo patamar que você, não conseguirá ir muito além disso (e terá uma vida bastante entediante). Além de se conectar com pessoas mais bem-sucedidas ou bem-estabelecidas do que você, desafie-se a fazer *networking* com pessoas de outros ramos de atividade, países, etnias, gerações, regiões e ideologia política. Isso pode exigir que você saia da sua zona de conforto, e isso é uma coisa boa. Participe de palestras ou de Hangouts do Google+ sobre tópicos que você não conhece (encontros com escritores em grandes livrarias são ótimos para isso), inscreva-se num projeto de voluntariado num bairro onde você não conhece ninguém ou simplesmente dê uma volta pela sua empresa e converse com um colega de um departamento diferente. A propósito, isso inclui assistentes administrativos, guardas, baristas, temporários e motoristas de táxi. Os líderes aprendem com todos que encontram pela frente.

8. Faça networking *com pessoas com cargos superiores ao seu*

Agora vamos falar sobre encontrar pessoas de nível mais alto. Eu incentivo você a determinar as principais figuras da sua empresa ou do seu departamento e convidá-los para um bate-papo por telefone ou para tomar um café com você (ou, melhor ainda, para tomarem um café da manhã juntos, o que mostra que você é alguém que acorda cedo). Sei que pode parecer algo meio aleatório simplesmente enviar um e-mail e pedir para conhecer uma pessoa, mas é muito mais comum do que você pensa entre os líderes. Tudo que você tem a fazer é se apresentar, dizer qual é o seu cargo e explicar por que quer se conectar com essa pessoa (e não custa nada colocar ênfase no que espera dela). Por exemplo, "Acabei de assumir o cargo de gerente de TI e gostaria de saber mais sobre como minha equipe pode colaborar com o seu departamento".

Eu o incentivo a entrar em contato com pessoas que você admira, especialmente como um novo líder. A maioria dos profissionais estabelecidos — incluindo eu mesma — está consciente de que o novo gerente de hoje é o CEO de amanhã. Todos nós já passamos por isso e a maioria das pessoas está disposta a retribuir e se conectar com você nos primeiros anos de sua carreira. Foi assim que conheci Kate White, ex-editora chefe da *Cosmopolitan*, que já citei várias vezes neste livro. Quando me formei pela primeira vez na faculdade, li o livro de conselhos profissionais de White, *Why Good Girls Don't Get Ahead... But Gutsy Girls Do*. Adorei o livro, e ele é uma das razões por que também quis escrever livros de aconselhamento profissional. Na época, eu era só uma colegial cursando o primeiro ano e procurando um emprego antes de ir para a faculdade na Austrália, por isso estava muito intimidada para convidar White para um café (na época ela era editora de outra revista). Em vez disso, escrevi a ela uma carta dizendo que era sua fã. Quase ninguém ainda usava e-mail, portanto imprimi a minha carta e mandei pelo correio. Fiquei encantada e eufórica quando recebi uma resposta algumas semanas depois, na qual ela me dava alguns conselhos sobre a minha carreira.

Dezessete anos depois... minha maravilhosa editora da Harper-Collins, Colleen Lawrie, me mandou um e-mail perguntando se podia me apresentar outra das suas autoras que tinha acabado de escrever um novo livro. Que autora? Adivinhou: Kate White. Tivemos uma conversa por telefone (na qual lembrei-a das cartas que trocamos) e tive oportunidade de falar num programa de rádio que ela apresentava e, como você já sabe, ela concordou em ser entrevistada para este livro. Você nunca sabe o que pode acontecer se entrar em contato com pessoas que realmente admira em qualquer estágio da sua carreira.

9. Tome notas

Essa parece uma dica para iniciantes, mas Ben Casnocha, um jovem empresário e autor, conta uma história que vai convencê-lo de que essa é uma estratégia para especialistas. Um amigo dele participou de um evento onde o CEO do Facebook Mark Zuckerberg estava dando uma palestra a uma grande plateia de jovens empreendedores do Vale do Silício. Zuckerberg estava falando sobre a sua perspectiva da indústria da internet. Todos os assentos estavam ocupados e os membros da jovem plateia estavam entusiasmados com cada palavra de Zuckerberg. Entre a multidão de jovens estavam sentados dois cavalheiros mais velhos, John Doerr e Ron Conway, ambos renomados investidores do Vale do Silício. Como Casnocha descreve: "Eles se destacavam não só porque seus cabelos grisalhos brilhavam no mar de juventude ao seu redor, mas porque eram as únicas pessoas na plateia que estavam tomando notas. Não é engraçado que as duas pessoas indiscutivelmente mais bem-sucedidas da sala depois de Zuckerberg eram também as duas únicas pessoas fazendo anotações?"

Tomar notas é uma boa ideia por uma variedade de razões: isso o ajuda a reter mais informações, mostra às outras pessoas que você valoriza os pensamentos e ideias delas e serve como um recurso no futuro, não só para lembrar as ideias que você achou valiosas o suficiente para anotar, mas também para lhe dar razões para continuar conversando com essas pessoas com base no que você sabe que é importante para elas. Uma das coisas de que mais me lembro, da primeira vez que encontrei Ben Casnocha para tomar um café e conversar em Nova York, é que ele tomou notas. Desnecessário dizer que eu agora faço o mesmo.

EXISTE UM APLICATIVO PARA ISSO: EVERNOTE

Tenho centenas de revistas e cadernos em caixas, no porão da casa da minha infância. Para ser franca, provavelmente nunca vou voltar a olhar para eles. Felizmente, agora temos o Evernote (Evernote.com). Esse aplicativo permite que você armazene anotações, páginas da Web, fotos, e-mails e uma grande variedade de outros arquivos e, depois, sincronize-os em todos os seus dispositivos para que seus arquivos estejam com você o tempo todo. Você pode até gravar e salvar arquivos de áudio. Eu uso o Evernote para saber o paradeiro de tudo — anotações de reuniões, anotações de telefonemas, número de contas usadas com frequência, listas de compras, e-mails importantes, ideias para livros e mais. Tudo é completamente pesquisável, então, ao contrário das caixas cheias de cadernos, agora volto a consultar minhas várias anotações o tempo todo.

---

10. Follow-up mais rápido

Como regra geral, sempre que você encontrar uma pessoa pela primeira vez, pedir o cartão de visita ou o contato de alguém numa conferência ou prometer fornecer a alguém informações de *follow-up* após um telefonema ou reunião, faça isso dentro de vinte e quatro horas. Isso parece uma coisa simples, mas eu garanto que você vai surpreender as pessoas se agir com tamanha prontidão. O mundo gira tão rápido nos dias de hoje que, se você não der um retorno em até vinte e quatro horas, é capaz de as pessoas já terem se mudado. O *follow-up* imediato é a melhor maneira de dizer: "Eu valorizo você e o nosso relacionamento é importante para mim". Como Angela Lee comentou para mim, a maioria das pessoas não dá retorno. "Para cada quatro cartões de visita que eu ofereço [num evento de *networking*], recebo o *follow-up* de uma única pessoa". Seja essa pessoa. E seja rápido.

11. Saiba que agradecer é uma forma de networking

Semelhante ao conselho acima, você deve — precisa — agradecer a qualquer um que o ajude de alguma maneira. Descobri que poucos líderes fazem isso. Mesmo que seus colegas líderes e outros profissionais estejam ocupados, sempre apreciarão um agradecimento educado e algumas palavras oportunas de agradecimento por e-mail, até vinte e quatro horas depois da conversa ou interação.

Certa vez recebi um pedido "Urgente!" de uma jovem profissional, antes de uma entrevista de emprego importante. Ela me enviou um e-mail às dez horas da noite, dizendo que estava "desesperada" e pedindo ajuda. Por acaso eu abri o e-mail e tinha tempo disponível, então respondi com alguns conselhos muito específicos e desejei-lhe boa sorte. Nunca ouvi falar dela novamente.

Para ser franca, fiquei aborrecida. Ela me enviava um e-mail tarde da noite e implorava a minha ajuda para, depois, nem sequer responder para dizer obrigada?! Algumas semanas depois eu ainda estava incomodada com isso, então fiz algo que raramente faço: enviei um e-mail a ela e disse que estava decepcionada por não ter recebido notícias dela depois de perder meu tempo respondendo ao seu e-mail urgente. Bem, desta vez ela me respondeu logo em seguida, dizendo que estava muito grata pelos conselhos e que não tinha me escrito agradecendo porque não queria me incomodar outra vez.

Pode acreditar: você nunca, nunca, incomoda alguém agradecendo pelo tempo que essa pessoa lhe dispensou, pelos seus conselhos, pela sua ajuda ou por qualquer coisa que seja. Nos níveis mais altos do governo, em Hollywood, no mundo corporativo, nas relações internacionais e, muito além disso, as pessoas ainda enviam e apreciam agradecimentos. Na verdade, uma das coisas que você costuma notar nos escritórios das pessoas muito bem-sucedidas é que eles são muitas vezes decorados com dezenas de notas de agradecimento emolduradas.

MAIS, POR FAVOR: CONSELHOS DE *NETWORKING* PARA LÍDERES TÍMIDOS

Alguns dos conselhos que dei nesta seção são muito desafiadores para você? Talvez seja porque você é tímido. Se for esse o caso, pode ter certeza de que você não só não está sozinho (cerca de 45 a 55 por cento dos americanos, por exemplo, são introvertidos), como está muito bem acompanhado. Entre os autodeclarados introvertidos do passado e do presente estão líderes como Abraham Lincoln, Eleanor Roosevelt, Bill Gates, Larry Page, Steven Spielberg, Warren Buffett, Katharine Graham e Charles Schwab.

Os introvertidos não são apenas bons líderes, como também podem, por mais surpreendente que seja, ser profissionais muito bons em *networking*. Aqui está o porquê:

Eles pedem referências pessoais

Existe um mito de que o *networking* tem tudo a ver com telefonar para pessoas que você nunca viu antes e abordar estranhos em festas. Muitas vezes, as melhores conexões são feitas através de conhecidos mútuos que fazem apresentações pessoais. Os tímidos tendem a se sentir mais à vontade fazendo *networking* com pessoas que conhecem, e então pedindo a essas pessoas referências de outras. Essa é uma boa estratégia seja você tímido ou não.

Eles são educados

A etiqueta tornou-se uma arte esquecida nos dias de hoje, e isso é uma pena. Uma mulher que eu conheço uma vez assistiu a um evento com Martha Stewart. Ela esperou pacientemente enquanto outras pessoas pairavam em torno dela, empunhando cartões de visita e falando em voz alta. Por fim, minha amiga fez contato visual e disse: "Com licença, sra. Stewart, posso me apresentar?" "Claro, adoraria conhecê-la", foi a resposta. "Obrigada por ser tão educada".

Eles escutam mais do que falam

Os tímidos tendem a fazer perguntas e ouvir atentamente as respostas, falando apenas quando têm algo significativo a acrescentar. Quando se trata de *networking*, você descobre muito sobre as outras pessoas ouvindo-as falar — informações que irão ajudá-lo a travar um relacionamento genuíno a longo prazo e mutuamente benéfico.

Eles fazem contato *on-line*

Muitos tímidos se sentem mais à vontade fazendo *networking* pela internet, onde podem pensar no que querem dizer e nas respostas que querem dar às perguntas das outras pessoas. Embora um líder forte não deva ficar o tempo todo fazendo contato *on-line*, as redes sociais são um ótimo lugar para começar a travar relacionamentos que podem depois ser levados para o mundo físico.

Networking no século XXI, Parte 2: Seis dicas *on-line*

Agora vamos dar uma olhada nos "clicks" do *networking "click and mix"*. Mesmo que você seja um especialista em mídias sociais para fins pessoais, muitos jovens líderes ainda precisam de alguma orientação sobre o seu uso profissional. Aqui vão algumas sugestões:

Faça a sua lição de casa

Antes de contatar ou encontrar alguém, até mesmo uma pessoa que você já conhece, faça sempre uma pesquisa no Google sobre a pessoa e reveja cuidadosamente seu LinkedIn, seus *tweets* mais recentes e outros perfis de mídia social. Isso é particularmente importante com os novos contatos. Uma coisa é ir a uma reunião e dizer: "o que exatamente a sua empresa ou departamento faz?" Mas muito mais impressionante é chegar e dizer: "Eu estava lendo sobre a sua recente campanha publicitária. Vi o que seus concorrentes fizeram e a sua reação no Twitter. Eu lhe dou os parabéns pelo modo como lidou com essa saia justa..." Agora você parece um colega respeitoso, que leva a sério o desenvolvimento de um relacionamento. É esse tipo de gente que as pessoas querem conhecer, fazer contato profissional e, por fim, fazer negócio: pessoas que fazem sua lição de casa.

Siga empresas

As dicas anteriores se aplicam a empresas com que você gostaria de fazer contato. Assim como indivíduos, as empresas estão agora tuitando, postando conteúdo no Pinterest, no Tumblr, no Instagram, atualizando suas páginas no Facebook e criando canais no YouTube. Se há uma empresa em que você está interessado — como futuro funcionário, cliente, concorrente ou fundador — e ela quer compartilhar informação com você, então precisa estar disposto a recebê-la. Siga essa empresa e assine suas páginas. Você não precisa escrever nada na página dela nem responder a nenhuma solicitação (e na maioria das vezes quem está postando em nome da empresa só vai tentar entrar em contato se você fizer isso primeiro), mas bons *networkers* acumulam toda informação possível. Eu acho importante fazer isso principalmente com clientes e clientes em potencial. Trata-se de um sinal de respeito seguir a página das empresas com quem você faz ou quer fazer negócio.

Dê às pessoas e às empresas razões para entrar em contato com você: sempre atualize o seu status

O LinkedIn, o Twitter e outros sites oferecem a você a oportunidade de compartilhar com seus contatos ou seguidores breves atualizações do seu *status*. Essa é uma oportunidade de ouro para divulgar o seu nome e despertar o interesse das pessoas pela sua marca de liderança. Eu penso nas atualizações do meu *status* como breves conversas que eu teria em eventos de *networking*: "Acabei de ler um artigo muito interessante do qual vocês talvez gostem" ou "Estou participando da conferência do nosso setor na próxima semana. Avise se você for participar também". Você nunca sabe que informação pode chamar a atenção de alguém e iniciar uma conversa ou criar uma oportunidade.

Eu também recomendo incluir "pontos de contato" em seus perfis *on-line*, que são pequenas informações que podem chamar a atenção de alguém com um interesse semelhante ou só com um pouco de curiosidade. Comente que você joga squash, que é um ávido fã de musicais ou que já viajou para mais de cem países. No meu site, menciono que o meu pedido preferido no Starbucks é um *tall skim latte*, o que provocou algumas conversas (e convites bem-vindos para me oferecer um). É pela mesma razão que as pessoas geralmente incluem uma seção de "interesses" em seus currículos: você nunca sabe quando um contato profissional pode ser um esquiador fanático, um fã de saxofone ou apreciador de *latte*, também.

Personalize tudo

Muitas redes sociais transmitem uma mensagem genérica do tipo "Eu gostaria de adicioná-lo à minha rede profissional do LinkedIn". Meu conselho é nunca, nunca mesmo, *jamais*, envie essa mensagem da maneira como ela é. Por que não? Porque uma qualidade de quem é bom em *networking* e também um líder bem-sucedido é ter relacionamentos diretos (cara a cara) e autênticos. Então apague a tal frase genérica e reescreva-a com suas próprias palavras. Mantenha as notas pessoais curtas, mas mostre que você é humano. Aqui está um exemplo:

Oi, Jane,
Espero que esteja tudo bem. Não tenho certeza se você se lembra de mim, mas fui sua estagiária no National Bank há alguns anos e trabalhei em seu departamento. Sou agora o vice-presidente de finanças de uma startup *de cuidados com a saúde e gostaria de restabelecer o nosso contato e saber mais sobre o seu negócio de consultoria.*

Tudo de bom,
Rob

COMO POSSO DIZER...: SEJA CONCISO

Quando se está tentando entrar em contato com pessoas no LinkedIn ou em outro lugar da web, um grande erro que as pessoas cometem é escrever uma mensagem de contato longa demais. Lembre-se de que não se trata de uma carta de apresentação nem a história da sua vida. Você deve ser direto sobre quem você é e o que está esperando dessa pessoa. E deve sempre mostrar respeito pelo tempo dela. Também é uma ótima ideia fazer um agrado, como um elogio ou talvez uma menção ao livro dela que você comprou (essa é uma dica muito boa!).

Aqui está um exemplo de uma mensagem concisa caso você admire a pessoa, mas vocês não têm nada nem ninguém em comum.

Assunto: Inspirado pela sua palestra na internet

Jonah,

Vi recentemente sua palestra na internet e fiquei particularmente inspirado pela sua história de sucesso como jornalista digital. Estou planejando lançar um site de notícias e estava pensando se você poderia me dar algum conselho, da sua perspectiva de jornalista bem-sucedido. Sei que você é muito ocupado, então agradeceria muito qualquer orientação ou sugestão. Obrigado por me inspirar e por considerar o meu pedido.

Atenciosamente,

Max

Eis um exemplo de um caso em que as duas pessoas têm algo em comum, como ter frequentado a mesma universidade ou trabalhado na mesma empresa em algum ponto da sua carreira profissional:

Assunto: Conselhos de carreira para uma colega do Bruins, na Pensilvânia?

Hunter, como vai?

Sou, como você, ex-aluna da UCLA e me deparei com o seu perfil no LinkedIn. Eu me formei em 2003, também em História, e trabalho em relações públicas há alguns anos. Estou agora procurando emprego e querendo fazer uma transição de uma agência para um cargo de liderança em comunicações numa organização sem fins lucrativos ou numa universidade. Realmente admiro sua carreira e gostaria de saber se você pode me oferecer alguns conselhos ou talvez conversar comigo pelo telefone. Eu sei que é uma pessoa ocupada e ficaria feliz em fazer algo por você em retribuição.

Obrigada e Go Bruins!

Kira

Lembre-se de que o objetivo do *networking on-line* é travar relacionamentos e talvez receber algumas informações gerais e conselhos que podem dar origem a uma comunicação mais ampla no futuro.

Experimente métodos alternativos

Às vezes, mesmo escrevendo o e-mail mais perfeito do mundo, com a intenção de entrar em contato com uma pessoa, você não recebe resposta nenhuma. Talvez seja porque seu e-mail chegou num dia em que a caixa de entrada do seu destinatário estava transbordando, ou talvez porque você tenha tentado entrar em contato com essa pessoa pelo Facebook e ela nunca verifica suas mensagens lá. (Ou, de vez em quando pode acontecer de a pessoa com quem você deseja entrar em contato, por qualquer motivo, "não estar nem aí para você".) Como existem muitas redes sociais e métodos de comunicação mundo afora, acredito que vale a pena tentar algumas se necessário. Faça o possível, através da observação, para identificar onde a pessoa tende a ser mais ativa, ou apenas tente algumas redes diferentes. E mesmo com pessoas que você conhece e se comunica muitas vezes, às vezes é uma boa ideia mudar um pouco as coisas e enviar um *tweet* rápido em vez de um e-mail.

Só porque você pode, isso não significa que você deva

Por fim, lembre-se de que um dos benefícios e perigos da mídia social é que nunca foi tão fácil pesquisar e descobrir coisas sobre as outras pessoas, particularmente aquelas com uma personalidade relativamente pública. Se você se deparar com informações pessoais sobre alguém (por exemplo, que essa pessoa está passando por um divórcio ou que luta contra a depressão), espero nem precisar dizer que você não deve usar essa informação na sua tentativa de contato ou nas suas conversas. Eu aconselho nem mencionar que você sabe que ela é casada ou tem filhos ou simplesmente saiu de férias se ela mesma não mencionar. Se você passar dos limites, o tiro pode sair pela culatra. Por exemplo, recebi um e-mail de uma mulher que contou ter solicitado um emprego na equipe de vendas do meu marido, mas não havia recebido nenhuma resposta. Então ela resolveu pesquisar o nome dele no Google e encontrou o anúncio do nosso casamento, datado de vários anos antes. Depois pesquisou o meu nome no Google, encontrou o meu site e o meu e-mail e encaminhou seu currículo para mim e me pediu para repassá-lo para o meu marido. Embora uma pequena parte de mim tenha admirado sua criatividade, o resto de mim sentiu-se profundamente irritado e invadido.

Como faço aconselhamento de carreira, às vezes respondo a pedidos que considero abusivos e educadamente informo a pessoa de que a tática dela não surtiu o efeito que esperava. Nesse caso eu não fiz isso, mas se tivesse feito, teria aconselhado essa mulher, dizendo que só porque ela pode encontrar informações na internet isso não quer dizer que deva usá-las profissionalmente. Se meu marido e eu conversássemos com frequência sobre nossas carreiras profissionais ou fizéssemos links para os sites um do outro, as pessoas poderiam aproveitar o nosso relacionamento em sua busca por um emprego. Nesse caso, a mulher conseguiu me encontrar na internet por meio do anúncio do meu casamento, o que na minha opinião não é apropriado. Além do mais, se meu marido não se interessou pelo currículo dela, por que eu intercederia?

Seja mentor de outras pessoas sempre e o mais cedo que puder

Por fim, como líder em qualquer setor, você tem uma oportunidade única de retribuir a ajuda que recebeu ajudando outras pessoas mais jovens ou menos experientes do que você. Faça isso. Nós mencionamos muitas vezes neste capítulo o quanto você pode ganhar pedindo a outras pessoas a ajuda, a assistência, as conexões e o apoio delas. Não deixe de oferecer o mesmo àqueles para quem você é um superior ou um VIP. Você não só vai ajudar a outra pessoa, mas também ver como é prazeroso ser aquele que representa o papel de mentor. Isso lhe dará uma confiança extra quando procurar seus contatos em busca de inspiração.

Esse é o conselho de alguém que gostou tanto de ser mentor na faculdade que descobriu como transformar isso em profissão: ser mentora de pessoas que estão começando sua vida profissional é uma das coisas mais agradáveis que você pode fazer como líder em qualquer profissão. A pergunta final da minha pesquisa de liderança *on-line* era a típica, "Existe mais alguma coisa que você gostaria de compartilhar?" Minha resposta favorita é a de Daisy Colina, diretora executiva de coloração de cabelo da Aveda do Canadá. Ela escreveu simples e eloquentemente, "Não há nada mais gratificante do que ver as pessoas crescendo".

VOZES DOS LÍDERES DA GERAÇÃO DO MILÊNIO

Quando eu era muito mais jovem, achava que ser um bom líder significava conquistar o reconhecimento das outras pessoas pelo meu sucesso. À medida que fui amadurecendo, percebi que a melhor forma de aumentar a minha autoestima é observar os outros alcançando o sucesso por causa das minhas habilidades de liderança. Gosto de saber que minha equipe depende de mim, mas que eles também saibam que eu dependo deles também e aprecio o trabalho que fazem. — Denise M. Gardner, enóloga, Penn State University.

Agora que estamos quase na reta final, é hora de planejar os próximos passos da sua jornada de liderança. Como você toma decisões sobre quando dar um grande passo na sua carreira? Quando é o momento certo para lançar um novo empreendimento ou virar a mesa? E o mais importante de tudo: o que será necessário para que você e seus companheiros milênios causem um grande impacto no mundo?

Capítulo 8

Cresça

Seja cada vez melhor, caia com estilo e mude o mundo de fato

Como já mencionei, meu objetivo neste livro é compartilhar o máximo possível sobre o que é ser um jovem líder nos dias de hoje. À medida que nos aproximamos do final do livro, espero sinceramente que você não esteja se sentindo muito sobrecarregado.

Então vamos voltar para o ponto em que começamos: você. Descobri que quando os líderes, especialmente os mais novos, sentem-se sobrecarregados com as suas responsabilidades (ou simplesmente com uma carga excessiva de trabalho), tendem a deixar em segundo plano sua carreira e desenvolvimento pessoal. Para gerações anteriores de líderes, isso provavelmente era normal; você poderia simplesmente fazer o seu trabalho e ir empurrando com a barriga por um tempo, antes de se preparar para a próxima grande etapa da sua carreira. Mas essa não é mais uma opção. Nestes tempos de mudanças aceleradas, você precisa estar constantemente focado no seu próprio desenvolvimento também. A boa notícia é que os FOMOs (sigla de *fear of missing out*, ou "medo de ficar por fora") e YOLOs (sigla de *You Only Live Once*, ou "você só vive uma vez") da Geração do Milênio — que anseiam por mudanças e desafios de tempos em tempos — são perfeitamente talhados para esse tipo de mundo em que vivemos hoje.

Quando falo de mudanças e desafios de tempos em tempos, eu não estou me referindo necessariamente a trocar de emprego ou de carreira a cada poucos anos (embora falaremos sobre isso quando você tiver de considerar esse tipo de mudança) ou que você precise estar constantemente a mil por hora. Hoje em dia penso em fazer mudanças na carreira mais como lançar softwares: alguns são grandes e arrojados (e exigem uma reinicialização total) e outros são apenas pequenas correções de *bugs* ou simples ajustes. Meu objetivo é que você continue a crescer nestes tempos sempre em evolução enquanto mantém a sanidade mental e o senso de propósito.

Ah, e eu mencionei que você também vai mudar o mundo?

Nove maneiras de ser cada vez melhor

A liderança é definitivamente uma maratona e não uma corrida de curta distância. Então qual é o melhor plano de treinamento para ter fôlego durante o longo percurso de meses, anos e décadas? A fórmula é diferente para cada pessoa, então aqui está uma variedade de estratégias de especialistas para você evoluir ao longo do tempo. Algumas dessas sugestões podem não se aplicar ao seu ramo de atividade ou à fase em que está na sua carreira, por isso se concentre naquelas que parecem mais aplicáveis ao seu caso e retorne a esta seção sempre que precisar de um empurrãozinho.

1. Confie no seu treinamento

Há uma razão por que este livro incluiu uma longa visão geral da história da liderança. Sim, muita coisa está mudando e continuará mudando ao longo da sua jornada de liderança, mas certamente não tudo. A grande maioria das lições e orientações contidas neste livro continuará valendo se você estiver liderando uma teleconferência em 2017 ou um *meetup* em março de 2035. Não importa em que estágio de sua carreira você está ou com que gerações futuras está trabalhando, você ainda encontrará pessoas desafiadoras e ainda precisará gerenciar seu tempo de forma eficaz. Então confie no seu treinamento de liderança e na experiência que adquire todos os dias. Isso é o que fazem os membros das forças armadas em situações de combate. É o que os membros de instituições humanitárias fazem depois de catástrofes naturais. Isto é o que você deve fazer quando o mundo muda ao seu redor: nunca se esqueça dos fundamentos básicos.

2. Procure alguém mais novo

Ao mesmo tempo, é claro, você terá que trabalhar duro para se manter atualizado. Você ficará surpreso ao ver com que rapidez a próxima geração entrará no mercado de trabalho enquanto você passa a ser quem reclama dos jovens de hoje. (Confie em mim, acontece com todo mundo.) Assim como eu recomendei que você servisse como mentor reverso dos colegas mais velhos, também é inteligente encontrar um mentor reverso para si mesmo. Construa um relacionamento (ou, melhor ainda, vários) com algumas pessoas inteligentes e interessantes em seu campo de trabalho, que sejam mais jovens e antenadas do que você. Você pode falar com elas sobre coisas como fazer compras, como elas votam, sobre questões globais com que se preocupam, que dispositivos tecnológicos são o seu sonho de consumo, que música estão baixando ou, preferencialmente, tudo isso que foi citado. Eu faço o máximo para me manter informada tendo vários mentores mais jovens (obrigada, Tammy, Christen e Kevin!), passando muito tempo nos campos universitários e lendo regularmente fontes de mídia focadas nos jovens, como YPulse, PolicyMic e Her Campus.

3. Não perca nunca a humildade

Há ocasiões em que vale mais a pena empinar um pouco o nariz ao exercer toda a sua autoridade como líder. Mas com muito, mas muito mais frequência, vale mais a pena ser mais modesto. Especialmente se você for um cara introvertido por natureza, procure resistir à necessidade de alimentar seu ego à medida que cresce profissionalmente. Na verdade, você pode estar fazendo um desserviço a si mesmo ao agir assim. Susan Cain, em seu livro *Quiet*, afirma que muitas empresas de alto desempenho tiveram executivos que "eram conhecidos não por seu brilho ou carisma, mas pela extrema humildade aliada a uma intensa vontade profissional". O exemplo por excelência é Darwin Smith, que atuou como CEO da Kimberly-Clark por vinte anos e é amplamente considerado um dos maiores líderes corporativos de todos os tempos. Em *Good to Great*, Jim Collins descreve Smith como "um indivíduo que alia uma extrema humildade pessoal a uma intensa vontade profissional", e relata que Smith uma vez disse de sua carreira: "Nunca parei de tentar me qualificar para o trabalho". Nunca pare de tentar se qualificar para qualquer posto de liderança que você conquiste.

4. Decida ser o melhor

O livro inteiro de Jim Collins é um esforço para responder à pergunta: o que faz uma empresa — e um líder — se tornar não apenas bom, mas o melhor? Eu faço a mesma pergunta durante minhas entrevistas com os líderes. As pessoas tendiam a responder falando sobre a importância do trabalho árduo, que é realmente o preço para se chegar à liderança de melhor qualidade. Quando pressiono para que os meus entrevistados me digam um pouco mais e expliquem o que realmente faz alguém atingir os níveis de elite do seu campo, isto é o que muitos deles me revelaram: até certo ponto, quando você busca o sucesso, você precisa *decidir* ser o melhor. Em outras palavras, você não pode apenas esperar e torcer para conseguir chegar ao topo. Você intencionalmente opta por ir até ele.

Você realmente pode decidir ser um grande sucesso? Eu acredito que, se fizer uma escolha definitiva, sem volta, de ser o melhor e aliar a isso um trabalho duro e diligente — e fizer essas duas coisas todos os dias, ao longo de anos, sim, não há razão para você não realizar seus sonhos mais ousados e grandiosos.

5. Comprometimento!

Observe que na última dica eu mencionei fazer uma escolha definitiva, sem volta, de ser o melhor. A liderança não é um posto para quem tem medo de comprometimento. Já falei algumas vezes neste livro sobre o fator FOMO ("medo de ficar por fora") e quantos milênios evitam tomar decisões que poderiam inviabilizar qualquer uma de suas opções. Embora seja ótimo ter várias opções e estar aberto a novas oportunidades, chega um ponto em que você precisa começar a fazer escolhas. Se quiser ser um grande líder, você tem que deixar o FOMO de lado. Isso vai dificultar seu avanço e frustrar as pessoas em torno de você. (Na verdade, um dos meus clientes corporativos insistiu para que eu incluísse no meu treinamento para os líderes da Geração Y da empresa dele a orientação de que não era apropriado responder com "talvez" aos convites para reuniões de gerentes ou clientes. Acredite quando digo que esse hábito tende a deixar as pessoas de outras gerações enlouquecidas. Então da próxima vez que você sentir o desejo de responder "talvez" ou achar que essa é uma boa resposta para um convite, por favor obrigue-se a decidir por sim ou não, ou espere um breve intervalo de tempo até dar uma resposta definitiva.)

Aqui está uma outra razão para mostrar mais comprometimento: as pesquisas mostram que manter as opções em aberto é, definitivamente, uma receita para ter menos felicidade e sucesso. Segundo a psicóloga Heidi Grant Halvorson, "decisões reversíveis, aquelas que mantêm suas opções em aberto, conduzem invariavelmente a níveis mais baixos de satisfação do que as irreversíveis. Em outras palavras, ficamos significativamente menos felizes com nossas escolhas quando podemos voltar atrás". Por quê? Porque, de acordo com Halvorson, quando fazemos uma escolha definitiva, nosso "sistema imunológico psicológico entra em ação" — isto é, nossa mente se concentra em se sentir bem com a decisão que tomamos e para de pensar sobre como seria se tivéssemos tomado outra decisão. Por outro lado, se você mantiver suas opções em aberto, continuará tentando descobrir se fez a melhor escolha ou não. Essa resposta imunológica nunca acontece e você se sente menos feliz. Além disso, como relata Halvorson, "quando ainda está decidindo o que deve fazer, você não tem os recursos cognitivos para se dedicar totalmente ao que está *realmente* fazendo" e seu desempenho sofre com isso.

Pense em alguém que desperdiçou muito tempo e energia tentando avaliar as grandes e pequenas decisões que tomou — a faculdade (escolhi Literatura, mas Gramática me daria mais prestígio?), os negócios (devo optar por contratar uma empresa de responsabilidade limitada ou fazer todo o processo eu mesmo?) e até mesmo o casaco de inverno que acabou de comprar (um tom de azul-marinho maravilhoso, mas o preto não teria sido mais prático?). Embora seja certamente importante tomar decisões muito bem pensadas, não adianta nada ficar o tempo todo questionando essas decisões após o fato. Você vai apenas ficar se martirizando e desviar seu foco de coisas mais importantes. Demonstre comprometimento! (Podemos trabalhar nisso juntos.)

6. Incube grandes ideias

Quando sua mente estiver livre da mania de remoer as decisões passadas e parar de se perguntar sobre as opções que não fez, você terá muito mais tempo e espaço no cérebro para pensar em grandes ideias, mais inovadoras que possam realmente catapultar sua carreira. Isso é particularmente verdadeiro nos campos artísticos. "Na minha área de atividade", diz Zoë Ruderman, editora de estilo da *People*, "tudo é uma questão de se ter ideias boas e criativas. Executivos não tendem a ouvir editoras que chegam pontualmente todos os dias, sempre entregam suas histórias no prazo certo e sem erros de digitação, mas ouvem editoras que apresentam uma nova ferramenta interativa para a temporada de prêmios ou descobrem uma nova maneira de fazer parceria com o Twitter. Não estou dizendo que ser pontual e escrever bons textos não sejam atitudes importantes, mas contribuem para que o funcionário seja notado pelo seu próprio gerente (uma coisa boa, também), mas não pelo gerente dele e pelo gerente do seu gerente". Você pode não ter uma ideia ousada todos os dias, mas eu sei que tem algumas coisas interessantes em mente. Se quiser crescer profissionalmente e como líder, reserve algum tempo para elaborar melhor essas boas ideias num *pitch* e apresentá-las para a sua equipe ou superiores o mais rápido possível. E nunca deixe de falar sobre as suas grandes ideias, agora e sempre.

VOZES DOS LÍDERES DA GERAÇÃO DO MILÊNIO

Todos nós começamos inexperientes. É o ato de assumir riscos que nos molda e nos transforma em verdadeiros líderes.
— Krystal Kohler, coordenadora de campanha associada,
The Arts Partnership

---

7. Procure ajuda profissional

Não tenha receio de também procurar profissionais que possam ajudá-lo. Eu mencionei algumas vezes os vários *coaches* que contratei para me ajudar tanto com meus objetivos profissionais quanto pessoais, e também me consultei com um maravilhoso terapeuta para enfrentar vários medos, inseguranças e desafios. Às vezes brinco, dizendo que é preciso uma aldeia para que eu seja eu mesma, e isso não deixa de ser verdade. Contratamos especialistas para nos ajudar a cuidar da nossa saúde, do nosso carro, do nosso dinheiro e até mesmo do nosso cabelo, então por que não procurar especialistas para nos ajudar a resolver nossas questões emocionais e profissionais quando necessário? *Coaches* profissionais, em particular, podem ajudá-lo a lidar com relações difíceis de trabalho, problemas com seu próprio desempenho e outros que você fica relutante em discutir com colegas da empresa ou representantes do RH. Às vezes você só precisa de uma ou duas sessões com um *coach,* mas também pode desenvolver com ele um relacionamento contínuo. Para encontrar um bom treinador, peça ajuda a alguém em quem confie ou a uma associação profissional à qual pertença.

8. Faça suas próprias regras

Todas as dicas anteriores desta seção partem do pressuposto de que você já sabe qual é a próxima etapa da sua vida profissional ou carreira de liderança, ou que providência será necessária para você chegar lá. Mas, falando como empreendedora, sei que às vezes não temos absolutamente nenhuma ideia de qual será o nosso próximo passo, porque nós somos a única pessoa que pode definir o caminho que seguiremos profissionalmente. Eu lido com essa situação pesquisando o máximo que posso sobre as pessoas que criaram negócios semelhantes ou têm carreiras que imagino para mim, e depois inventando o resto. Embora meu plano de negócios tenha sido um pouco mais detalhado do que simplesmente improvisar, "dançando conforme a música", eu dou muita ênfase a oportunidade de criar o meu próprio destino. Na verdade, a citação que tenho pendurada na parede sobre a minha mesa é: "Você não quer ser melhor que a concorrência. Você quer ser considerado o único no seu campo de atuação".

Acho que sou simplesmente parte de uma tendência maior de customização em todas as áreas da nossa vida, incluindo nossa carreira. Essa tendência surgiu de uma necessidade: porque o mundo está mudando tão rápido que não existem mais fórmulas prontas quando se trata de carreira profissional. Até médicos, advogados e professores estão encontrando maneiras de resistir aos sistemas antigos e criar novos destinos profissionais. Incentivo você a fazer o mesmo: não tenha medo de tomar um desvio, fazer um movimento lateral, começar um negócio paralelo ou quebrar o que parece regras consagradas no desenvolvimento profissional.

DE OLHO NAS TENDÊNCIAS: NAÇÃO CUSTOMIZADA

A tendência de customizar só vai ficar cada vez mais forte no futuro. Quanto mais customizada a nossa experiência — desde o jeans customizado até o pacote de benefícios que recebemos do nosso empregador e a combinação

> infinita de cursos *on-line* e presenciais que compreendem a formação universitária —, mais vamos querer customizar. Prepare-se para liderar e trabalhar com funcionários que querem customizar suas funções, customizar as descrições de seus cargos e customizar seus planos de compensação. Clientes e fregueses vão querer customizar serviços assim como as datas de pagamento. A tecnologia provavelmente vai nos ajudar a conseguir toda essa customização, mas teremos que ser espertos para aderir a essa tendência o quanto antes e nos preparar para o ambiente de trabalho absolutamente personalizado do futuro.

9. Hora de mudar os rumos da sua carreira?

Por fim, por mais que você esteja feliz em seu cargo atual ou customizando seu próprio caminho profissional, pensamentos sobre se seria ou não hora de uma mudança vão cruzar sua mente em algum momento da sua carreira. E se você abrisse sua própria empresa com amigos? E se fizesse um ano sabático para escrever um livro? E se entrasse numa licitação? E se se candidatasse para aquele megaemprego que vai forçá-lo a ir além dos seus limites? Como você pode saber quando é a hora de fazer uma grande mudança? Abaixo estão algumas diretrizes.

> MAIS, POR FAVOR: QUANDO FAZER UMA GRANDE MUDANÇA
>
> Estão aqui algumas perguntas que você deve fazer a si mesmo se está pensando em mudar de emprego:
>
> **É de fato uma grande oportunidade?**
>
> Você pode estar satisfeito onde está, com colegas de trabalho de que gosta, um cargo importante e um trabalho envolvente. E então o telefone toca e você recebe uma oferta que está além de qualquer coisa que já imaginou (ou talvez seja exatamente a oportunidade dos sonhos, que você almejou durante toda a sua vida). Não é sempre que aparecem oportunidades que representam um grande avanço na nossa carreira e, se não as aproveitarmos, podemos passar a vida toda nos perguntando: "E se eu tivesse aceitado?" Algumas oportunidades têm potencial para mudar toda a nossa trajetória profissional — e pessoal. Por exemplo, se tem em seu currículo um título de CEO ou abriu uma

startup que foi comprada ou se tornou pública, você vai estar jogando com os grandes daí em diante.

Você está seguindo os passos de um mentor ou patrocinador confiável?

É lisonjeiro quando seu mentor lhe pede para acompanhá-lo ao mudar de empresa, especialmente se a proposta que ele está recebendo é glamorosa. Mas, antes de aceitar, pergunte a si mesmo se está indo porque é a coisa certa a fazer por si mesmo ou porque sente que não pode dizer não a essa pessoa em particular. Você não terá sucesso se estiver seguindo o sonho de outra pessoa, e seu mentor, embora desapontado, acabará por respeitar você por permanecer fiel a si mesmo.

Você está perseguindo um sonho?

Você sempre se imaginou construindo um negócio do nada? Ou seu sonho de infância era escrever músicas que não saíssem da cabeça das multidões? Ou você planejou durante anos transformar sua atividade paralela num trabalho de período integral? Contanto que tenha certeza de que tem um plano financeiro e pessoal para garantir que possa tornar seu sonho realidade, eu nunca o demoveria da ideia de seguir o seu sonho, se achasse que esse é o momento certo.

Você está fazendo deste mundo um lugar melhor?

Essa sua nova oportunidade vai causar algum impacto na causa que você abraçou? Membros de gerações passadas muitas vezes buscavam, depois de se aposentar, atividades sem fins lucrativos, ou relacionados a uma causa, às quais se dedicar profissionalmente. Os milênios não querem esperar até a aposentadoria, e essa é uma das características que eu mais admiro nessa geração. Se esse é o tipo de mudança que você quer fazer, digo que pode ser muito sensata.

Você vai deixar sua organização atual em melhor situação do que a encontrou?

Para os líderes, acho que esta última questão é muito importante. Você tem que pensar no modo como suas decisões pessoais com relação à sua carreira afetarão a organização na qual está servindo agora como líder e nas pessoas que gerencia. Embora não possa fazer escolhas com base exclusivamente nesses fatores, você pode ficar atento para fazer escolhas que não venham a prejudicar sua equipe atual e seus projetos. Mesmo que peça demissão para aceitar um emprego na maior concorrente da sua organização, como muitas pessoas fazem, você ainda pode encerrar sua jornada nessa empresa de modo profissional e positivo, fazendo o máximo para deixar cada funcionário e cada projeto com um plano forte e votos sinceros de que se saiam muito bem.

> Em geral, quando você opta por uma mudança na carreira, não tem nenhuma garantia de que está tomando a decisão certa. Mas como verá na próxima seção, cada escolha que faz, até mesmo os erros que comete na sua carreira, acabam por ajudá-lo a se desenvolver e a crescer.

Como cair com estilo

O filme favorito da minha filha pequena é *Toy Story*. Ela adora especialmente a cena em que o novo brinquedo de astronauta, Buzz Lightyear, tenta provar ao cético e antiquado vaqueiro Woody que ele não é um brinquedo, mas um astronauta de verdade, capaz de voar. Ele de fato salta da cama e, graças a uma série de incidentes e muita sorte (como ficar preso num ventilador de teto em movimento), parece voar graciosamente ao redor do quarto. Buzz aterrissa todo orgulhoso, levanta os braços em triunfo e todos os outros brinquedos o aplaudem. Woody, frustrado e irritado, rebate:

— Isso não é voar! É só cair com estilo!

Os brinquedos ignoram Woody e continuam a aplaudir Buzz Lightyear do mesmo jeito. É assim que eu recomendo que você lide com os erros inevitáveis que fará em sua carreira. Você vai cometer erros e fracassar às vezes. Então faça o seu melhor para cair com estilo.

Aqui estão algumas estratégias para cair com estilo, caso você tenha encabeçado um projeto malsucedido, perdido um prazo crucial, supervisionado resultados decepcionantes de vendas, perdido uma eleição, sido demitido do seu emprego ou enfrentado qualquer outro erro, fracasso, desastre, fiasco ou constrangimento público ou pessoal:

Assuma

Logo que comecei a fazer palestras, trabalhei como consultora independente de uma empresa de treinamento corporativo. A minha empresa de consultoria oferecia aos clientes um grande leque de programas de treinamento — prospecção por telefone, como fazer boas apresentações, como saber negociar etc. —, mas eu era um dos poucos consultores que se sentiam à vontade para dar cursos de redação e gramática (devo isso ao meu pai, professor de Inglês). Logo descobri que um dos maiores erros cometidos pelos profissionais ao escrever é exagerar na voz passiva — ou seja, dizer "Este livro foi escrito por mim" em vez de "Eu escrevi este livro". A razão para evitar esse tipo de construção, principalmente em textos comerciais, é que a ênfase recai na ação e não na pessoa que a pratica. E, em muitos casos, você pode usar a voz passiva para evitar mencionar quem pratica a ação.

O que a voz passiva tem a ver com cometer erros? O primeiro exemplo que usávamos, nos treinamentos, para explicar por que os líderes corporativos deveriam evitar a voz passiva era: "Cometeram-se erros".

Essa frase, popular entre os políticos, é usada quando a pessoa admite que algo deu errado, mas quer evitar atribuir a alguém (ou, nesse caso, assumir) a culpa por isso. O uso de uma frase evasiva como "Cometeram-se erros" seria, na minha opinião, o oposto de cair com estilo. Os líderes assumem a responsabilidade não só pelas vitórias, mas também pelas derrotas. Embora você possa não querer se desculpar toda hora pelos mais leves deslizes que cometer (como, por exemplo, usar a voz passiva num e-mail), eu acho que os líderes podem, e devem, se desculpar pelos erros importantes e mesmo assim conservar sua credibilidade. Na verdade, a maioria das pessoas diz que respeita ainda mais um líder quando ele reconhece seus erros e assume a responsabilidade por eles quando necessário.

COMO POSSO DIZER...: ADMITINDO SEUS ERROS

Existiria, então, uma maneira melhor de admitir um erro do que dizer "Cometeram-se erros"? Sim, aqui estão algumas diretrizes gerais para ajudá-lo a se desculpar de maneira mais apropriada.

Seja sucinto

Pedir desculpas ou admitir um erro de maneira concisa é uma atitude profissional. Uma história longa e tortuosa começa a parecer pouco autêntica e coloca em risco sua credibilidade. Faça as correções necessárias e siga em frente.

Seja específico sobre o que fez errado

Dizer "Eu sinto muito por não tê-lo alertado mais cedo de que, neste trimestre, ficaríamos 30% abaixo das metas de captação de recursos" é mais eficaz e profissional do que dizer apenas "Fiquei muito abaixo do esperado este trimestre".

Explique o que você fará diferente da próxima vez

Antes de pedir desculpas ou admitir o seu erro, pense um pouco no que você vai fazer para que as coisas sejam diferentes no futuro. Por exemplo: "Eu já acrescentei mais três telefonemas para angariar fundos à minha programação diária para ter certeza de que vamos cumprir nossas metas do trimestre. Vou informá-los semanalmente sobre os nossos progressos para que não haja surpresas". Quando compartilha seus planos ao dar suas desculpas, você mostra às pessoas que já está aprendendo com o erro.

Lamba suas feridas. Longe dos olhos de todos.

Acabei de compartilhar algumas sugestões de como agir e falar quando você mete os pés pelas mãos como líder, e vou compartilhar mais algumas a seguir. Mas antes quero mencionar o fato de que não há nada de errado em ficar chateado com uma falha ou erro. Não há problema em sentir raiva de si mesmo ou dos outros, desejar que o erro não tivesse acontecido, bater os punhos na mesa, escrever a respeito no seu diário ou chorar. Eu fiz todas essas coisas e muito mais. Mas aqui está a dica: fiz tudo isso em particular. Não vejo nenhuma vantagem em surtar em público, e particularmente diante das pessoas que você lidera. Você pode expressar sua preocupação de uma maneira profissional depois de se recompor, mas manifestações abertas de raiva ou emoção podem assustar as pessoas que você conduz e causar mais problemas ainda. Sei que existem muitos patrões que surtam em público (tive uma chefe durante um estágio na faculdade que — não estou brincando — ficou tão zangada uma vez com um contratempo que arremessou uma impressora no chão. Uma impressora!), mas, esses líderes raramente são respeitados ou admirados.

Quando se trata de insucessos na carreira profissional, como ser demitido, ser rebaixado de cargo ou ir à falência, tenha em mente que a maioria das pessoas não está prestando tanta atenção à sua carreira a ponto de pensar seriamente em tais acontecimentos. Quando de fato tomam consciência do ocorrido, elas costumam reagir da mesma maneira que você. Se você se lamenta e escreve longos e deprimentes *posts* sobre uma falha, então as pessoas vão sentir pena de você. Se compartilhar a notícia e disser: "Vamos tocar em frente!", então elas vão simplesmente embarcar no seu próximo projeto, sem prestar muita atenção à sua falha. Eu não estou dizendo isso para dar pouca importância à dor que você pode sentir em decorrência dessas falhas, mas para lembrá-lo de uma coisa: o que parece uma verdadeira catástrofe para você quase sempre não é o fim do mundo para as pessoas à sua volta.

Não cometa o mesmo erro duas vezes

Quando fiz algo de que me lamentei — como falar sobre uma ideia ainda não muito lapidada numa reunião com um cliente ou cobrar pouco por um projeto trabalhoso ou até mesmo aceitar um emprego que acabou se revelando uma péssima decisão —, deixei-me chafurdar na dor por um tempinho e então fiz o máximo para retificar o erro e descobrir como evitar essa mesma dor no futuro. (Às vezes isso não é tão fácil assim, porque sou apenas humana.) E me lembro de um outro ótimo conselho da minha mãe. Ela gosta de chamar os erros, enganos ou decepções de ODEA: "Outra Droga de Experiência de Aprendizagem". Isso nunca deixa de me fazer sorrir e lembrar que a vida é longa e será pontilhada de muitos outros erros. Não podemos evitá-los, mas podemos aprender a lidar melhor com eles.

Lembre-se de que liderar não é moleza

Como líder, você terá a oportunidade de experimentar mais ODEAs do que a maioria das pessoas. Nunca se esqueça de que, ao assumir um papel de liderança, você assume também um certo risco. É como aquela famosa frase do filme *Homem-Aranha*: "Com grandes poderes vêm grandes responsabilidades". A liderança expõe você a críticas, desafios e aborrecimentos, grandes e pequenos. E quanto maior o seu sucesso, mais impedimentos provavelmente vai enfrentar. (Minha amiga Janet, uma consultora de pequenas empresas, garante aos clientes que a procuram em pânico por causa de uma ação judicial que "Você não é de fato bem-sucedido enquanto alguém não tentar processá-lo".)

Em situações difíceis, ajuda se você permanecer focado na razão por que quis ser um líder. A congressista Tulsi Gabbard me disse: "Enquanto estiver motivado pelo desejo de causar um impacto positivo, você não falha e consegue superar os opositores e os inevitáveis obstáculos. Você não vai ganhar todas as batalhas e desafios que surgirão. Mas cada batalha e cada desafio será encarado como uma oportunidade — uma oportunidade de aprender, expandir, mudar de rumo, construir o caráter e, por fim, ser um líder servidor melhor".

Volte a arregaçar as mangas o mais rápido possível

Eu já aconselhei você a se desculpar de forma breve e sucinta. O mesmo conselho se aplica ao nível macro: fazer o máximo para voltar ao seu trabalho regular, diário, o mais rápido possível após um revés. Pense num *quarterback* de futebol americano passando para a próxima jogada depois de errar um passe. Pense numa estrela de cinema passando para o próximo papel depois de um fiasco de bilheteria. Pense num político que perde uma eleição muito importante e concorre novamente na eleição seguinte. Joel Peterson, presidente da JetBlue Airways, disse uma vez que "Com toda chance de se levantar após uma queda" seria uma categoria mais desejável num anuário escolar do que "Com toda chance de fazer sucesso". E eu concordo plenamente. (Acho que esta é a minha deixa para me vangloriar de que fui eleita "a mais bem vestida da escola" no anuário da oitava série, o que quase compensou a imensa vergonha que senti na sexta série, quando apareci na escola vestindo uma blusa igual a da minha professora de Ciências, a sra. Rosenkrantz.)

Compartilhe suas lições com outras pessoas

Por fim — e eu fiz o máximo, ao longo deste livro, para seguir eu mesma essa dica —, tire proveito dos seus erros, ajudando outras pessoas a não cometê-los. Um dos meus escritores favoritos, a falecida Nora Ephron, disse uma vez que, se escorregar numa casca de banana, você é o protagonista da piada, mas, se contar a história de como escorregou numa casca de banana, você é o herói da história. É verdade! Quanto mais compartilho minhas dolorosas e constrangedoras lições de vida com outras pessoas, menos dolorosas e constrangedoras elas me parecem. E ainda melhor, quando conta a história de como escorregou numa casca de banana, você serve como uma valiosa lição aos outros, alertando-os para que tomem mais cuidado com as cascas de banana em seu próprio caminho.

O futuro da liderança do milênio: O que será necessário para mudar o mundo?

Como eu tenho mencionado ao longo deste livro, o sucesso dos líderes da Geração do Milênio não é uma questão menor. Você está pronto para assumir as rédeas e determinar os rumos das empresas, governos, universidades, exércitos, hospitais, famílias e comunidades que constituem o mundo que todos compartilhamos. As escolhas que fizer vão verdadeiramente mudar o mundo.

> ### UMA VISÃO DE CIMA
>
> Sou bem otimista com relação a essa geração. Ela tem muito a oferecer. Conheci dezenas de milhares de estudantes e continuo impressionado com a empolgação e empenho dessa geração e com as habilidades incríveis que seus membros demonstram. Eles são diversificados, culturalmente antenados, conectados e fazem uma rede de contatos de maneiras que a minha geração nunca soube fazer. Esses tipos de habilidade fazem com que estejam preparados como ninguém para alcançar o sucesso em uma década ou duas.
> — Dan Black, diretor de recrutamento, EY Americas

> ### DE OLHO NOS NÚMEROS: SERÁ A GERAÇÃO MAIS SAGAZ?
>
> Apesar de um crítico ter escrito um livro em que chamava a Geração do Milênio de "a geração mais tapada de todos os tempos", não há dúvida na minha cabeça de que ela é sagaz o suficiente para mudar o mundo. Existem até pesquisas para provar isso. O professor Jim Flynn, da Universidade de Otago, na Nova Zelândia, analisou o QI de várias gerações e afirma que suas pontuações têm aumentado nos Estados Unidos desde 1947; em média, os milênios têm seis pontos de vantagem sobre as pessoas nascidas vinte anos antes. Flynn identificou esses ganhos principalmente em termos de vocabulário e raciocínio lógico, e diz que esses aumentos "têm potencial para ajudá-los a fazer julgamentos melhores sobre o mundo".

Digo isso não para assustar você, mas para empoderá-lo. E porque sei que você está à altura do desafio. Vejo evidências em meu trabalho todos os dias de que, apesar das crises econômicas, dos escândalos políticos, das catástrofes ambientais e dos desafios sociais, inúmeros milênios continuam otimistas e destemidos. Não, nem todos estão se dando bem hoje em dia e nem todos vão (ou querem) mudar o mundo. Mas, como geração, eles têm a diversidade, o talento e as habilidades para fazer isso. E jovens líderes como os que descrevi ao longo deste livro estão trabalhando duro todos os dias para mudar suas pequenas partes do globo e abordar questões que afetam a todos nós.

Porém, só porque eles têm potencial para ser outra "grande geração", isso não significa que haja garantias. Como Jimmy Lepore Hagan, do Nanette Lepore, adverte aos seus companheiros milênios: "Pensar sobre nós mesmos de forma pouco crítica é realmente problemático. Existe o perigo de exagerarmos o sucesso que vamos ser como geração. Estamos ainda na fase inicial de implementação e fazendo o nosso trabalho. [Previsões positivas sobre a Geração do Milênio] devem ser vistas com senso crítico e não com um otimismo exorbitante".

Eis o que você precisa ver com senso crítico: assim como se tornar um grande líder, mudar o mundo exige uma dose maciça de trabalho duro e contínuo. Nos próximos anos, você precisará ser, ouvir, gerenciar, priorizar, conectar e crescer o tempo todo, a fim de alcançar o seu mais alto potencial — e o da sua geração. Espero que as informações deste livro sejam um recurso útil ao longo da sua jornada.

E, como eu não consigo resistir, eis o que, na minha opinião, você pode, sim, ver com um otimismo exorbitante: eu acredito de coração que a Geração do Milênio pode e vai tornar este mundo um lugar melhor e de maneiras que provavelmente não podemos nem imaginar ainda. Sua criatividade, autenticidade e bondade me inspiram todos os dias, e eu sei que estão apenas no início do seu potencial. Desejo o melhor a essa geração e mal posso esperar para ver aonde a sua liderança vai nos levar a todos.

RECURSOS

Buscando mais inspiração, instrução e *networking*? Aqui estão algumas organizações relacionadas à liderança onde você pode obter mais informações e oportunidades. As descrições são adaptadas do site de cada organização. Atente para o fato de que estarem nesta lista não significa que sejam necessariamente endossadas oficialmente pela autora ou editora.

American Management Association
Amanet.org
@amanet
A American Management Association propõe-se a desenvolver as habilidades de indivíduos, equipes, organizações e agências governamentais, por meio de uma vasta gama de produtos, tais como seminários de negócios, webcasts e podcasts, conferências, livros, documentos oficiais e artigos. A sua abordagem consiste em melhorar o desempenho profissional, combinando aprendizagem experiencial com oportunidades para crescimento em cada etapa da jornada profissional da pessoa.

Brazen Careerist
Brazencareerist.com
@brazencareerist
Brazen Careerist é uma comunidade para jovens líderes que hospeda o *Brazen Life*, um blog que oferece aconselhamento profissional de autores e especialistas (blog.brazencareerist.com). A equipe da Brazen também hospe-

da eventos para empregadores e universidades, conectando talentos ao redor do mundo. Confira a série de posts "Best of Brazen" para obter as melhores dicas do site sobre temas de liderança, como trabalhos *freelancer*, *networking* e sucesso profissional.

Center for Creative Leadership
CCL.org
@ccldotorg

O Center for Creative Leadership oferece um foco exclusivo em formação e pesquisa para líderes, bem como conhecimentos especializados em desafios de liderança para indivíduos e organizações. Seus programas concentram-se no desenvolvimento de fortes competências interpessoais, baseadas na reflexão pessoal e na autoconsciência. Além disso, eles têm uma oferta especial para mulheres em papéis de liderança.

Dale Carnegie Training
Dalecarnegie.com
@dalecarnegietraining

Dale Carnegie Training oferece cursos sobre liderança e comunicação em todo os Estados Unidos e em oitenta países em desenvolvimento. Os treinamentos enfatizam princípios e processos práticos que ajudam as pessoas a entender como eles agregam valor aos negócios.

Entrepreneurs' Organization
EOnetwork.org
@entrepreneurorg

Entrepreneurs' Organization é uma rede de negócios global com 131 divisões (ou filiais) em quarenta países. Ele permite que pequenos e grandes empresários aprendam uns com os outros, propiciando um maior sucesso profissional e uma vida pessoal mais rica. Eles oferecem recursos na forma de eventos, programas para desenvolver habilidades de liderança, um fórum *on-line* para empreendedores e cursos para empresários.

Forté Foundation
Fortefoundation.org
@fortefoundation

A Fundação Forté é um consórcio sem fins lucrativos de empresas e escolas que trabalham em conjunto para possibilitar que as mulheres tenham carreiras mais gratificantes por meio do acesso à educação, oportunidades e comunidade empresarial. A organização atingiu mais de cinquenta mil mulheres e oferece programação nos cursos técnicos e de graduação.

International Leadership Association
ILA-net.org
@the_ila
A International Leadership Association é uma rede global para aqueles que praticam, estudam e ensinam liderança, e que promove uma compreensão mais profunda do conhecimento e das práticas de liderança para indivíduos e comunidades em todo o mundo. Os membros têm acesso a uma série virtual sobre liderança, uma comunidade virtual e uma conferência anual.

Jaycees
JCI.cc
@usjaycees
A Junior Chamber dos Estados Unidos, conhecida comumente como Jaycees, é uma organização sem fins lucrativos com mais de duzentos mil membros e presente em cem países ao redor do mundo. A filosofia dos Jaycees é "melhorar o mundo para criar uma mudança positiva duradoura". Há grupos locais de Jaycees em cinco mil comunidades em todo o mundo, e a organização nacional também organiza conferências e oportunidades de desenvolvimento de liderança para seus membros.

Job Accommodation Network
Askjan.org
@JANatJAN
A Job Accommodation Network oferece serviços de consultoria gratuitos para indivíduos com limitações físicas ou intelectuais que afetem a vida profissional. Seus serviços incluem uma consultoria individual sobre vagas para pessoas com necessidades especiais, solicitação e negociação dessas vagas e os direitos relativos às leis que regulamentam essa questão.

Levo League
Levo.com
@levoleague
Levo League é uma comunidade de profissionais do sexo feminino que buscam aconselhamento, inspiração e as ferramentas necessárias para alcan-

çar o sucesso. A organização fornece orientações e mentoria para jovens em suas carreiras, oferecendo conteúdo, comunidade, sessões semanais de trinta minutos, que são conversas em vídeo e em grupo com especialistas em carreira e empresárias de sucesso. Também tem várias sucursais em todo os Estados Unidos.

Management Leadership for Tomorrow
ML4t.org
@mltorg

O Management Leadership for Tomorrow é uma organização para desenvolvimento de carreira que empodera afro-americanos, hispânicos e nativos americanos de alto potencial com habilidades, *coaching* e relacionamentos que "abrem portas" e os ajudam a se tornar líderes de empresas, de instituições sem fins lucrativos e empreendedores. Oferece programas de graduação, pós-graduação e níveis executivos.

Millennial Action Project
Millennialaction.org
@MActionProject

O objetivo do Millennial Action Project é desenvolver valores, ideias e líderes da Geração do Milênio que promovam a política pós-partidária e a colaboração política. Sua visão é fazer da cooperação criativa — combatendo o conflito ideológico — o modo dominante pelo qual se tomam decisões políticas nos Estados Unidos. Oferece um programa de bolsas para jovens líderes com outras oportunidades para se envolverem nas suas questões prioritárias.

The Muse
Themuse.com
@dailymuse

O Muse é um site para pessoas em todas as etapas da sua vida profissional, da base ao topo, que oferece informações sobre as principais empresas e um blog com aconselhamento de carreira especializado. Os visitantes do site podem explorar as culturas da empresa de uma grande variedade de potenciais empregadores e ler conselhos sobre gestão, empreendedorismo e produtividade.

MyTomorrow

Thehartford.com/tomorrow

@ TheHartford, #mytomorrow

Este site interativo ajuda os jovens profissionais a compreender e escolher os benefícios empresariais, incluindo sugestões sobre seguros de vida e doença. O site oferece vídeos, um "guia do mundo real" para ajudar no planejamento financeiro e nas previsões regulares de tendências do local de trabalho (como as apresentadas ao longo deste livro), para orientar a Geração Y ao longo da carreira.

National Urban League Young Professionals

NULYP.net

@nulyp

A National Urban League Young Professionals é uma organização voluntária para jovens profissionais de 21 até 40 anos, dedicada a empoderar suas comunidades e mudar suas vidas. Sua missão é apoiar o movimento da Urban League por meio do voluntariado, da filantropia e do desenvolvimento dos seus membros.

Negotiating Women

Negotiatingwomen.com

Negotiating Women é uma organização empenhada em ajudar as mulheres nos negócios, para maximizar oportunidades e mostrar que sucesso nos negócios significa mais do que obter grandes resultados. A organização oferece treinamento em negociações ao vivo, faz consultoria para organizações e trabalha com corporações, organizações sem fins lucrativos, associações de mulheres, empresas e indivíduos.

Personal Branding Blog

Personalbrandingblog.com

@DanSchawbel

O Personal Branding Blog é liderado por Dan Schawbel, especialista em locais de trabalho da Geração do Milênio, e fornece artigos úteis, podcasts, entrevistas com especialistas e relatórios de pesquisa sobre o tema de marca pessoal e do sucesso profissional. Seu site irmão, StudentBranding.com, atende aos universitários.

Rotary International

Rotary.org

@rotary

O Rotary International é uma organização constituída de 1,2 milhão de líderes de ocupações, culturas e países diferentes, que buscam melhorar suas comunidades. Seu programa Rotaract reúne pessoas de 18 a 30 anos para organizar e participar de atividades de voluntariado, desenvolver habilidades profissionais e de liderança, e também se divertir.

Sandbox

Sandbox.is

@sandbox_network

Sandbox é uma comunidade global de mais de oitocentos jovens líderes de 25 cidades em todo o mundo. Seus membros são empresários, cantores de ópera, banqueiros de investimento, membros acadêmicos e muito mais, todos impulsionados por um desejo de mudar o mundo para melhor. Sandbox conecta os membros *on-line* e através de mais de 150 eventos.

Toastmasters International

Toastmasters.org

@toastmasters

Toastmasters International é uma organização educacional sem fins lucrativos que ensina as pessoas a falar em público e a desenvolver habilidades de liderança por meio de uma rede mundial de salas de reunião. Desde 1924, Toastmasters International tem ajudado pessoas de todos os cenários a se tornam mais confiantes na frente de uma plateia.

U. S. Business Leadership Network

USBLN.org

@usbln

A U.S. Business Leadership Network é uma organização sem fins lucrativos que ajuda as empresas a terem sucesso, alavancando a inclusão de pessoas com necessidades especiais no local e mercado de trabalho. Essa organização também serve como voz para os afiliados da rede em todo os Estados Unidos, representando mais de cinco mil empresas. Ela organiza uma conferência todos os anos e oferece a orientação de mentores aos alunos e recém-licenciados com deficiência, ajudando-os a alcançar o sucesso no local de trabalho.

U.S. Veterans Magazine

USVeteransMagazine.com

@usveteransmag

O objetivo da revista americana *Veterans Magazine* é proporcionar emprego e oportunidades para veteranos, veteranos em fase de transição profissional e veteranos proprietários de empresas. Seu website fornece oportunidades de carreira, um blog e listas de eventos e conferências para seus constituintes. A organização também conecta veteranos com universidades para que possam voltar a estudar, promove oportunidades dentro do governo federal e tem vários parceiros corporativos.

The Young Entrepreneur Council

TheYEC.org

@theyec

The Young Entrepreneur Council é uma organização formada por centenas de jovens empreendedores de sucesso, mas que aceita apenas pessoas indicadas. Seu objetivo é proporcionar aos empresários acesso a tudo de que precisam para ter sucesso hoje e no futuro, incluindo um programa de orientação chamado #StartupLab. Os seus membros representam todos os mercados e setores.

Young Nonprofit Professionals Network

YNPN.org

@ynpn

A Young Nonprofit Professionals Network é uma organização que visa desenvolver líderes emergentes com intenção de atuar no setor social. Jovens profissionais podem se envolver localmente numa de suas filiais espalhadas pelos Estados Unidos ou participar da conferência nacional que o grupo faz para os membros todos os anos.

Young Presidents' Organization

YPO.org

@ypo

YPO conecta jovens executivos bem-sucedidos numa rede global, unindo aproximadamente vinte mil líderes empresariais em mais de 120 países. A organização enfatiza o valor de se ter uma rede e mentores de confiança, a importância da educação contínua e a necessidade de um porto seguro onde as questões possam ser transmitidas num ambiente de confidencialidade.

PRÓXIMOS LANÇAMENTOS

Para receber informações sobre os lançamentos da
Editora Cultrix, basta cadastrar-se no site:
www.editoracultrix.com.br

Para enviar seus comentários sobre este livro,
visite o site www.editoracultrix.com.br ou mande
um e-mail para atendimento@editoracultrix.com.br